普通高等教育“十一五”国家级规划教材

21世纪高职高专规划教材

会计学基础

（第4版）

李贻玲　汪洪波　编著

電子工業出版社
Publishing House of Electronics Industry
北京 · BEIJING

图书在版编目（CIP）数据

会计学基础 / 李贻玲，汪洪波编著．—4 版．—北京：电子工业出版社，2014.1
21 世纪高职高专规划教材
ISBN 978-7-121-21665-7

Ⅰ．①会… Ⅱ．①李… ②汪… Ⅲ．①会计学－高等职业教育－教材 Ⅳ．①F230

中国版本图书馆 CIP 数据核字（2013）第 243127 号

责任编辑：刘露明
印　　刷：北京京师印务有限公司
装　　订：北京京师印务有限公司
出版发行：电子工业出版社
　　　　　北京市海淀区万寿路 173 信箱　邮编 100036
开　　本：787×980　1/16　印张：16.25　字数：372 千字
版　　次：2001 年 6 月第 1 版
　　　　　2014 年 1 月第 4 版
印　　次：2018 年 7 月第 2 次印刷
定　　价：36.00 元

凡所购买电子工业出版社图书有缺损问题，请向购买书店调换。若书店售缺，请与本社发行部联系，联系及邮购电话：（010）88254888，88258888。

质量投诉请发邮件至 zlts@phei.com.cn，盗版侵权举报请发邮件至 dbqq@phei.com.cn。

本书咨询联系方式：（010）88254199，sjb@phei.com.cn。

出版说明

高职高专教育是我国高等教育的重要组成部分。近年来，高职高专教育有了很大的发展，为我国的现代化建设事业培养了大批急需的各类专门人才，为经济发展和社会进步起到了重要作用。

高职高专教育不同于其他传统形式的高等教育，它的根本任务是培养生产、建设、管理和服务第一线需要的，德、智、体、美全面发展的高等技术应用型专门人才，学生应在掌握必要的基础理论和专门知识的基础上，重点掌握从事本专业领域实际工作的基本知识和职业技能，因而对应这种形式的高等教育教材也应有它自己的体系和特色。

为了适应我国高职高专教育对教学改革和教材建设的需要，在国家教育部的指导下，电子工业出版社在全国范围内组织并成立了“全国高职高专教学研究与教材出版编委会”（以下简称“教学研究与教材出版编委会”），旨在研究高职高专的教学改革与教材建设，规划教材出版计划，以推动教育部策划的“21世纪高职高专规划教材”的出版工作。“教学研究与教材出版编委会”的成员单位皆为教学改革成效较大、办学特色鲜明、办学实力强的普通高校、高等专科学校、高等职业学校、成人高等学校及本科院校主办的二级职业技术学院，而教材的编者和审定者则均来自从事高职、高专和成人高等教育教学与研究工作第一线的优秀教师和专家。

为推动教育部策划的“21世纪高职高专规划教材”的出版工作尽快实施，“教学研究与教材出版编委会”对高职高专教材的出版进行了规划。规划教材覆盖了计算机、通信、电子电气、财会和管理等专业的主要课程，主要面向课程包括基础课和专业主干课。这些教材全部按教育部制定的“高职高专教育基础课程教学基本要求”编写，适合各类高等专科学校、高等职业学校、成人高等学校及本科院校主办的二级职业技术学院使用。

“教学研究与教材出版编委会”根据《教育部关于加强高职高专教育人才培养工作的意见》的文件精神，力求所规划的教材能够反映高职高专课程和教学内容体系改革方向，按照突出应用性、实践性的原则重组系列课程教材结构；力求教材能够反映当前教学的新内容，突出基础理论知识的应用和实践技能的培养。教材中的基础理论以应用为目的，以必要、够用为度，在专业课程教材的内容设计上加强了针对性和使用性；教材内容尽量体现新知识、新技术、新工艺、新方法，以利于学生综合素质的形成和科学思维方式及创新能力的培养。

编写高职高专教材是一个新课题，希望全国高职、高专和成人高等教育院校的师生在教学实践中积极提出意见与建议，并及时反馈给我们，以便我们对已出版的教材不断修订、完善，与大家共同探索我国高职高专教育的特点和发展道路，不断提高教材质量，完善教材体系，为社会奉献更多与高职高专教育配套的高质量的教材。

全国高职高专教学研究与教材出版编委会

E-mail: lmliu@phei.com.cn

前言

近年来，随着知识经济时代的到来、社会主义市场经济体制的建立和不断完善，我国加快了会计改革的步伐。特别是2006年我国财政部发布了39项企业会计准则、48 项注册会计师审计准则和新颁布的《企业会计准则——应用指南》，都对进一步规范会计行为，保证会计资料的真实、完整，加强财务管理，提高经济效益，维护社会主义市场经济秩序具有重要的现实意义。

为了顺应形势需要，我们在总结多年教学实践经验的基础上，以目前我国最新的会计法规体系为导向，编写了这本《会计学基础》。在编写过程中力求做到紧密结合新准则，教材内容全面系统、重点突出、体系新颖、实用性强、通俗易懂。

本书作为一本会计学的入门教材，对会计学的基本理论、基本方法和基本技能作了较全面系统的阐述，对一些重点、难点进行了详细的剖析和说明。考虑到本书是为初学者今后继续学习财务会计、成本会计等专业课打基础的，因此，在编写时特别注意了课程内容的衔接。本书主要供高职高专院校财会、管理、经济等专业的学生使用，也可作为各类财会培训学校的教材，以及从事会计工作的广大财会人员学习参考用书。

本书由太原大学李贻玲撰写第一、二、三、四、五、十章，太原大学汪洪波撰写第六、七、八、九、十一章。

由于我们水平有限，书中错误和疏漏之处在所难免，欢迎读者批评指正。

修订说明

电子工业出版社于2001年6月出版了21世纪高职高专规划教材《会计学基础》第1版，由于该教材突出高职高专教学的特色，着眼于培养高等应用型人才，提高学生运用会计基本理论和方法来分析、解决实际问题的能力，因此受到了广大师生的欢迎，曾多次重印。该教材已被教育部列为“十一五”国家级规划教材。由于我国加快了会计制度改革及与国际惯例趋同的步伐，特别是2007年8月针对2006年我国财政部发布的39项企业会计准则、48项注册会计师审计准则和新颁布的《企业会计准则——应用指南》，进行了第3版再版。目前针对用书及教学过程中反馈的信息，有必要对该书第3版进行修订与更新。在修订中主要体现以下变化：

1. 吸收近几年来我国会计理论、实践改革新成果。2006年2月15日财政部发布1项企业会计准则——基本准则，38项企业会计准则——具体准则，2006年10月颁布《企业会计准则——应用指南》，我们在修订时都力求体现，并增添了我国会计与税法的最新实践。

2. 进一步强化实务操作环节。学习和贯彻教育部《关于全面提高高等职业教育教学质量的若干意见》文件的精神，将工学结合作为高职教育人才培养模式改革的重要切入点，重点放在教学过程的实践性、开放性和职业性。因此该教材在每个章节后除思考题外，增加和更新了实训题。加强培养学生分析问题、实务操作的能力。

3. 对原有文字、数据的一些印刷错误进行了更正。

在本修订教材出版之际，谨向原版教材和新版教材的编写人员以及用书单位的师生表示衷心的感谢，并欢迎读者就本教材的不足之处多多提出建议。

作者简介

李贻玲 女，硕士。现任太原大学财务会计系主任、教授、注册会计师，山西省珠心算协会常务理事、山西省会计学会理事，山西省会计学会高等职业教育分会秘书长。多年来发表论文26余篇，主编、参编教材5部，其中分别作为主编的《会计学基础》和副主编的《成本会计》已被列为普通高等教育“十一五”国家级规划教材。主持、参与课题研究7项，其中两项分别获会计学会会计课题研究一、二等奖。2007年主持山西省高等职业教育教学改革与实践课题“会计专业‘课岗融合’教学改革的研究与实践”2008年9月被山西省人民政府评为山西高等学校省级教学成果一等奖。2008年太原大学财会系被山西省教委评为省级优秀教学团队领队。2008年、2010年两次被山西省财政厅评为“山西省先进会计工作者”；2008年被山西省劳动竞赛委员会记个人三等功；2010年被太原市评为“太原市先进会计工作者”；2010年被太原市妇女联合会授予“2008—2009年度三八红旗手”称号；2012年被太原市总工会授予“2012年度五一劳动奖章”。

汪洪波 女，经济学硕士。现任太原大学财务会计系副主任、教授，从事一线教学科研活动已经27年。兼任山西省会计学会理事、山西省会计学会高等职业教育分会副秘书长。发表论文26篇以上，其中发表在国家一级刊物4篇、全国中文核心期刊4篇；主编、参编教材7部，其中分别作为第二主编的《会计学基础》和主审的《会计模拟实验》已被列为普通高等教育“十一五”国家级规划教材；主持、参与课题研究7项，其中2002年山西省会计学会课题“企业内部会计控制制度研究”（第二研究人）获得山西省会计学会2003年度课题研究一等奖；2003年主持山西省教育厅“教学改革与建设项目计划”重点立项课题“高等职业大学会计学专业教学改革研究”，2006年被山西省人民政府评为山西高等学校省级教学成果二等奖；完成2003年度中国注册会计师协会资助研究课题“注册会计师行业自律运行机制研究”（第二主持人）；2012年度山西省科技厅软科学研究项目“山西科技创新平台建设与高端人才培养对策研究”（第二研究人），于2013年7月结题。2012年荣获山西省财政厅2010—2011年“山西省先进会计工作者”称号。

目 录

CHAPTER 1

第一章 总论

本章要点

- 会计的基本职能
- 会计的对象
- 会计要素及会计等式
- 会计基本假设和会计信息质量要求
- 会计核算方法
- 会计目标

本章内容简述

本章主要阐述会计的基本理论，包括会计的含义、会计的基本职能、会计的对象及其在企业中的具体表现，会计要素及会计等式、会计基本假设和会计信息质量要求、会计核算方法以及会计的目标，旨在让初学会计的人了解最基本的会计知识，知道什么是会计、会计能够做什么、应该从哪些方面做，最终要达到什么目标，从而领会会计工作在经济管理中的重要作用，提高学习会计的主动性和积极性，并为以后各章的学习打下良好的基础。

第一节 会计的含义

一、会计的概念及特点

1. 会计的起源及概念

会计是应人类生产实践和经营管理的客观需要而产生并发展起来的。会计作为一种社会现象，作为一项记录、计算和汇总工作，产生于管理的需要，并且一开始就以管理的形式出现。作为一种经济管理活动，会计与社会生产发展有着不可分割的联系，会计的产生与发展离不开人们对生产活动进行管理的客观需要。社会越发展，会计越重要。

物质资料的生产是人类社会存在和发展的基础，对于生产中的消耗与成果的关系，在任何社会形态中都是共同的。人们进行生产活动时总要力求以最小的劳动耗费来取得最大的劳动成果，提高经济效益。为达到此目的，人们在社会生产中除了不断采用新技术、新工艺，还必须加强经营管理，对劳动耗费和劳动成果进行记录、计算、分析和比较，借以掌握生产活动的过程和结果，促使人们的生产活动按照预期的目标进行。会计的记录和计算是数字和文字的结合，它计量经济过程中占有的财产物资及劳动消耗，通过价值量的变化来描述经济过程，评价最终的经济效果。

在原始社会，人们为了计算生产成果和生活需要，逐步产生了计数和计算的要求，它最初表现为人类对经济活动的简单记录和计量行为，如古人类的“结绳记事”、“刻契记数”等原始记录行为就是会计产生的萌芽。这种简单的记录和计量行为，只是生产职能的附带部分，主要是计算劳动成果，为劳动成果的分配服务。随着生产力的进一步发展，生产过程日趋复杂化，对管理提出了更高的要求，会计作为生产经营过程中的附带职能，也逐步分离出来，成为管理上的独立职能。

在我国，“会计”一词最早出现于西周。根据《说文解字》注释：“会计”有“将有用之物合拢而不遗漏地汇聚增加”之意；“计”有三种解释：① 计算，算也，谋略多也；② 计算之本；③ 考察官吏。清代学者焦循在《孟子正义》一书中，对会计的解释是：“零星算之为计，总合算之为会。”可见当时“会计”两字连用的基本含义，既指日常的零星记录、计算，又有岁终的总合核算之意。西周王朝还建立了较为严格的会计机构，总管王朝财权的官员称为“大宰”，掌握王朝的计政的官员称为“司会”，并建立了“日成”、“岁要”和“岁会”等报告文书，就是当今日报、月报和年报等财务报表的雏形。在国外，一些具有现代色彩的会计概念甚至可以追溯到古希腊和古罗马时代。据马克思考证，在远古的印度公社中，已经有一个农业记账员，在那时，簿记已经独立为一个公社官员的专职。到公元前1 000年左右，世界上一些比较发达的国家就出现了专职会计。

我国唐宋时期出现了“四柱清册”。所谓“四柱”，是指旧管、新收、开除和实在，它的基本含义相当于现代会计中的期初结存、本期收入、本期支出和期末结存。通过“旧管+新收–开除=实在”的计算方法，可以分类登记账目，检查会计记录的正确性。明末清初我国出现了龙门账，它把全部账户划分为四大类，即“进”、“交”、“存”、“该”，其关系为“进–交=存–该”，相当于现代会计中的“收入–费用=资产及债权–负债及业主投资”，这种双轨计算盈亏并检查账户平衡关系的方法称为“龙门账”。龙门账是我国最早出现的复式记账法。

现代会计是在资本主义萌芽时期形成的。它起源于中世纪地中海沿岸各国，当时商业贸易活动的迅速发展促使复式记账的诞生。1211年，资本主义经济比较发达的意大利佛罗伦萨银行已采用借贷记账法。1494年意大利数学家和传教士卢卡·帕乔利在威尼斯出版了《算术、几何、比及比例概要》一书，这是世界上第一本系统论述复式簿记的著作，它标志着近代会计的产生。卢卡·帕乔利由此而被公认为“近代会计之父”。会计的目的也逐步演化为对经济活动的所得和所费进行比较，以企业会计为中心的营利性组织会计便成为近代会计的中心。

随着商品货币经济的发展，特别是在欧洲产业革命以后，由于资本主义生产的发展，生产日益社会化，生产规模日趋扩大，更需要由会计来反映和监督生产过程。这期间会计主要表现有以下特点：一是广泛地利用货币作为价值尺度进行价值核算；二是广泛采用复式记账法。这两种方法的使用标志着近代会计有一套比较完整的核算方法。人类发展到现在，全球信息化、经济全球化使作为“国际商业公共语言”的会计的内涵及外延不断丰富和发展。

现代会计的概念可以表述为：会计是以货币作为主要计量单位，以凭证为依据，用一系列专门的技术方法，对一定主体的经济活动进行全面、综合、连续、系统的核算和监督，并向有关方面提供会计信息的一种经济管理活动。

20世纪后，西方资本主义经济迅速发展，企业的经营环境发生了深刻变化，以所有权和经营权相分离为特征的股份有限公司的出现，使企业会计分化为财务会计和管理会计两个相对独立的分支。

财务会计主要是向企业外部关系人提供有关企业财务状况及经营成果和资金变动情况等有关信息。它侧重于过去的信息，旨在为有关各方提供所需信息。

管理会计主要侧重于向企业经营者和内部管理机构提供企业经营规划、经营管理、预测决策所需的相关信息，它侧重于未来信息，旨在为内部管理部门提供数据。

会计分化为财务会计和管理会计是近代会计发展为现代会计的重要标志。同时，这一时期的会计领域不断被拓宽，新的会计分支不断出现。20世纪30年代以后形成并发展了通货膨胀会计、社会责任会计和国际会计等，现代会计更加成熟和完善。

2. 会计的特点

会计的主要特点是进行价值核算和管理，用货币来反映各单位开展经济业务活动的情况。各单位的经济活动大量表现为购买原材料、建造厂房、购买机器设备、进货等实物运动，而且这些实物可以用不同的计量单位进行计量，如以吨、千克等计量单位表示重量，以米、千米等计量单位表示长度，以台、件、个等计量单位表示数量等，这不仅使这些实物之间在量上不具有可比性，而且也给会计上的计量、计算和管理带来很多困难。因此，为了全面、客观、准确地反映和体现单位的生产经营活动、业务收支状况等经营业务活动的情况，客观上需要用一种统一的计量单位作为各种实物的计价量度，进行会计核算，而货币作为商品的一般等价物，是衡量一般商品价值的共同尺度，所以会计核算选择了货币作为会计核算的计量单位。

二、会计的基本职能

会计的职能是会计在经济管理过程中所具有的功能。会计是随着生产的发展，逐渐从生产职能中分离出来的一种管理职能，其本质是对一定单位的经济业务事项进行确认、计量、报告，并通过所提供的会计资料做出预测、参与决策、实行监督，旨在实现最优经济效益的一种管理活动。会计的基本职能包括进行会计核算和实施会计监督两个方面。会计的这两项基本职能已写入《中华人民共和国会计法》(以下简称《会计法》)，对会计工作的开展具有重要的指导意义。

(一) 会计核算

1. 会计核算的含义

会计核算贯穿于经济活动的全过程，是会计最基本职能，也称反映职能。它是指会计以货币为主要计量单位，对特定主体的经济活动进行确认、计量、报告，为有关各方提供会计信息。它要求各单位必须根据实际发生的经济业务事项进行会计核算。具体包括两层含义：一是各单位的一切经济业务，即所有涉及资金运动或者资金增减变化的事项，都必须办理会计手续，进行记录、计算，以保证会计记录和反映的完整性；二是各单位的会计核算，必须以实际发生的经济事项为依据，既不能遗漏、隐匿或者篡改已经发生的经济业务事项，也不得以实际没有发生的虚假事项进行会计核算。

会计核算应贯彻真实性要求，即会计主体提供的会计信息必须以实际发生的经济业务及证明经济业务发生的合法凭证为依据，如实反映会计主体的财务状况和经营成果，做到内容真实、数字准确、项目完整、手续齐备、资料可靠、核算及时。真实性是对会计核算工作和会计信息提供的最基本的质量要求，同时也是保证会计信息使用者利用会计信息进行正确决策的基本前提。具体要求是：

会计核算的原始资料要客观真实，会计核算的过程要真实可靠，会计报告要具有可验证性。

2. 会计核算的内容

会计核算的内容包括：

- 款项和有价证券的收付；
- 财物的收发、增减和使用；
- 债权债务的发生和结算；
- 资本、基金的增减和使用；
- 收入、支出、费用、成本的计算；
- 财务成果的计算和处理；
- 需要办理会计手续、进行会计核算的其他事项。

上述会计核算内容涉及以下几个关键定义：

（1）确认，是运用特定会计方法、以文字和金额同时描述某一交易或事项，使其金额反映在特定主体财务报表的合计数中的会计程序。确认又分为初始确认和后续确认。

（2）计量，是为了将符合确认条件的会计要素登记入账，并列报于财务报表而确定其金额的过程。企业应当按照规定的会计计量属性进行计量，确定相关金额。

计量属性，是指所计量的某一要素的特性。例如，桌子的长度，矿石的重量，楼房的高度。从会计的角度，计量属性反映的是会计要素金额的确定基础，它主要包括历史成本、重置成本、可变现净值、现值和公允价值等。

- 历史成本。在历史成本计量下，资产按照购置时支付的现金或者现金等价物的金额，或者按照购置资产时所付出的对价的公允价值计量；负债按照其因承担现实义务而实际收到的款项或者资产的金额，或者承担现实义务的合同金额，或者按照日常活动中为偿还负债预期需要支付的现金或者现金等价物的金额计量。
- 重置成本。在重置成本计量下，资产按照现在购买相同或者相似资产所需支付的现金或者现金等价物的金额计量；负债按照现在偿付该项负债所需支付的现金或者现金等价物的金额计量。

- 可变现净值。在可变现净值计量下，资产按照其正常对外销售所能收到现金或者现金等价物的金额扣减该资产至完工时估计将要发生的成本、估计的销售费用以及相关税费后的金额计量。
- 现值。在现值计量下，资产按照预计从其持续使用和最终处置中所产生的未来净现金流入量的折现金额计量；负债按照预计期限内需要偿还的未来净现金流出量的折现金额计量。
- 公允价值。在公允价值计量下，资产和负债按照在公平交易中，熟悉情况的交易双方自愿进行资产交换或者债务清偿的金额计量。

（3）报告，是指在确认、计量的基础上，对特定主体的财务状况、经营成果和现金流量情况（行政、事业单位是对其经费收入、经费支出、经费结余及其财务状况）以财务报表的形式向有关方面报告。

（二）会计监督

会计监督是会计的另一基本职能，也是我国经济监督体系的重要组成部分。在社会主义市场经济条件下，必须加强会计监督。会计监督的内容包括：监督经济业务的真实性；监督财务收支的合法性；监督公共财产的完整性。会计监督是一个过程，它分为事前监督、事中监督和事后监督。活而有序的社会主义市场经济要求各单位的经济活动在法律、法规、制度允许的范围内进行，任何违法活动都是市场经济国家所不允许的。为了促进有序竞争和有效配置资源，必须实行有效的会计监督，规范会计工作，打击违法行为，保证会计信息质量，为投资者、债权人、社会公众以及政府宏观调控部门提供真实、准确的会计信息，为维护社会主义市场经济秩序服务。

会计监督分为内部监督和外部监督。其中外部监督又分为国家监督和社会监督。在我国已形成了三位一体的会计监督体系。各单位应建立健全内部会计监督制度。建立内部会计监督制度应当符合下列要求：

- 记账人员与经济业务事项和会计事项的审批人员、经办人员、财物保管人员的职责权限应当明确，并相互分离、相互制约；
- 重大对外投资、资产处置、资金调度和其他重要经济业务事项的决策和执行的相互监督、相互制约程序应当明确；
- 财产清查范围、期限和组织程序应当明确；
- 对会计资料定期进行内部审计的办法和程序应当明确。

会计核算职能与会计监督职能是相辅相成、辩证统一的。只有在对经济业务活动进行正确核算的基础上才有可能提供可靠的资料作为监督依据；同时，会计监督又是会计核算质量的保障，也只有搞好会计监督，保证经济业务按规定要求进行，并且达到预期的目的，才能发挥会计核算的作用。

随着生产力水平的提高，社会经济关系的日益复杂和管理理论研究的不断深入，会计所发挥的作用日益重要，其职能也在不断丰富和发展。除了上述职能外，会计还具有预测经济前景、参与经济决策、计划、组织、评价经济业绩等功能。

第二节　会计的对象

一、会计的对象

会计的对象是指会计所核算和监督的内容。凡是能够以货币表现经济活动的特定对象，都是会计所核算和监督的内容。而以货币表现经济活动，通常又称为价值运动或资金运动。

资金运动包括特定对象的资金的投入、资金运用、资金的退出等过程，而具体到企业、事业、行政单位又有较大的差异。下面以工业企业为例说明资金运动的过程。

由于工业企业的资金运用是资金的循环与周转的过程，所以工业企业的资金运动包括资金的投入、资金的循环与周转、资金的退出三个阶段。

（1）资金的投入。工业企业要进行生产经营，必须拥有一定的资金，这些资金的来源包括企业所有者投入的资金和债权人投入的资金两部分。前者属于企业所有者权益，后者属于企业债权人权益——企业负债。投入企业的资金要用于购买机器设备和原材料并支付职工的工资等。这样投入的资金最终构成企业的流动资产、非流动资产和费用。

（2）资金的循环与周转。工业企业的经营过程包括供应、生产、销售三个阶段。在供应过程中，企业要购买原材料等劳动对象，发生材料买价、运输费、装卸费等材料采购成本，与供应单位发生货款的结算关系。在生产过程中，劳动者借助于劳动手段将劳动对象加工成特定的产品，同时发生原材料消耗费、固定资产磨损的折旧费、生产工人劳动耗费的人工费，还将发生企业与职工之间的工资结算关系、有关单位之间的劳务结算关系等。在销售过程中，将生产的产品销售出去，发生有关支付销售费用、收回货款、交纳税金等业务活动，并同购货单位发生货款结算关系、同税务机关发生税务结算关系等。综上所述，资金的循环就是从货币资金开始，依次转化为储备资金、生产资金、产品资金，最后又回到货币资金的过程。资金周而复始的循环称为资金的周转。

（3）资金的退出。资金的退出是指包括偿还各项债务、上交各项税金、向所有者分配利润等，使得这部分资金离开本企业，退出本企业的资金的循环与周转。

上述资金运动的三个阶段构成了开放式的运动形式，是相互支持、相互制约的统一体。没有资金的投入，就不会有资金的循环与周转；没有资金的循环与周转，就不会有债务的偿还、税金的上交和利润分配等；没有资金的退出，就不会有新一轮的资金投入，就不会有企业的进一步发展。

二、会计要素及会计等式

（一）会计要素

资金运动的三个阶段是会计核算对象的抽象化，会计的具体核算对象就是会计要素，即会计要素是对会计对象按经济特征所作的最基本分类。合理划分会计要素，有利于产权关系和其他经济关系的明晰。企业会计要素具体包括资产、负债、所有者权益、收入、费用及利润。

1. 资产

资产是指企业过去的交易或者事项形成的、由企业拥有或者控制的、预期会给企业带来经济利益的资源。

资产一定是企业过去的交易或者事项（包括购买、生产建造行为或其他交易事项），预期在未来发生的交易或者事项不形成资产。由企业拥有或者控制，是指企业享有某项资源的所有权，或者虽然不享有某项资源的所有权，但企业能够控制该资源。预期会给企业带来经济利益，是指直接或间接导致现金和现金等价物流入企业的潜力。具体来讲，企业从事生产经营活动，必须具备一定的物质资源，或者说物质条件。在市场经济条件下，这些必要的物质条件表现为货币资金、厂房设备、原材料等，它们统称为资产，它们是企业从事生产经营活动的物质基础。此外，还包括那些不具备实物形态，但有助于生产经营活动的专利、商标等无形资产，也包括对其他单位的投资。而且随着知识经济时代的到来，无形资产在资产总额中的比例还将提高。

（1）资产的特征。资产具有以下基本特征：

- 资产能够直接或间接地给企业带来经济效益；
- 资产是为企业拥有的，或者即使不为企业拥有，也是企业所控制的；
- 资产是由过去的交易或事项形成的。

— 所谓经济利益，是指直接或间接地流入企业的现金或现金等价物。资产都应该能够为企业带来经济利益，例如企业通过收回应收账款、出售库存商品等直接获得经济利益，也可通过对外投资以获得股利或参与分配利润的方式间接获得经济利益。按照这一特征，那些已经没有经济价值、不能给企业带来经济利益的项目，就不能继续确认为企业的资产。

— 资产必须被企业拥有和控制。一项资源要作为企业资产予以确认，企业应该拥有此项资源的所有权，可以按照自己的意愿使用或处置。

— 资产是由过去的交易或事项形成的。也就是说，资产是过去已经发生的交易或事项所产生的结果，资产是现实的资产，而不能是预期的资产。未来交易或事项可能产生的结果不能作为资产确认。

【例 1-1】

某企业的某工序上有两台刨床，其中甲刨床型号较老，自乙刨床投入使用后，一直末再用；乙刨床是甲刨床的替代设备，目前承担该工序的全部生产任务。甲、乙刨床是否都是企业的固定资产？

答：甲刨床不应确认为该企业的固定资产。该企业原有的甲刨床已长期闲置不用，不能给企业带来经济利益，因此不应作为资产反映在资产负债表中。

（2）资产的分类。资产按其流动性不同，分为流动资产和非流动资产。

- 流动资产是指预计在一个正常营业周期中变现、出售或耗用，或者主要为交易目的而持有，或者预计在资产负债表日起一年内（含一年）变现的资产，以及自资产负债表日起一年内交换其他资产或清偿负债的能力不受限制的现金或现金等价物。流动资产主要包括货币资金、交易性金融资产、应收账款、应收票据、应收利息、应收股利、预付账款、其他应收款、存货等。
- 非流动资产是指流动资产以外的资产，主要包括长期股权投资、固定资产、在建工程、工程物资、无形资产、开发支出等。
  - — 长期股权投资是指企业持有的对其子公司、合营企业及联营企业的权益性投资以及企业持有的对被投资单位不具有的控制、共同控制或重大影响，并在活跃市场中没有报价、公允价值不能靠计量的权益性投资。
  - — 固定资产是指同时具备以下特征的资产：一为生产商品、提供劳务、出租或经营管理而持有的；二为使用寿命超过一个会计年度。
  - — 无形资产是指企业拥有或者控制的没有实物形态的可辨认非货币性资产，如专利权、非专利技术、商标权、著作权、土地使用权、特许权等。

2. 负债

负债是指企业过去的交易或者事项形成的预期会导致经济利益流出企业的现时义务。

现时义务是指企业在现行条件下已经承担的义务，未来发生的交易或者事项形成的义务，不属于现时义务，不应当确认为负债。

（1）负债的特征。负债具有以下特征：

- 负债的清偿预期会导致经济利益流出企业。
- 负债是由过去的交易或事项形成的。
  - — 负债清偿预期会导致经济利益流出企业。负债通常是在未来某一时日通过交付资产（包括现金和其他资产）或提供劳务来清偿。例如，企业赊购一批材料，材料已验收入库，但尚未付款，这笔业务形成的应付账款应确认为企业的负债，需要在未来某一时日通过交付现金或银行存款来清偿。当然企业有时也可以通过承诺新的负债或转化为所有者权益来了结一项现有的负债，但最终一般都会导致企业经济利益流出。
  - — 负债是由过去的交易或事项形成的。也就是说，导致负债的交易或事项必须已经发生。例如，购置货物或使用劳务会产生应付账款（已经预付或是在交货时支付的款项除外），接受银行贷款则会产生偿还贷款的义务。只有源于已经发生事项，如企业的业务计划等，由于不是企业已经发生的交易事项，因而并不构成企业的负债。

的交易或事项，会计上才有可能确认为负债。对于企业正在筹划的未来交易或事项，如企业的业务计划等，由于不是企业已经发生的交易事项，因而并不构成企业的负债。

【例 1-2】

某企业已经向银行借入款项 500 万元，即属于过去交易或者事项所形成的负债。企业同时还与银行达成 3 个月后借入 300 万元的借款意向书，该交易就不属于过去的交易或事项，不应形成企业的负债。

（2）负债的分类。负债按其流动性不同，分为流动负债和非流动负债。

- 流动负债是指预计在一个正常营业周期中清偿，或者主要为交易目的而持有，或者自资产负债表日起一年内（含一年）到期应予以清偿，或者企业无权自主地将清偿推迟至资产负债表日后一年以上的负债。流动负债主要包括短期借款、应付账款、应付票据、预收款项、应付职工薪酬、应交税费、应付股利、应付利息、其他应付款等。
- 非流动负债是指流动负债以外的负债，主要包括长期借款、应付债券等。
  - — 长期借款是指企业向银行或其他金融机构借入的期限在一年以上（不含一年）的各种借款，一般用于固定资产的购建、改扩建工程、大修理工程、对外投资等方面。
  - — 应付债券是指企业为筹集（长期）资金而发行的债券。企业通过发行债券取得的资金是以将来履行归还购买债券者的本金和利息的义务作为保证的。

3. 所有者权益

所有者权益是指企业资产扣除负债后由所有者享有的剩余权益。公司的所有者权益又称为股东权益。

对于任何企业而言，其资产形成的资金来源不外乎两个：一个是债权人；另一个是所有者。债权人对企业资产的要求权形成企业负债，所有者对企业资产的要求权形成企业的所有者权益。所有者权益的来源包括所有者投入的资本、直接计入所有者权益的利得和损失、留存收益等。

所有者权益具有下列特征：

- 除非发生减资、清算或分派现金股利，企业不需要偿还所有者权益；
- 企业清算时，只有在清偿所有的债务后，所有者权益才可返还给所有者；
- 所有者凭借所拥有的权益能够参与企业利润的分配。

所有者权益包括实收资本（或者股本）、资本公积、盈余公积和未分配利润。其中，资本公积包括企业收到投资者出资超过其在注册资本或股本中所占份额的部分以及直接计入所有者权益的利得和损失等。盈余公积和未分配利润又合称为留存收益。

4. 收入

收入是指企业在日常活动中形成的、会导致所有者权益增加的、与所有者投入资本无关的经济利益的总流入。其中日常活动是指如销售商品、提供劳务及让渡资产使用权等。

收入具有下列特点：

- 收入是企业在日常活动中形成产生的经济利益的总流入。如工商企业销售商品、提供劳务的收入。
- 收入将引起企业所有者权益的增加。收入可以表现为企业资产的增加，如增加银行存款、形成应收账款；也可能表现为企业负债的减少，如以商品和劳务抵偿债务；还可能同时引起资产的增加和负债的减少，如销售商品抵偿债务，同时收取部分现金。根据“资产−负债=所有者权益”的会计等式，收入一定能增加企业的所有者权益。当然这里所说的收入能增加所有者权益，仅指收入本身的影响。
- 收入与所有者投入资本无关。所有者投入资本主要是为谋求享有企业资产的剩余权利，由此形成的经济利益的总流入不构成收入，而应确认为企业所有者权益的组成部分。

【例 1–3】

某企业向社会公众发行企业债券 1 000 万元，尽管该交易导致经济利益的流入，但是该流入并没有导致所有者权益的增加，反而使企业承担了一项现实义务。因此，企业对于因债务所导致的经济利益的增加，不应将其确认为收入，而应当确认为一项负债。

收入按企业所从事的日常活动的性质不同可分为以下三种：一是销售商品收入；二是提供劳务收入；三是让渡资产的使用权收入。收入按企业经营业务的主次不同，分为主营业务收入和其他业务收入。

5. 费用

费用是指企业在日常生活中发生的、会导致所有者权益减少的、与向所有者分配利润无关的经济利益的总流出。

以工业企业为例，一定时期的费用通常由产品生产成本和期间费用两部分构成，产品生产成本由直接材料、直接人工和制造费用三个成本项目构成，期间费用包括管理费用、财务费用和销售费用三项。

与收入相对应，费用具有下列特点：

- 费用是企业在销售商品、提供劳务等日常活动中发生的经济利益的流出。
- 费用会导致所有者权益的减少。费用可以表现为资产的减少，如减少银行存款、耗用存货；也可能引起负债的增加，如增加应付职工薪酬、应交税费等；或者同时表现为资产的减少和负债的增加。根据“资产−负债=所有者权益”的会计等式，费用一定会导致企业所有者权益的减少。

企业经营管理中某些支出并不减少企业的所有者权益，也不构成费用。例如，企业以银行存款偿还一项负债，只是一项资产和一项负债的等额减少，对所有者权益没有影响，因此，不构成企业的费用。

【例 1-4】

某企业用银行存款偿还了一笔短期借款 100 万元，该偿付行为尽管导致企业经济利益流出 100 万元，但是该流出并没有导致企业所有者权益的减少，而是使企业负债减少了 100 万元。所以，不应当将该经济利益的流出作为费用予以确认。

费用按其与收入的关系，可以分为营业成本和期间费用两部分。其中营业成本又包括主营业务成本和其他业务成本；期间费用包括管理费用、销售费用和财务费用。

6. 利润

利润是指企业在一定会计期间的经营成果。

利润包括收入减去费用后的净额、直接计入当期利润的利得和损失等。其中，收入减去费用后的净额反映的是企业日常活动的业绩，直接计入当期利润的利得和损失，是指应当计入当期损益、最终会引起所有者权益发生增减变动的、与所有者投入资本或者向所有者分配利润无关的利得或者损失，反映的是企业非日常活动的业绩。企业应当严格区分收入和利得、费用和损失之间的区别，以更加全面地反映企业的经营业绩。

利润有营业利润、利润总额和净利润。营业利润是指营业收入减去营业成本、营业税费、期间费用（包括管理费用、销售费用和财务费用）、资产减值损失，加上公允价值变动净收益、投资净收益后的金额。利润总额是指营业利润加上营业外收入，减去营业外支出后的金额。净利润是指利润总额减去所得税费后的金额。

（二）会计等式

以上 6 项会计要素反映了资金运动的静态和动态两个方面，具有紧密的相关性，表现为以下两个会计等式。

1. 资产=负债+所有者权益

资产来源于权益，两者必然相等，即

资产 = 权益

任何企业为了实现其经营目标，都需要拥有一定数量与结构的、具有未来经济效益的经济资源，这些经济资源表现为资产。而资产在企业的来源渠道不外乎两种：一种是由债权人提供，另一种是由所有者提供。既然企业的债权人和所有者为企业提供了全部的资产，就应该对企业的资产享有要求权，这种对企业资产的要求权，在会计上总称为权益。其中属于债权人的部分称为“负债”，属于所有者的部分称为“所有者权益”。

可见，资产表明企业拥有什么经济资源和拥有多少经济资源，权益则表明谁提供了这些经济资源，谁对这些经济资源拥有所有权。资产与权益之间存在着互相依存的关系。没有资产就没有有效的权益，同样，企业所拥有的资产也不能脱离权益而存在。在某一特定时间，从相对静止状态来看，资产总额与负债及所有者权益合计必然相等，用公式表示为：

资产 = 负债 + 所有者权益

资产、负债及所有者权益是三个资金运动相对静止状态的会计要素。它们存在的恒等关系是复式记账的理论基础和编制资产负债表的依据。

2. 收入–费用=利润

企业经营的目的是获取收入，实现盈利。企业在取得收入的同时，也必然要发生相应的费用。通过收入与费用的比较，才能确定企业在一定时期内的盈利水平。

广义而言，企业在一定时期所获得的收入扣除所发生的各项费用后的余额，即表现为利润。在实际工作中，由于收入不包括处置固定资产净收益、固定资产盘盈、出售无形资产收益等，即利得；费用也不包括处置固定资产净损失、自然灾害损失等，即损失；所以，收入减去费用，加上利得，减去损失后，才等于利润。收入、费用和利润之间的上述关系，是编制利润表的基础。

上述会计等式，是对各会计要素的内在经济关系利用数学公式所作的概括表达。会计等式随着企业经营所处的期间不同，会存在不同的表现形式。在企业经营期初，由于会计要素只有资产、负债和所有者权益，因此其公式为：

资产 = 负债 + 所有者权益

随着企业的不断经营，收入和费用的逐步发生，就会出现“收入–费用=利润”这一反映经营成果的会计等式，将其与期初会计等式合并后，表现为：

资产 = 负债 + 所有者权益 +（收入–费用）

这是一个既体现企业财务状况，又反映财务成果的综合会计等式。到了会计期末，利润按规定做出分配和归属后，有些减少了企业的资产，有些暂未减少企业资产而形成企业负债，有些未减少企业资产而成为所有者权益的增加，因此，会计等式将重新变为：

资产 = 负债 + 所有者权益

这个期末会计等式就是下期期初会计等式，将继续随着企业经营而变化。

第三节 会计基本假设和会计信息质量要求

一、会计基本假设

会计基本假设是企业会计确认、计量和报告的前提，是对会计核算所处时间、空间环境等所作的合理设定。会计基本假设包括会计主体、持续经营、会计分期和货币计量。

（一）会计主体

会计主体是指会计人员所核算和监督的特定单位，即会计确认、计量和报告的空间范围。

会计主体假设要求会计人员只能核算和监督所在主体的经济业务。会计主体的主要意义在于：

首先，只有明确会计主体，才能划定会计所要处理的各项交易或事项的范围。在会计工作中，只有那些影响企业本身经济利益的各项交易或事项才能加以确认、计量和报告，那些不影响企业本身经济利益的各项交易或事项不能加以确认、计量和报告。会计核算中涉及的资产、负债的确认，收入的实现，费用的发生等，都是针对特定会计主体而言的。

其次，只有明确会计主体，才能将会计主体的交易或者事项与会计主体所有者的交易或者事项以及其他会计主体的交易或者事项区分开来。例如，企业所有者的经济交易或者事项是属于企业所有者的主体所发生的，不应纳入企业会计核算的范围，但是企业所有者投入到企业的资本或者企业向所有者分配的利润，则属于企业主体所发生的交易或者事项，应当纳入企业会计核算的范围。

最后，会计主体不同于法律主体。一般来说，法律主体必然是会计主体。例如，一家企业作为一个法律主体，应当建立财务会计系统，独立反映其财务状况、经营成果和现金流量。但是，会计主体不一定是法律主体，例如企业集团编制合并报表所依据的便是合并主体而非法律主体。

在会计主体假设下，企业应当对其本身发生的交易或者事项进行会计确认、计量和报告，反映企业本身所从事的各项生产经营活动。明确界定会计主体是开展会计确认、计量和报告工作的重要前提。

（二）持续经营

持续经营是指在可以预见的将来，企业将会按当前的规模和状态继续经营下去，不会停业，也不会大规模削减业务。

在持续经营假设下，企业进行会计确认、计量和报告应当以持续经营为前提。明确这一基本假设，就意味着会计主体将按照既定的用途使用资产，按照既定的合约条件清偿债务，会计人员就可以在此基础上选择会计政策和估计方法。

在市场经济条件下，任何企业都存在破产、清算的风险，也就是说，企业可能存在不能持续经营的情况。因此，需要企业定期对其持续经营基本前提做出分析和判断。当可以判断企业不能持续经营的时候，就应当改变会计核算的原则和方法，并在企业财务报告中作相应披露。如果一个企业在不能持续经营时还假定企业能够持续经营，并仍按持续经营的基本假设选择会计核算的原则和方法，就不能客观地反映企业的财务状况、经营成果和现金流量，必然会误导财务报告使用者进行经济决策。

（三）会计分期

会计分期是指将一个企业持续经营的生产经营活动期间划分为若干连续的、长短相同的期间。

会计分期的意义在于通过会计期间的划分，将持续经营的生产经营活动期间划分成连续、相同的期间，据以结算盈亏，按期编报财务报告，从而及时向财务报告使用者提供有关企业财务状况、经营成果和现金流量的信息。在会计分期假设下，企业应当划分会计期间，分期结算账目和编制财务报告。会计期间分为年度和中期。年度和中期均按公历起讫日期确定。中期，是指短于一个完整的会计年度的报告期间。

根据持续经营假设，要想最终确定企业的生产经营成果，只能等到企业在若干年后歇业时核算一次盈亏。但是，无论是企业的生产经营还是投资者、债券人等决策时都需要及时的信息，不能等到歇业时。因此，就必须将企业持续经营的生产经营期间划分为若干连续的、长短相同的期间，分期确认、计量和报告企业的财务状况、经营成果和现金流量。由于会计分期，才产生了当期与以前期间、以后期间的差别，出现了权责发生制和收付实现制的区别，才使不同类型的会计主体有了记账的基础，进而出现了应收、应付、折旧、摊销等会计处理方法。

（四）货币计量

货币计量是指会计主体在进行会计确认、计量和报告时以货币计量，反映会计主体的财务状况、经营成果和现金流量。

在会计的确认、计量和报告过程中选择货币作为基础进行计量，是由货币本身的属性决定的。货币是商品一般等价物，是衡量一般商品价值的共同尺度，具有价值尺度、流通手段、储藏手段和支付手段等特点。其他计量，如重量、长度、容积、台、件等，都只能从一个侧面反映企业的生产经营情况，无法在量上进行汇总和比较，不便于会计计量和经营管理。因此，为全面反映企业的生产经营活动和有关交易、事项，会计确认、计量和报告选择货币作为计量单位。同时也可根据需要采用劳动计量（如工时）和实物计量（如公斤）。当然我们也应该认识到统一采用货币计量也存在缺陷，例如，某些影响企业财务状况和经营成果的因素，如企业经营战略、研发能力等，往往难以用货币来计量，但这些信息对于使用者决策也很重要。为此，企业可以在财务报告中补充披露有关非财务信息来弥补上述缺陷。

二、会计信息质量要求

会计信息质量要求是指对企业财务报告中所提供的会计信息质量的基本要求，是使财务报告中所提供的会计信息对使用者决策有用所应具备的基本特征，它包括可靠性、相关性、可理解性、可比性、实质重于形式、重要性、谨慎性和及时性等。

1. 可靠性

可靠性要求企业应当以实际发生的交易或者事项为依据进行会计确认、计量和报告，如实反映符合确认和计量要求的各项会计要素及其他相关信息，保证会计信息真实可靠、内容完整。具体包括以下要求：

（1）企业应当以实际发生的交易或者事项为依据进行会计确认、计量和报告，不能以虚构的交易或者事项为依据进行会计确认、计量和报告。

（2）企业应当如实反映其所应反映的交易或者事项，将符合会计要素定义及其确认条件的资产、负债、所有者权益、收入、费用和利润等如实反映在财务报表中，反映出企业生产经营及财务活动的真实面貌。

（3）企业在保证会计信息的完整性时，应当考虑符合重要性和成本效益原则的前提。其中完整性包括编报的报表及其附注内容等都应当保持完整，不能随意遗漏或者减少应予披露的信息，与使用者决策相关的会计信息应当尽可能充分披露，否则，可以简化合并以提高工作效率。

2. 相关性

相关性要求企业提供的会计信息应当与财务报告使用者的经济决策需要相关，有助于财务报告使用者对企业过去、现在或未来的情况做出评价或者预测。

会计信息的价值，关键是看其与使用者的决策需要是否相关，是否有助于决策或者提高决策水平。相关的会计信息应当有助于使用者评价企业过去的决策，证实或者修正过去的有关预测，因而具有反馈价值。相关的会计信息还应当具有预测价值，有助于使用者根据财务报告所提供的会计信息预测未来的财务状况、经营成果和现金流量。

为了满足会计信息质量的相关性要求，企业应当在确认、计量和报告会计的过程中，充分考虑使用者的决策模式和信息需要。当然，对于某些特定目的或者用途的信息，财务报告可能无法完全提供，企业可以通过其他形式予以提供。

3. 可理解性

可理解性要求企业提供的会计信息应当清晰明了，便于财务报告使用者理解和使用。

企业编制财务报告、提供会计信息的目的在于使用，而要使使用者有效地使用会计信息，应当能让其了解会计信息的内涵，弄懂会计信息的内容，这就要求财务报告所提供的会计信息应当清晰明了，易于理解。只有这样，才能提高会计信息的有用性，实现财务报告的目标，满足向使用者提供对决策有用的信息的要求。

4. 可比性

可比性要求企业提供的会计信息应当具有可比性。具体包括下列要求：

（1）会计信息质量的可比性要求同一企业对于不同时期发生的相同或者相似的交易或者事项，应当采用一致的会计政策，不得随意变更。这是为了便于使用者了解企业财务状况和经营成果的变化趋势，比较企业在不同时期的财务报告信息，从而全面、客观地评价过去、预测未来。当然，满足会计信息可比性的要求，并不意味着不允许企业变更会计政策。当企业按照规定或者会计政策变更后可以提供更可靠、更相关的会计信息时，就有必要变更会计政策，以便向使用者提供更为有用的信息，但是有关会计政策变更的情况，应当在附注中予以说明。

（2）会计信息质量的可比性还要求不同企业发生的相同或者相似的交易或者事项，应当采用规定的会计政策，确保会计信息口径一致、相互可比，即对于相同或者相似的交易或者事项，不同企业应当采用一致的会计政策，以使不同企业按照一致的确认、计量和报告基础提供有关会计信息。这是为了便于使用者评价不同企业的财务状况、经营成果的水平及其变动情况，从而有助于使用者做出科学合理的决策。

5. 实质重于形式

实质重于形式要求企业应当按照交易或者事项的经济实质进行会计确认、计量和报告，不应仅以交易事项或者事项的法律形式为依据。如果企业仅仅以交易或者事项的法律形式为依据进行会计确认、计量和报告，那么就容易导致会计信息失真，无法如实反映经济现实。

会计信息要想反映其所应反映的交易或事项，就必须根据交易或事项的实质和经济现实来进行判断，而不能仅仅根据它们的法律形式。这是因为在实际中，交易或者事项的法律形式并不总能完全真实地反映其实质内容。

6. 重要性

重要性要求企业提供的会计信息应当反映与企业财务状况、经营成果和现金流量有关的所有重要交易或者事项。

判断一个会计信息是否重要，一个很重要的方法是看企业会计信息的省略或者错误报告是否会影响使用者据此做出经济决策，如果是则该信息就具有重要性。重要性的应用需要依赖职业判断，企业应当根据其所处环境和实际情况，从项目的性质和金额大小两方面来判断其重要性。

7. 谨慎性

谨慎性要求企业对交易或者事项进行会计确认、计量和报告时应当保持应有的谨慎，不应高估资产或者收益，低估负债或者费用。

会计信息质量的谨慎性要求，需要企业在面临不确定性因素的情况下做出职业判断时，应保持应有的谨慎，充分估计到各种风险和损失。因为在市场经济环境下，企业的生产经营活动面临着许多风险和不确定性，如应收款项的可收回性、固定资产的使用寿命、无形资产的使用寿命、售出存货可能发生的退货或者返修等。

但是，谨慎性的应用并不意味着允许企业暗箱操作，如果企业故意低估资产和收益，或者故意高估负债和费用，将不符合会计信息的可靠性和相关性要求，降低会计信息质量，扭曲企业实际的财务状况和经营成果，从而误导使用者的决策，这是会计准则所不允许的。

8. 及时性

及时性要求企业对于已经发生的交易或者事项，应当及时进行会计确认、计量和报告，不得提前或者延后。

会计信息之所以具有价值，就在于能够帮助使用者做出经济决策，因此具有时效性。即使所提供的会计信息是可靠、相关的，如果不及时提供，也就失去了时效性，对于使用者的效用就大大降低，甚至不再具有任何意义。在会计确认、计量和报告过程中贯彻及时性，应当遵循以下要求：

- 要求及时收集会计信息，即在经济交易或者事项发生后，及时收集整理各种原始单据或者凭证；
- 要求及时处理会计信息，即按照企业会计准则的规定，及时对经济交易或者事项进行确认、计量，并编制出财务报告；
- 要求及时传递会计信息，即按照国家规定的有关时限，及时地将编制的财务报告传递给财务报告使用者，便于其及时使用和决策。

三、具体会计准则

具体会计准则同基本会计准则一样也属于会计行政法规范畴。

为了适应社会主义市场经济发展的需要，进一步规范会计行为，提高会计信息质量，尤其是上市公司的会计行为和会计质量，财政部自 2006 年 2 月已经制定并发布了下列具体会计准则：

- 企业会计准则第 1 号——存货
- 企业会计准则第 2 号——长期股权投资
- 企业会计准则第 3 号——投资性房地产
- 企业会计准则第 4 号——固定资产
- 企业会计准则第 5 号——生物资产
- 企业会计准则第 6 号——无形资产
- 企业会计准则第 7 号——非货币性资产交换
- 企业会计准则第 8 号——资产减值
- 企业会计准则第 9 号——职工薪酬
- 企业会计准则第 10 号——企业年金基金
- 企业会计准则第 11 号——股份支付
- 企业会计准则第 12 号——债务重组
- 企业会计准则第 13 号——或有事项
- 企业会计准则第 14 号——收入
- 企业会计准则第 15 号——建造合同
- 企业会计准则第 16 号——政府补助
- 企业会计准则第 17 号——借款费用
- 企业会计准则第 18 号——所得税
- 企业会计准则第 19 号——外币折算
- 企业会计准则第 20 号——企业合并
- 企业会计准则第 21 号——租赁
- 企业会计准则第 22 号——金融工具确认和计量
- 企业会计准则第 23 号——金融资产转移
- 企业会计准则第 24 号——套期保值
- 企业会计准则第 25 号——原保险合同
- 企业会计准则第 26 号——再保险合同
- 企业会计准则第 27 号——石油天然气开采
- 企业会计准则第 28 号——会计政策、会计估计变更和差错更正
- 企业会计准则第 29 号——资产负债表日后事项
- 企业会计准则第 30 号——财务报表列报
- 企业会计准则第 31 号——现金流量表
- 企业会计准则第 32 号——中期财务报表
- 企业会计准则第 33 号——合并财务报表
- 企业会计准则第 34 号——每股收益
- 企业会计准则第 35 号——分部报告
- 企业会计准则第 36 号——关联方披露
- 企业会计准则第 37 号——金融工具列报
- 企业会计准则第 38 号——首次执行企业会计准则

第四节 会计核算与操作方法

会计方法是如何行使会计核算与监督的职能完成会计任务的手段。会计方法是从社会实践中总结出来的，并为经济管理这个总目标服务的。会计方法不是一成不变的，随着会计核算和监督内容的不断发展和对会计工作不断提出的新要求，会计方法也在不断改进和发展。在现代会计中，会计方法究竟包括哪些内容在会计界看法不一，一般来讲它包括会计核算、会计预测、会计决策、会计检查以及会计分析的方法。不论对会计方法有什么不同的看法，但就会计核算方法是会计方法中最基本的方法这一点已经达成了共识。

一、会计方法

（1）会计核算方法　它是对会计要素进行连续、系统、全面综合的记录、计算、反映和日常核算所运用的方法。

（2）会计预测方法　它是会计人员利用会计信息和其他社会经济信息，对会计管理活动的基本内容进行科学预测所运用的方法。

（3）会计决策方法　它是按财务指标的一定目标，选择最优方案所运用的方法。

（4）会计检查方法　它是利用会计核算资料，主要是会计凭证，检查单位经济活动的合法性和合理性，以及会计记录的完整性和正确性的方法。

（5）会计分析方法　它利用会计核算资料，主要是财务报表，结合具体情况，比较、研究、评定经济活动状况及经济效益所运用的方法。

二、会计核算方法

会计核算方法主要包括设置会计科目及账户、复式记账、填制与审核会计凭证、登记账簿、成本计算、财产清查以及编制财务报表。

1. 设置会计科目及账户

设置会计科目及账户是对会计要素的具体内容进行分类核算和监督的一种专门方法。为了对会计要素的具体内容进行系统核算和经常监督，就要对它们进行科学的分类。会计科目就是对会计要素及其分类核算的项目。会计科目是在账簿中开设账户的依据。账户的名称叫会计科目。通过账户可以分类连续记录各项经济业务，为经济管理提供各种不同性质的核算指标，对于正确运用填制凭证、登记账簿和编制报表等核算方法都具有重要的意义。

2. 复式记账

复式记账是一种科学的记账方法。运用这种方法，对于每一项经营业务的发生，都要以相等的金额，在两个或两个以上相互联系的账户中进行登记。采用这种方法使每项经营业务所涉及的账户发生对应关系，通过账户的平衡关系，可以检查有关经营业务的记录是否正确，这样，可以了解每笔经营业务的来龙去脉，掌握经济活动的全过程。

3. 填制与审核会计凭证

记账的根据是会计凭证。会计凭证是用来记录经营业务、明确经济责任的书面证明，是登记账簿的依据。会计凭证分为原始凭证和记账凭证。每发生一笔经济业务，都应该取得或填制原始凭证，将原始凭证审核无误后，根据复式记账原理，将经济业务的内容填制在记账凭证上，作为登记账簿的依据。会计凭证的填制和审核，可以为会计核算提供真实可靠、合理合法的原始依据，它是保证会计核算质量、实行会计监督的重要手段。

4. 登记账簿

登记账簿就是根据审核无误的会计凭证在账簿上连续、完整、系统地记录和反映经营业务的一种方法。登记账簿必须以凭证为依据，利用账户和复式记账方法，把经营业务分门别类地登记到账簿中去，并定期进行结账和对账，以便为编制财务报表提供完整而有序的会计数据。登记账簿是会计核算的主要方法。

5. 成本计算

成本计算实际上是一种会计计量活动，它所要解决的是会计核算对象的货币计价问题，因此广义的成本计算存在于各种经济活动之中。任何一项经济活动只要纳入会计的核算系统，就都有一个货币计价问题，而货币计价也就是确定用何种成本入账的问题。所谓成本计算就是对已记入一定对象上的全部费用进行归集、计算，并确定各对象的总成本和单位成本的会计方法。通过成本计算可以正确地对会计核算对象进行计价，可以考核经济活动过程中物化劳动和活劳动的耗费程度，为在经营管理中正确计算盈亏提供数据资料。

6. 财产清查

财产清查就是通过盘点实物，核实账面数额，保持账实相符的一种方法。在财产清查时，如发现财产物资的实存数与账面数不一致，应查明原因，通过一定审批手续进行必要的处理，并及时调整账簿记录，使账面数额与实际数额保持一致，以保证会计核算指标的正确性和真实性。财产清查对于保证会计核算资料的正确性和监督财产的安全性具有重要的作用。

7. 编制财务报表

编制财务报表是定期总括地反映企业活动的情况，考核计划执行结果的一种专门方法。财务报表主要是根据账簿记录，经过加工、整理而产生的一整套完整的指标体系。财务报表所提供的各项指标，不仅是考核、分析财务计划的重要依据，也是会计检查的重要依据。

上述各种会计核算方法是相互联系、密切结合的，它们形成了一个统一完整的会计核算方法体系。正确而有效地运用这一套方法，对做好会计核算工作、提高会计管理工作质量有重要的作用。

经济业务发生后，首先由业务人员编制或取得原始凭证；再由会计人员根据有关财务管理规定，认真加以审核整理，按照所设置的账户，运用复式记账方法，编制记账凭证，并据以登记账簿；对于生产经营过程中发生的各种费用，以及各种需要确定成本构成的业务进行成本计算；在会计期间结束时，进行定期结算，通过财产清查将账面金额和实存数进行核对，核对无误后结账；在此基础上定期编制财务报表。

在会计核算方法体系中，这些重要工作程序和工作过程可归纳为三个环节，即填制与审核会计凭证、登记账簿和编制财务报表。通常将这一核算程序称为会计循环。

上述会计核算方法的关系，按照会计核算对经济业务的处理程序，可用图 1-1 表示。

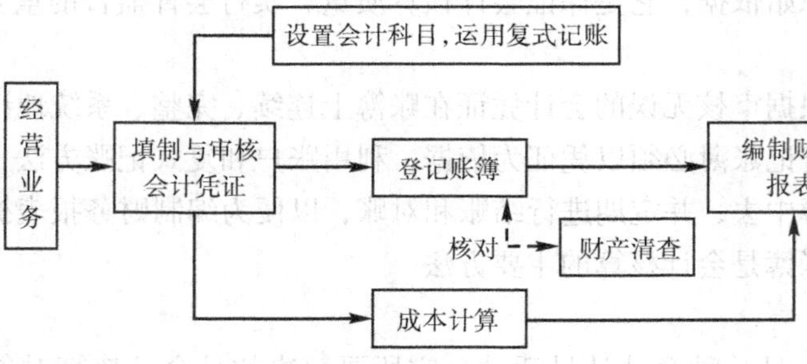

图 1-1　会计循环

三、会计操作方法

从会计发展历史看，会计方法经历了由简单到复杂，由不完善到逐步完善的漫长发展过程。目前我国对会计数据的处理方法有手工数据处理和计算机数据处理（又称为会计电算化）。下面就单位如何使用计算机对会计数据处理作一简单介绍。

采用电子计算机替代手工记账，就是应用会计软件输入会计数据，由电子计算机对会计数据进行处理，并打印输出会计账簿和报表。使用电算化记账的单位应当具备下列条件：配备适当的会计软件和相应的计算机硬件设备；配备相应的会计电算化工作人员；制定严格的内部管理制度。

1. 软件要求

会计核算软件是专门用于会计核算工作的电子计算机应用软件，包括采用各种计算机语言编制的用于会计核算工作的计算机程序。会计核算软件的基本功能是指会计核算软件必须具备的功能和完成这些功能的基本步骤。在我国目前会计软件可以分为通用会计软件和定点开发会计软件。无论何种会计软件都应该满足本单位的会计数据的输入、处理和输出并能保护会计数据的安全等要求。《会计法》规定：使用电子计算机进行会计核算的，其软件及生成的会计凭证、会计账簿、财务报告和其他会计资料，也必须符合国家统一的会计制度的规定。这一规定要求做到：用电子计算机进行会计核算的单位，使用的会计软件必须符合国家统一的会计制度的规定。

尽管一个质量可靠的会计软件可以为生成真实、完整的会计资料提供前提条件，但由于技术、设备、操作人员水平等方面的原因，生成的会计资料仍有可能不符合国家统一的会计制度的规定，尤其在目前我国会计人员素质不高、对电子计算机方面的知识掌握不够的情况下，很容易因人为因素导致会计资料失真。因此，法律上要求，实行会计电算化的单位，用电子计算机生成的会计凭证、会计账簿、财务会计报告，在格式、内容以及会计资料的真实性、完整性等方面，都要符合国家统一的会计制度的规定。

2. 硬件要求

各单位应根据实际情况和财力状况，选择与本单位会计电算化相适应的计算机机型和系统软件及有关配套设备。具备一定基础和技术力量的单位，可以充分利用现有的计算机设备建立计算机网络，做到信息资源共享和会计数据实时处理。

3. 合格的电算化会计人员

各单位具备了适合本单位的计算机和会计软件等物质基础后，要积极组织和支持本单位会计人员进行会计电算化的知识培训，逐步使多数会计人员掌握会计软件的结构和基本操作技能，具备条件的单位还应使一部分会计人员能够负责会计软件的维护，并培养部分会计人员逐步掌握会计电算化系统分析和系统设计工作。

4. 制定严格的内部管理制度

实现会计电算化的单位必须建立健全会计电算化内部管理制度。这包括会计电算化岗位责任制、会计电算化操作管理制度、计算机软件和数据管理制度和电算化会计档案管理制度，以确保会计电算化工作的顺利开展。

第五节 财务报告的目标

在本章前面的几节内容中，阐述了会计是什么，会计的职能是核算和监督，会计核算和监督的内容是会计的对象，对会计对象应运用一定的方法依法进行核算和监督。那么，会计最终的目标是什么呢？

根据我国《企业会计准则——基本准则》规定：企业应当编制财务会计报告（又称财务报告）。财务会计报告的目标是向财务会计报告使用者提供与企业财务状况、经营成果和现金流量等有关的会计信息，反映企业管理层受托责任的履行情况，有助于财务会计报告使用者做出经济决策。其具体内容如下。

1. 向财务报告使用者提供对决策有用的信息

向财务报告使用者提供对决策有用的会计信息是财务报告的基本目标，也是会计的目标。如果企业在财务报告中提供的会计信息与使用者的决策无关，没有使用价值，那么财务报告就失去了其编制的意义。根据这一目标要求，财务报告所提供的会计信息应当如实反映企业各项资产、负债及所有者权益的变化；如实反映企业的各项收入、费用、利得和损失的金额及其变动情况；如实反映企业各项经营活动、投资活动和筹资活动所形成的现金流入和现金流出情况，从而有助于报表使用者正确合理地评价企业的资产质量、偿债能力、盈利能力和运营效率等；有助于使用者根据相关的会计信息做出理性的投资和信贷决策；有助于使用者评估与投资和信贷有关的未来现金流量的金额、时间和风险。

2. 反映企业管理层受托责任的履行情况

在现代公司制度下，企业所有权与经营权分离，企业管理层仅仅是受委托人委托管理企业及其各项资产，负有受托责任。即企业管理层所经营管理的企业各项资产基本上来源于投资者投入的资本或者向债权人借入的资金，企业管理层有责任妥善保管并合理有效地运用这些资产。而企业的投资人和债权人等，需要及时经常地了解企业管理层保管、使用资产的情况，以便于评价企业管理层受托责任的履行情况和业绩情况，并决定是否需要调整投资或信贷政策，是否需要加强企业内部控制和其他制度建设以及是否需要更换管理层等。因此，财务报告应当反映企业管理层受托责任的履行情况，以有助于评价企业的经营管理层责任和资源使用的有效性。

思考题

1．什么是会计？
2．会计的基本职能是什么？
3．会计的对象是什么？会计的要素是什么？其关系如何？
4．会计基本假设有哪些？
5．会计信息质量要求有哪些？
6．会计方法有哪些？会计的核算方法有哪些？
7．财务报告的目标有哪些？

实训题

1．**实训目的**：明确会计核算的对象。

实训资料：

××股份有限公司2013年6月10日发生以下经济业务：

（1）营销部收到三元公司下个月购货订单。
（2）业务员张为出差归来报销差旅费。
（3）仓储部转来购买商品验收入库单。
（4）董事会决定向长风公司投资。
（5）营销部参加商品洽谈会，签订了3份商品购销合同。

实训要求：分析上述经济业务哪些属于会计核算的对象？为什么？

2．**实训目的**：明确会计信息质量要求的重要性。

实训资料：美国世界通信公司是一个年收入高达350亿美元的电信公司，是仅次于美国电话电报公司的第二大长途电话公司，它所经营的因特网络是全球最大的骨干网之一，到2002年3月底其资产总额超过1 000亿美元。该公司将2001年全年的30多亿美元和2002年第一季度的7.79亿美元的经营性开支（即费用）记到了资本性开支（即资产）的账户上，从而使该公司这一期间的经营业绩从巨额亏损变成赢利15亿美元。

实训要求：

（1）该公司的做法不符合哪些会计信息质量要求？

（2）本着“诚信为本，操守为重，遵循准则，不做假账”的原则，结合此案例谈谈自己对会计工作的认识。

CHAPTER 2

第二章　会计科目和账户

本章要点

- 会计科目及其分类
- 账户及其基本结构

本章内容简述

第一章介绍了会计要素，对会计要素再分类，就形成了会计核算中必不可少的会计科目；会计科目在具体账务处理中，就转化成账户的名称。本章主要让学生明确会计科目的作用，掌握其具体分类，理解设置账户的必要性，掌握账户的基本结构。

会计属于方法论范畴，上一章谈到了会计方法包括会计核算方法、会计预测方法、会计决策方法、会计检查方法和会计分析方法。会计核算方法又包括设置会计科目及账户、复式记账、填制与审核会计凭证、登记账簿、成本计算、财产清查和编制财务报表。从本章开始将陆续介绍会计的具体核算方法。

第一节　会 计 科 目

一、会计科目的概念及意义

如前所述，企业在经营过程中发生的各种各样的经济业务，会引起各项会计要素发生增减变化。由于企业的经营业务错综复杂，即使涉及同一种会计要素，也往往具有不同性质和内容。例如，固定资产和存货虽然都属于资产，但它们的经济内容以及在经济活动中的周转方式和所引起的作用各不相同。又如，应付账款和长期借款，虽然都是负债，但它们的形成原因和偿付期限也是各不相同的。再如，所有者投入的实收资本和企业、公司的利润，虽然都是所有者权益，但它们的形成原因与用途大不一样。为了实现会计的基本职能，从数量上反映各项会计要素的增减变化，就不但需要取得各项会计要素增减变化及其结果的总括数字，而且要取得一系列更加具体的分类和数量指标。因此为了满足所有者对利润构成及其分配情况、负债及构成情况了解的需要；为了满足债权人了解流动比率、速动比率等有关指标并判断其债权人的安全情况的需要；为了满足税务机关了解企业欠交税金的详细情况的需要，还要对会计要素作进一步分类。这种对会计要素的具体内容进行分类核算的项目，称为会计科目。

通过设置会计科目，可以把各项会计要素的增减变化分门别类地记在账上，清楚地为企业内部经营管理和企业外部有关方面提供一系列具体的分类的数量指标。对企业的资产来说，通过设置会计科目，还可以把价值形式的综合核算和财产物资的实物核算有机地结合起来，从而有效地控制财产物资的实物形态。为了全面、系统、分类核算和监督各项经营业务的发生情况以及由此引起的各项会计要素的增减变化情况，各单位都要合理地设置会计科目。会计科目是进行各项会计记录和提供各项会计信息的基础，设置会计科目在会计核算中具有重要的意义。

1. 会计科目是复式记账的基础

复式记账要求每笔经济业务在两个或两个以上相互联系的账户中进行登记，以反映资金运动的来龙去脉。

2. 会计科目是编制记账凭证的基础

在我国，会计凭证是确定所发生的经济业务应记入何种会计科目以及分门别类登记账簿的依据。

3. 会计科目为成本计算与财产清查等提供了前提条件

会计科目的设置，有助于成本核算，使各种成本计算成为可能；而通过账面记录与实际结存的核对，又对财产清查及保证账实相符提供了必要的条件。

4. 会计科目为编制财务报表提供了方便

会计科目是提供会计信息的主要手段，为了保证会计信息的质量及其提供的及时性，财务报表中的许多项目与有关会计科目是一致的，并要根据会计科目的本期发生额和余额填列。

二、会计科目的设置原则

会计科目作为反映会计要素的构成情况及其变化情况，为投资者、债权人、企业管理者等提供会计信息的重要手段，在其设置过程中应努力做到科学、合理、实用，因此在设计会计科目时应遵循下列基本原则。

1. 设置会计科目要符合国家的会计法规体系的规定

国家的会计法规体系，体现了国家对财会工作的要求，因此设计会计科目首先要以此为依据，所设置的会计科目，应尽量符合《会计法》、《企业会计准则》以及《企业会计准则——应用指南》的规定。

2. 设置会计科目要结合会计要素的特点

设置会计科目，必须对会计要素的具体内容进行分类，以分门别类地反映和监督各项经营业务，不能有任何遗漏，即所设置的会计科目应能覆盖企业所有的要素。比如，公司、企业是经营单位，有些单位还制造工业产品，根据这一业务特点，就必须设置反映和监督其经营情况和生产过程的会计科目，如“主营业务收入”、“生产成本”等科目。而预算单位则应设置反映和监督经费收入和经费支出情况的会计科目，如“事业收入”、“事业支出”等科目。

3. 设置会计科目要符合经济管理的要求

设置会计科目既要符合会计要素的具体内容，又要符合经济管理的要求，以便为加强经济管理提供必要的核算指标。例如为了分别核算利润的形成和利润的分配情况，要将企业利润的形成和分配分别设置“本年利润”、“利润分配”等科目；由于固定资产具有价值大、使用时间长等特点，就要将固定资产的原值以及磨损价值分别设置“固定资产”和“累计折旧”科目；对于实行预算管理的行政、事业单位，按规定要设置“经营支出”以及“经营收入”科目。因此，根据经济管理的要求设置会计科目，可以提供各级管理部门所需要的考核指标。

4. 设置会计科目要满足各方面对会计信息的要求

设置会计科目是会计核算方法的第一步，最终的结果应该是财务报表，而报表信息有许多的使用者，例如投资者、债权人、企业经营管理者等，其中投资者要了解其在所有者权益当中属于原始投资的部分，就要设置“实收资本”科目。因此在设置会计科目的时候应该考虑信息的使用者的要求，尽量做到易于理解，从而满足对外报告与对内管理的要求。

总之，企业组织形式、所属行业、经营内容以及业务种类的不同，都会影响会计科目的设置，在合法性的基础上，企业应根据自身的特点，设置符合本企业需要的会计科目。

三、会计科目的分类

会计科目由于分类标准不同可以分为不同的类型。

（一）从会计要素的角度分类

从会计要素出发，可以将会计科目分为资产、负债、共同、所有者权益、成本、损益六大类。

1. 资产类科目

- 流动资产类科目。这类科目的特点是资产的变现周期在一年以内或不超过一个营业周期，例如“库存现金”、“银行存款”、“应收账款”、“原材料”等科目。
- 非流动资产类科目。这类科目的特点是变现周期超过一年或一个营业周期，例如“固定资产”、“无形资产”等科目。

2. 负债类科目

- 流动负债类科目。这类科目的特点是负债的偿还期在一年以内，例如“短期借款”、“应付职工薪酬”、“应付账款”等科目。
- 非流动负债类科目。这类科目的特点是负债的偿还期超过一年以上，例如“长期借款”、“应付债券”等科目。

3. 共同类科目

如“衍生工具”、“套期工具”、“被套期项目”等科目。

4. 所有者权益类科目

- 投入资本类科目。例如“实收资本”科目。
- 非经营因素形成的所有者权益类科目。例如“资本公积”科目。
- 经营因素形成的所有者权益类科目。例如“盈余公积”等科目。

5. 成本类科目

这类科目的特点是所发生的费用要计入产品成本。

- 直接计入产品成本类科目。例如“生产成本”科目。
- 分配计入产品成本类科目。例如“制造费用”科目。

6. 损益类科目

这类科目的特点是其项目均是形成利润的要素。

- 反映收益类科目。例如“主营业务收入”、“其他业务收入”等科目。
- 反映费用类科目。例如“主营业务成本”、“管理费用”、“销售费用”等科目。

参照我国《企业会计准则——应用指南》，企业会计科目的设置如表 2-1 所示。

表 2-1　会计科目表

顺序号	编　号	会计科目名称	顺序号	编　号	会计科目名称
一、资产类			32	1407	商品进销差价
1	1001	库存现金	33	1408	委托加工物资
2	1002	银行存款	34	1411	周转材料
5	1012	其他货币资金	40	1471	存货跌价准备
8	1101	交易性金融资产	41	1501	持有至到期投资
10	1121	应收票据	42	1502	持有至到期投资减值准备
11	1122	应收账款	43	1503	可供出售金融资产
12	1123	预付账款	44	1511	长期股权投资
13	1131	应收股利	45	1512	长期股权投资减值准备
14	1132	应收利息	46	1521	投资性房地产
18	1221	其他应收款	47	1531	长期应收款
19	1231	坏账准备	48	1532	未实现融资收益
25	1321	代理业务资产	50	1601	固定资产
26	1401	材料采购	51	1602	累计折旧
27	1402	在途物资	52	1603	固定资产减值准备
28	1403	原材料	53	1604	在建工程
29	1404	材料成本差异	54	1605	工程物资
30	1405	库存商品	55	1606	固定资产清理
31	1406	发出商品	62	1701	无形资产

续表

顺序号	编　号	会计科目名称	顺序号	编　号	会计科目名称
63	1702	累计摊销			四、所有者权益类
64	1703	无形资产减值准备	110	4001	实收资本
65	1711	商誉	111	4002	资本公积
66	1801	长期待摊费用	112	4101	盈余公积
67	1811	递延所得税费用	114	4103	本年利润
69	1901	待处理财产损溢	115	4104	利润分配
		二、负债类	116	4201	库存股
70	2001	短期借款			五、成本类
77	2101	交易性金融负债	117	5001	生产成本
79	2201	应付票据	118	5101	制造费用
80	2202	应付账款	119	5201	劳务成本
81	2203	预收账款	120	5301	研发支出
82	2211	应付职工薪酬			六、损益类
83	2221	应交税费	124	6001	主营业务收入
84	2231	应付利息	129	6051	其他业务收入
85	2232	应付股利	131	6101	公允价值变动损益
86	2241	其他应付款	132	6111	投资收益
92	2314	代理业务负债	136	6301	营业外收入
93	2401	递延收益	137	6401	主营业务成本
94	2501	长期借款	138	6402	其他业务成本
95	2502	应付债券	139	6403	营业税金及附加
100	2701	长期应付款	149	6601	销售费用
101	2702	未确认融资费用	150	6602	管理费用
102	2711	专项应付款	151	6603	财务费用
103	2801	预计负债	153	6701	资产减值损失
104	2901	递延所得税负债	154	6711	营业外支出
		三、共同类	155	6801	所得税费用
107	3101	衍生工具	156	6901	以前年度损益调整
108	3201	套期工具			
109	3202	被套期项目			

小企业在不违反会计准则中确认、计量和报告规定的前提下，可以根据本企业的实际情况自行增设、分拆、合并会计科目。小企业不存在的交易或者事项，可不设置相关会计科目。对于明细科目，小企业可以比照表 2-2 中的规定自行设置。

表 2-2 小企业会计科目表

顺序号	编 号	会计科目名称	顺序号	编 号	会计科目名称
		一、资产类	32	1901	待处理财产损溢
1	1001	库存现金			二、负债类
2	1002	银行存款	33	2001	短期借款
3	1012	其他货币资金	34	2201	应付票据
4	1101	短期投资	35	2202	应付账款
5	1121	应收票据	36	2203	预付账款
6	1122	应收账款	37	2211	应付职工薪酬
7	1123	预付账款	38	2221	应交税费
8	1131	应收股利	39	2231	应付利息
9	1132	应收利息	40	2232	应付利润
10	1221	其他应收款	41	2241	其他应付款
11	1401	材料采购	42	2401	递延收益
12	1402	在途物资	43	2501	长期借款
13	1403	原材料	44	2701	长期应付款
14	1404	材料成本差异			三、所有者权益类
15	1405	库存商品	45	3001	实收资本
16	1407	商品进销差价	46	3002	资本公积
17	1408	委托加工物资	47	3101	盈余公积
18	1411	周转材料	48	3103	本年利润
19	1421	消耗性生物资产	49	3104	利润分配
20	1501	长期债券投资			四、成本类
21	1511	长期股权投资	50	4001	生产成本
22	1601	固定资产	51	4101	制造费用
23	1602	累计折旧	52	4301	研发支出
24	1604	在建工程	53	4401	工程施工
25	1605	工程物资	54	4403	机械作业
26	1606	固定资产清理			六、损益类
27	1621	生产性生物资产	55	5001	主营业务收入
28	1622	生产性生物资产累计折旧	56	5051	其他业务收入
29	1701	无形资产	57	5111	投资收益
30	1702	累计摊销	58	5301	营业外收入
31	1801	长期待摊费用	59	5401	主营业务成本

续表

顺序号	编　号	会计科目名称	顺序号	编　号	会计科目名称
60	5402	其他业务成本	64	5603	财务费用
61	5403	营业税金及附加	65	5711	营业外支出
62	5601	销售费用	66	5801	所得税费用
63	5602	管理费用			

（二）按所提供的会计信息的详细程度分类

会计科目按其所提供的会计信息的详细程度可分为总分类会计科目和明细分类会计科目两大类。

1. 总分类会计科目

总分类会计科目也称为总账科目、一级科目，它是对会计要素的具体内容进行总括分类，提供总括信息的会计科目。例如“原材料”、“应付账款”等科目，一般由会计制度统一规定。

2. 明细分类会计科目

明细分类会计科目也称为明细科目、细目，是对总分类会计科目作进一步的分类，提供更详细、更具体的会计信息的科目。例如，“原材料”科目按原材料的种类、规格、品种等设明细科目，反映各种原材料的具体构成情况；“应付账款”按债权人名称或姓名设明细科目，反映应付账款的具体对象。明细分类会计科目的设置，除了要符合会计制度的统一规定外，一般根据需要由各单位自行规定，对于明细科目较多的科目，可以在总分类会计科目和明细分类会计科目设置二级或多级科目。

下面以“原材料”和“应付账款”为例说明总分类会计科目和明细分类会计科目的设置，如表2-3、表2-4所示。

表2-3　“原材料”科目设置

总分类会计科目（一级科目）	明细分类会计科目	
	二级科目（子目）	明细科目（细目）
原材料	原料及主要材料	圆钢
		角钢
	辅助材料	润滑油
		石碳酸
	燃料	汽油
		原煤

表 2-4　"应付账款"科目设置

总分类会计科目（一级科目）	明细分类会计科目	
	二级科目（子目）	明细科目（细目）
应付账款	晋阳公司	销售部
		劳动服务公司
	晋东公司	一分公司
		二分公司

（三）会计科目运用举例

【例 2-1】从银行提取现金 200 元。

该项业务应设置"银行存款"和"库存现金"科目。

【例 2-2】购买材料 5 000 元，料款尚未支付。

该项业务应设置"原材料"和"应付账款"科目。

【例 2-3】某投资者投入设备一台，价值 100 000 元。

该项业务应设置"实收资本"和"固定资产"科目。

【例 2-4】某企业销售一批产品价值 2 000 元，货款尚未收到。

该项业务应设置"主营业务收入"和"应收账款"科目。

第二节　账　　户

一、账户与会计科目的关系

账户是根据会计科目开设的，具有一定格式和结构，是用于分类反映会计要素增减变动情况及其结果的载体。设置账户是会计的又一核算方法。

虽然会计科目已经对会计要素进行了进一步的分类，但是还不能进行具体的会计核算，因为会计科目只是分类的名称，而没有一定的格式，所以为了全面、序时、连续、系统地反映和监督会计要素的增减变动，还必须设置账户。账户能使原始数据转换为初始会计信息，通过账户可以对大量复杂的经济业务进行分类核算，从而提供不同性质和内容的会计信息。由于账户是以会计科目为依据的，因而某一账户的核算内容具有独立性和排他性，并且在设置上要服从于财务报表对会计信息的要求。

由此可见，会计科目和账户是既有联系又有区别的两个不同的概念。会计科目和账户都是对会计对象具体内容的科学分类，两者口径一致、性质相同。会计科目是账户的名称，也是设置账户的依据；账户是会计科目的具体运用。没有会计科目，账户便失去了设置的依据；没有账户，会计科目就无法发挥它的作用。与会计科目相比，账户具有更广泛的含义，除了名称外，还具有一定的格式和结构。在实际工作中，会计科目与账户二者往往互相通用，不加区别。

二、账户的分类

由于账户是根据会计科目开设的，因此账户的分类也有两种。

（1）从会计要素出发，可以将账户分为资产类账户、负债类账户、所有者权益类账户、成本类账户和损益类账户五大类。

（2）账户按其所提供会计信息的详细程度可分为总分类账户和明细分类账户两大类。根据总分类科目开设的账户称为总分类账户，该类账户提供各种总括分类的核算资料。通过总分类账户对经济业务进行的核算称为总分类核算。总分类核算只能用货币度量。根据明细分类科目开设的账户称为明细分类账户，该类账户提供各种详细的分类核算资料。通过明细分类账户对经济业务进行的核算称为明细分类核算。明细分类核算除了能用货币度量外，有些账户还要用实物度量。总分类账户统驭明细分类账户，明细分类账户则对总分类账户起着进一步补充说明的作用。

三、账户的结构

账户是用来记录经济业务的，必须具有一定的格式和结构。由于经济业务所引起的各项会计要素的变动，从数量上看不外是增加和减少两种情况，因此，账户的结构也相应地分为两个基本部分，用以分别记录各会计要素的增加额和减少额。账户的基本结构通常划分为左、右两方，一方登记增加额，另一方登记减少额。每方再根据实际需要分为若干栏，用于登记有关数据资料。账户的一般设计格式应包括下列内容：

- 账户的名称，即会计科目；
- 日期和摘要，即经济业务发生的时间和内容；
- 凭证编号，即账户记录的来源和依据；
- 增加、减少的金额和余额。

账户的基本格式如表2-5所示。

表2-5 账户的基本格式

左方		账户名称				右方	
日期	凭证号数	摘要	金额	日期	凭证号数	摘要	金额

表2-5所示账户左右两方的金额栏，一个记录增加额，另一个记录减少额。增减相抵后的差额，叫做账户余额。余额按其表现的时间不同分为期初余额和期末余额。因此，通过账户记录的金额可产生期初余额、期末余额、本期增加发生额和本期减少发生额四个账户的金额要素。

本期增加发生额是指一定时期内账户所登记的增加金额的合计，也称为本期增加发生额。本期减少发生额是指一定时期内账户所登记的减少金额的合计，也称为本期减少发生额。本期发生额属于动态指标，它反映有关会计要素的增减变动情况。在没有期初余额的情况下，本期增加发生额与本期减少发生额相减后的差额就是期末余额。本期的期末余额转入下期就是下期的期初余额。余额属于静态指标，它反映有关会计要素的具体内容的增减变动结果。上述账户四个金额要素的关系可用下列公式表示：

期末余额=期初余额+本期增加发生额−本期减少发生额

为了简化起见，账户的格式可用“丁”字账户表示，如表 2-6 所示。

表 2-6 “丁”字账户的格式

左方	账户名称	右方

账户的左右两方是按相反方向来记录增加额和减少额的，如果规定在左方记录增加额，则在右方记录减少额；反之如果规定在右方记录增加额，则在左方记录减少额。至于哪方记录增加额，哪方记录减少额则取决于该账户的性质。

四、账户运用举例

【例 2–5】从银行提取现金 200 元。该项业务应设置如表 2-7、表 2-8 所示。

表 2-7

库存现金

表 2-8

银行存款

【例 2–6】购买材料 5 000 元，料款尚未支付。该项业务应设置如表 2-9、表 2-10 所示。

表 2-9

原材料

表 2-10

应付账款

【例 2–7】某投资者投入设备 1 台，价值 100 000 元。该项业务应设置如表 2-11、表 2-12 所示。

表 2-11

固定资产

表 2-12

实收资本

【例 2–8】某企业销售一批产品价值 2 000 元，货款尚未收到。该项业务应设置如表 2-13、表 2-14 所示。

表 2-13

应收账款	

表 2-14

主营业务收入	

思考题

1．什么是会计科目？其如何分类？

2．什么是账户？账户的结构中金额要素是什么？

3．简要说明账户与会计科目的关系。

实训题

1．**实训目的：**练习会计科目的设置，了解会计科目的性质。

实训资料：某公司发生下列经济业务：

（1）从银行提取现金 500 元；

（2）采购材料，料已入库，料款 60 000 元未付；

（3）所有者投入资本 300 000 元，存入银行；

（4）从银行取得 3 个月的贷款 40 000 元存入银行；

（5）生产产品领用材料 2 000 元；

（6）生产完工，产品入库 6 000 元；

（7）以银行存款购买固定资产 200 000 元；

（8）销售产品的货款尚未收到 80 000 元；

（9）以现金 500 元购买办公用品；

（10）职工出差借支差旅费 2 000 元。

实训要求：

（1）根据上述业务设置相关会计科目；

（2）指明会计科目的性质。

2．**实训目的：**练习账户结构的金额要素的计算。

实训资料：

（1）××股份有限公司 2013 年 7 月初存在工商银行的款项为 200 000 元，由于销售产品取得收入存入银行 150 000 元，本月购料支付款项为 170 000 元。

（2）××股份有限公司 2013 年 7 月初欠款为 300 000 元，月末欠款为 500 000 元，本月购料未付 700 000 元。

实训要求：

（1）计算月末该股份有限公司存在工商银行的款项是多少？

（2）计算该股份有限公司本月实际支付的购料款是多少元？

3
CHAPTER

第三章 复式记账

本章要点

- 复式记账原理
- 借贷记账法的基本内容
- 账户对应关系及会计分录
- 总分类账户与明细分类账户的平行登记

本章内容简述

本章主要阐述了复式记账原理，重点阐述了复式记账法下的借贷记账法的基本内容。旨在突出当今世界普遍采用的复式记账法的科学性，帮助学生很好地学习并掌握借贷记账法，包括借贷记账法的记账符号、账户结构、记账规则、账户对应关系和会计分录、试算平衡方法，为以后的会计核算方法的学习打下良好的基础。最后要求学生掌握总分类账户与明细分类账户平行登记的要点。

第一节 复式记账概述

第二章已经指出，为了详细核算和监督会计对象，揭示会计对象之间的本质联系，首先是要将会计对象的具体内容划分为六项会计要素。为了正确核算会计要素的具体内容，还要对会计要素作进一步分类，设置会计科目，并根据设定的会计科目开设账户，以便连续、系统地反映特定会计主体的经济结果及其活动。但是，账户仅仅是记录经济业务的工具，要把经济业务所引起的会计要素增减变化登记在账簿中，以取得经营所需资料，还必须运用科学的记账方法。

一、记账方法

所谓记账方法，就是在账簿中登记经济业务的方法，即以会计凭证为依据，运用一定的记账原理和规则，把经济业务记到账簿中去，并通过试算平衡来检查账簿记录是否准确。

记账方法按记录的经济业务涉及一个账户还是多个账户这两类情况，分成两种方法，一种是单式记账法，另一种是复式记账法。由于目前世界各国对于单式记账方法的运用已经很少了，本书重点介绍复式记账法。

二、复式记账法

（一）复式记账法的概念及分类

所谓复式记账法是指对每项发生的经济业务，都要同时在相互联系的两个或两个以上的账户中，以相等的金额进行登记的一种记账方法。例如以库存现金800元支付房屋租赁费，这项业务的发生一方面使该单位的库存现金减少了800元，另一方面使该单位的费用增加了800元。采用复式记账法，对于这项经济业务就要以相等的金额800元，同时在库存现金和费用这两个相互联系的账户中进行登记。

在长期的会计实践中逐步形成了多种复式记账方法。在我国曾经采用的复式记账方法包括借贷记账法、增减记账法和收付记账法。目前，世界各国广泛采用的复式记账法是借贷记账法。由于世界各国的经济越来越国际化，我国也顺应世界潮流，要求各单位均采用借贷记账法。

（二）复式记账法的特点及意义

复式记账法与单式记账法相比较，具有下列特点：

（1）复式记账法需要设置完整的账户体系。复式记账法作为一种科学的记账方法，它不仅要对每笔经济业务进行全面反映，而且对单位所发生的全部经济业务都要进行记录，因此，就必须设置一整套账户，用于反映各种各样的经济业务。

（2）复式记账法必须对每笔经济业务都进行反映和记录，这既有必要，又有可能。其必要性在于复式记账法要求全面反映各单位的经济活动，其可能性在于复式记账法具有完整的账户体系，具有全面记录每笔经济业务的可能性。

（3）复式记账法对每笔经济业务，都要反映其来龙去脉两个方面，这是复式记账法的最基本特点，只有这样，通过复式记账法才能全面了解每笔经济业务的内容。

（4）采用复式记账法可以对一定时期所发生的全部经济业务的会计记录，进行全面的综合试算。因为所有经济业务，在各个账户中都有反映，而每笔经济业务金额又是相等的，所以，一定时期全部经济业务必然能进行全面的试算平衡。

采用复式记账法，对每笔经济业务都在相互联系的两个账户或两个以上的账户中作双重记录，这不仅可以了解每笔经济业务的来龙去脉，而且在把全部的经济业务都相互联系地登记到账簿以后，可以通过账户记录，完整、系统地反映经济活动的过程和结果。同时，由于对每笔经济业务都以相等的金额进行分类登记，因而对记录的结果，可以进行试算平衡，以检查账户记录是否正确。复式记账法是在市场经济长期发展的过程中，通过会计实践逐步形成和发展起来的。因为复式记账法具有上述特点，在其他一些会计方法的使用中，如编制会计凭证和登记账簿，都必须运用复式记账法进行相关反映，所以在全部会计核算体系方法中，复式记账法占有极其重要的位置，它一直得到广泛的应用。目前，我国的企业和行政、事业单位所采用的记账方法，都属于复式记账法。

（三）复式记账法的理论基础

第一章已经指出，会计恒等式“资产=负债+所有者权益”是复式记账法的理论基础，在本章将结合实例作进一步的阐述。

【例 3–1】

华美公司 2013 年 1 月 1 日拥有资产 580 000 元，其中库存现金 1 000 元，银行存款 49 000 元，应收账款 80 000 元，原材料 220 000 元，固定资产 230 000 元。该公司投资者实际投入 180 000 元，资本公积 80 000 元。该公司还有一些负债，其中短期借款 150 000 元，应付账款 100 000 元，应付工资 30 000 元，应付股利 40 000 元。

该公司在 2013 年年初，资产、负债以及所有者权益存在的平衡关系如表 3-1 所示。

表 3-1 资产负债表①

资　　产	期初余额	负债及所有者权益	期初余额
库存现金	1 000	短期借款	150 000
银行存款	49 000	应付账款	100 000
应收账款	80 000	应付职工薪酬	30 000
原材料	220 000	应付股利	40 000
固定资产	230 000	实收资本	180 000
		资本公积	80 000
合　计	580 000	合　计	580 000

在表 3-1 中，我们可以看到：

资产总额（580 000 元）= 负债总额（320 000 元）+ 所有者权益总额（260 000 元）

上述平衡公式反映了华美公司在 2013 年年初这个时点上，三个静态会计要素的平衡关系。但这家公司一定会在以后的生产经营中发生许多经济业务，这些动态的经济业务势必引起各会计要素的增减变化。不过，公司、企业无论发生什么样的经济业务，这些经济业务会发生什么样的变化，均可以概括为以下四种类型：

（1）经济业务的发生引起资产与权益的同时增加，其总额增加，不会破坏会计等式的平衡关系；

（2）经济业务的发生引起资产与权益的同时减少，其总额减少，不会破坏会计等式的平衡关系；

（3）经济业务的发生引起资产内部有增有减，其总额不变，不会破坏会计等式的平衡关系；

（4）经济业务的发生引起权益内部有增有减，其总额不变，不会破坏会计等式的平衡

① 为了简便起见，本书所有表格中的金额单位未特别标注的，均为人民币“元”。——作者注

关系。

由于权益包括债权人权益和所有者权益，因此，上述经济业务的四种类型对资产、负债和所有者权益的影响来看又可表现为九种情况。参见例 3-2 至例 3-10。

接上例，华美公司在 2013 年 1 月发生下列经济事项。

【例 3-2】

华美公司 2013 年 1 月投资者继续以货币资金 200 000 元投入，手续已办妥，款项已划入本公司的存款户头。

该项业务的发生说明，华美公司在已拥有 180 000 元资本金的前提下，继续扩大规模，投入货币资金 200 000 元。这样，对于华美公司来讲，一方面使公司属于资产项目的银行存款增加 200 000 元，另一方面使属于所有者权益项目的实收资本增加 200 000 元。从而导致等式两边的资产与权益同时等额增加，会计等式平衡。

【例 3-3】

华美公司向新乐公司购买所需原料，但由于资金周转紧张，购料款 70 000 元尚未支付。

该项业务的发生说明，由于购料款未付，一方面使公司属于资产项目的原材料增加 70 000 元，另一方面使属于负债项目的应付账款增加 70 000 元。从而导致等式两边的资产与权益同时等额增加，会计等式平衡。

【例 3-4】

华美公司通过银行转账支付给银行于本月到期的银行借款 80 000 元。

该项业务的发生说明，由于归还以前的银行贷款，一方面使公司属于资产项目的银行存款减少 80 000 元，另一方面使属于负债项目的短期借款减少 80 000 元。从而导致等式两边的资产与权益同时等额减少，会计等式平衡。

【例 3-5】

上级主管部门按法定程序将 1 台价值 100 000 元的设备调出，以抽回国家对华美公司的投资。

该项业务的发生说明，由于国家调出设备，抽回投资，一方面使公司属于资产项目的固定资产减少 100 000 元，另一方面使属于所有者权益项目的实收资本减少 100 000 元。从而导致等式两边的资产与权益同时等额减少，会计等式平衡。

【例 3-6】

华美公司开出转账支票 40 000 元，购买 1 台电子仪器。

该项业务的发生说明，由于购买仪器款已支付，一方面使公司属于资产项目的固定资产增加 40 000 元，另一方面使属于资产项目的银行存款减少 40 000 元。从而导致等式左边的资产项目内部有增有减，会计等式平衡。

【例 3-7】

华美公司开出一张面值为 50 000 元的商业汇票，以抵偿原欠新乐公司的购料款。

该项业务的发生说明，由于以商业汇票抵偿原欠款，一方面使公司属于负债项目的应付票据增加 50 000 元，另一方面属于负债项目的应付账款减少 50 000 元。从而导致等式右边的权益项目内部有增有减，会计等式平衡。

【例 3-8】

华美公司按法定程序将资本公积 60 000 元转增资本金。

该项业务的发生说明，由于将资本公积转增资本金，一方面使属于所有者权益项目的实收资本增加 60 000 元，另一方面使属于所有者权益项目的资本公积减少 60 000 元。从而导致等式右边的权益项目内部有增有减，会计等式平衡。

【例 3-9】

华美公司按法定程序将应支付给投资者的利润 20 000 元转增资本金。

该项业务的发生说明，由于将应付利润转增资本金，一方面使公司属于所有者权益项目的实收资本增加 20 000 元，另一方面使属于负债项目的应付利润减少 20 000 元。从而导致等式右边的权益项目内部有增有减，会计等式平衡。

【例 3-10】

华美公司已承诺代甲公司偿还甲公司以前欠乙公司的货款 90 000 元，但款项尚未支付。与此同时，办妥相关手续，冲减甲公司在华美公司的投资。

该项业务的发生说明，一方面由于华美公司已承诺但未支付一笔欠款，使公司属于负债项目的应付账款增加 90 000 元；另一方面又由于代甲公司支付此项欠款的同时减少甲公司在本公司的投资，使属于所有者权益项目的实收资本减少 90 000 元。从而导致等式右边的权益项目内部有增有减，会计等式平衡。

通过对华美公司所有经济业务类型的分析，经过一段经营以后，是否会影响该公司的平衡关系呢？其影响情况如表 3-2 所示。

表 3-2 资产负债表

资 产	期末余额	负债及所有者权益	期末余额
库存现金	1 000	短期借款	70 000
银行存款	129 000	应付账款	210 000
应收账款	80 000	应付职工薪酬	30 000
原材料	290 000	应付股利	20 000
固定资产	170 000	应付票据	50 000
		实收资本	270 000
		资本公积	20 000
合 计	670 000	合 计	670 000

通过表 3-2 可以更清楚地看到，涉及资产、负债和所有者权益变化的任何经济业务

类型都不会破坏会计等式的平衡关系。除此以外，公司、企业还会发生影响动态要素变化的经济业务，比如收入和费用的发生。

【例 3–11】

某公司以库存现金 500 元购买办公用品。

该项业务的发生说明，一方面导致该公司属于资产项目的库存现金减少，另一方面使属于费用项目的管理费用增加，此费用在结账后会引起权益的减少。

上述业务在结账前用公式表示：

资产（–500 元）=负债+所有者权益+收入–费用（+500 元）

上述等式两边同减，会计等式平衡。结账后属于资产与权益同减业务类型，同样不会破坏其平衡关系。

【例 3–12】

某公司出售价值 20 000 元的商品，货款尚未收到。

该项业务的发生说明，一方面导致该公司属于资产项目的应收账款增加，另一方面使属于收入项目的主营业务收入增加，此收入在结账后会引起权益的增加。

上述业务在结账前用公式表示：

资产（+20 000 元）=负债+所有者权益+收入（+20 000 元）– 费用

上述等式两边同增，会计等式平衡。结账后属于资产与权益同增业务类型，同样不会破坏其平衡关系。

综上所述，任何公司、企业无论发生何种经济业务，此业务影响何种会计要素均不会破坏会计等式的平衡关系。这种资产与权益的恒等关系是复式记账法的理论基础。

第二节　借贷记账法

借贷记账法是复式记账法的最主要表现形式，是使用最广泛的一种复式记账法。

一、借贷记账法的产生

借贷记账法大约产生于 13 世纪的意大利。当时，意大利的商品经济，特别是在沿海城市的海上贸易有很大发展，但流行的货币却很复杂。币值不统一是商业交换的一个障碍。尽管当时以经营货币兑换业务为主的“银行”相当发达，而频繁的货币兑换和折算仍很不方便。在这种情况下，通过“银行”进行转账结算就受到了商人的欢迎。商人可以把不同的货币存入“银行”，“银行”则折成公认的货币计量单位为这些商人开设账户。这样从借贷资本家的角度来讲，他们主要是经营货币资金的借入和贷出业务，对于借进的款项，记在贷主名下，表示“银行”债务的增加，对于贷出款项，则记在借主名下，表示“银行”债权的增加。这样“借”、“贷”二字分别表示债权（应收款）、债务（应付款）的变化。

随着商品经济的发展，经济活动的日益复杂化，记录的经济业务也不再仅限于货币资金的借贷业务，而逐渐扩展到财产物资、经营损益和经营资本等的增减变化。这时为了适应商业资本和借贷资本经营者管理的需要，为了求得记账的一致，对于非货币资金借贷业务，也利用“借”、“贷”二字说明经济业务的变化情况。因此“借”、“贷”二字逐渐失去了原来的经济含义，转化为记账符号，变成会计的专门术语。到了 15 世纪，借贷记账法逐渐完善，被用来反映资本的存在形态和所有者权益的增减变化。与此同时，西方国家的会计学者提出了借贷记账法的理论依据，即所谓“资产=负债+资本”的平衡公式。在这一期间人们除了增设“资本”、“损益”账户外，又增设了“余额”账户，进行全部账户的试算平衡。根据这个理论确立了借贷的记账规则，从而使借贷记账法成为一种科学的记账方法，并为世界上许多国家广泛采用。借贷记账法于清朝末年从日本传入我国，在一部分企业得到应用。20 世纪 50 年代以后，我国开始改革记账方法，先后出现了一些新的记账方法，如增减记账法、收付记账法等。随着市场经济的不断发展，会计成为一种国际商业语言，目前借贷记账法已成为我国法定的记账方法。

二、借贷记账法的基本内容

（一）借贷记账法的记账符号

借贷记账法是以“借”、“贷”为记账符号。最早的“借”、“贷”具有一定的经济含义，分别表示债权、债务的增减变化。随着经济的发展，借贷记账法得到广泛的运用，核算的对象不再局限于债权债务关系，而是扩展到记录材料物资的增减变化和计算经营损益，这样“借”、“贷”失去了原有的含义，变成了纯粹的记账符号。

（二）借贷记账法的账户结构

我们知道，账户的基本结构分为左、右两方，在借贷记账法下，账户的基本结构分为借、贷两方。一般规定，账户的左方为“借方”，账户的右方为“贷方”。账户的一般格式如表 3-3 所示。

表 3-3 账户的一般格式

年		凭证号数	摘 要	借 方	贷 方	借或贷	余 额
月	日						

为了便于说明，可以用简化的账户格式——“丁”字账户表示，如表 3-4 所示。

表 3-4 “丁”字账户

借 方	账户名称	贷 方

确定借贷记账法下的账户结构，就是要规定账户的借方与贷方所登记的内容以及可能存在的账户余额的方向和内容。采用借贷记账法时账户的借贷两方必须作相反方向的记录，即对每个账户来说，如果规定借方用来登记增加额，则贷方就用来登记减少额；如果规定借方用来登记减少额，则贷方就用来登记增加额。至于账户的哪一方用来登记增加额，哪一方用来登记减少额，则要看账户的性质。账户的性质不同，账户的结构就不同。对于账户的四个金额要素——期初余额、期末余额、本期增加发生额、本期减少发生额，在借贷记账法下将带有符号的色彩。在一个会计期间，借方记录的合计数称为借方发生额，贷方记录的合计数称为贷方发生额，借方发生额、贷方发生额视账户的性质不同分别表示增加发生额和减少发生额。在每个会计期间的期末要将借贷发生额相比较，其差额称做期末余额。如果余额在借方表示借方余额，如果余额在贷方则表示贷方余额。下面就不同性质的账户说明账户的结构。

1. 资产类账户的账户结构

对于用来记录资产的账户，账户的借方登记资产的增加额，账户的贷方登记资产的减少额，账户如有余额，一般为借方余额，表示期末资产余额。资产类账户的结构如表 3-5 所示。资产账户的期末余额可以根据下列公式计算：

期末借方余额 = 期初借方余额 + 本期借方发生额 − 本期贷方发生额

表 3-5 资产类账户结构

借 方	资产类账户 贷 方
期初余额：	
（1）本期资产增加额	（1）本期资产减少额
（2）本期资产增加额	（2）本期资产减少额
…	…
本期发生额：	本期发生额：
期末余额：	

【例 3-13】

某公司 3 月 1 日仓库结存原材料价值 152 000 元，本月购进 10 000 元，生产领用 68 000 元，3 月末能结存多少原材料？

月末结存材料（94 000 元）=月初结存材料（152 000 元）+ 本月购进材料（10 000 元）− 本月生产领用（68 000 元）

用“丁”字账户表示，如表 3-6 所示。

表 3-6 原材料类“丁”字账户

借 方	原材料账户	贷 方
期初余额：152 000		
本期购进：10 000		本期领用：68 000
本期发生额：10 000		本期发生额：68 000
期末余额：94 000		

2. 负债类、所有者权益类账户的账户结构

对于用来记录负债、所有者权益类账户，账户的贷方登记负债、所有者权益的增加额，账户的借方登记负债、所有者权益的减少额，账户如有余额，一般为贷方余额，表示期末负债、所有者权益余额。负债类、所有者权益类账户的结构如表 3-7 所示。

表 3-7 负债类、所有者权益类账户结构

借 方	负债类、所有者权益类账户	贷 方
		期初余额：
（1）本期负债、所有者权益减少额		（1）本期负债、所有者权益增加额
（2）本期负债、所有者权益减少额		（2）本期负债、所有者权益增加额
…		…
本期发生额：		本期发生额：
		期末余额：

负债、所有者权益账户的期末余额可以根据下列公式计算：

期末贷方余额=期初贷方余额+本期贷方发生额−本期借方发生额

【例 3–14】

某公司期初有尚未支付的料款 100 000 元，到了月末，尚未支付的料款是 86 000 元，本月新购进材料 23 000 元，其中以银行存款支付了 10 000 元，本月支付了多少元前欠料款？

本月支付的前欠料款（27 000 元）=期初欠料款（100 000 元）+ 本月新购材料（23 000 元）− 实际付款（10 000 元）−月末欠料款（86 000 元）

由于账户按会计要素可以分为资产、负债、所有者权益、成本和损益 5 大类。上面已经介绍了资产、负债和所有者权益类账户的结构，那么成本、损益类的结构如何呢？由于损益类账户包括两层含义，一是收益，二是费用。而收益和费用的经济性质完全不同，因此它们的账户结构也不相同。成本和费用类账户的经济性质大致相同，都是公司、企业经营过程中的资金耗费，所以将成本类账户与损益类账户的内容重新组合为成本费用类账户

与收益类账户。

3. 成本费用类账户的结构

企业在生产经营中要有各种耗费，有成本费用的发生。在成本费用抵消收入以前，可以将其看做一种资产。因此，成本费用类账户的结构与资产类账户的结构基本相同，账户的借方记录成本费用的增加额，账户的贷方记录成本费用的转销额。由于借方记录的成本费用一般都要通过贷方转出，所以账户通常没有期末余额，如有余额，也表示借方余额。其结构如表 3-8 所示。

表 3-8 成本费用类账户结构

借　方	成本费用账户　贷　方
（1）本期成本费用增加额 （2）本期成本费用增加额 …	本期成本费用转销额 …
本期发生额：	本期发生额：

4. 收益类账户的结构

公司、企业取得的收入最终会导致所有者权益发生变化。收益的增加可视同所有者权益的增加，因此决定了收益类账户的结构与所有者权益类账户结构基本相同。收益账户的贷方登记收益的增加额，账户的借方登记收益的转销额。通常该账户没有余额，其账户结构如表 3-9 所示。

表 3-9 收益类账户结构

借　　方	收益类账户　贷　方
本期收益转销额 …	（1）本期收益增加额 （2）本期收益增加额 …
本期发生额：	本期发生额：

从上述分析不难看出，“借”、“贷”作为记账符号所记录的经济内容随着账户的经济性质不同而不同，但是各类账户的期末余额应与记录该账户增加额的方向是一致的。因此，根据账户余额所在方向来判断账户的性质，是借贷记账法的一个重要特点。

在借贷记账法下，借方登记资产、成本费用的增加额、负债、所有者权益的减少额和收益的转销额；贷方登记资产的减少额和成本费用的转销额、负债、所有者权益和收益的增加额。用“丁”字账户表示全部账户结构如表 3-10 所示。

表 3-10 全部账户结构

借 方	账户名称	贷 方
（1）资产增加额 （2）成本费用增加额 （3）负债减少额 （4）所有者权益减少额 （5）收益转销额		（1）资产减少额 （2）成本费用转销额 （3）负债增加额 （4）所有者权益增加额 （5）收益增加额
期末余额：资产（成本费用）结存数		期末余额：负债、所有者权益结存数

（三）借贷记账法的记账规则

下面将采用借贷记账法核算本章第一节的九种业务类型，从而说明借贷记账法的记账规则。我们在采用借贷记账法进行核算经济业务时，应从下面三个方面进行考虑：

（1）根据发生的经济业务设置相应的会计科目和账户并判断其性质；

（2）确定该项经济业务所涉及的账户是增加还是减少；

（3）决定该账户的结构，即应记录的方向是借方还是贷方。

下面依据上述步骤，采用借贷记账法，通过对上一节中的华美公司九种类型业务的核算，说明借贷记账法的记账规则。

【例 3–15】

华美公司 2013 年 1 月投资者继续投入货币资金 200 000 元，手续已办妥，款项已转入本公司的存款账户。

该项业务属于资产与所有者权益同增的经济事项，应设置资产类账户的“银行存款”账户和所有者权益类账户的“实收资本”账户；同时根据借贷记账法的账户结构，记入“银行存款”账户的借方及“实收资本”账户的贷方。用“丁”字账户表示，如表 3-11 所示。

表 3-11

借方	银行存款	贷方
（1）200 000		

借方	实收资本	贷方
		（1）200 000

【例 3–16】

华美公司向新乐公司购买所需原料，但由于资金周转紧张，料款 70 000 元尚未支付。

该项业务属于资产与负债同增的经济事项，应设置资产类账户的“原材料”账户和负债类账户的“应付账款”账户。同时根据借贷记账法的账户结构，记入“原材料”账户的借方及“应付账款”账户的贷方。用“丁”字账户表示，如表 3-12 所示。

表 3-12

借方	原材料	贷方
（2）70 000		

借方	应付账款	贷方
		（2）70 000

【例 3-17】

华美公司通过银行转账支付给银行于本月到期的银行借款 80 000 元。

该项业务属于资产与负债同减的经济事项，应设置资产类账户的“银行存款”账户和负债类账户的“短期借款”账户。同时根据借贷记账法的账户结构，记入“银行存款”账的贷方及“短期借款”账户的借方。用“丁”字账户表示，如表 3-13 所示。

表 3-13

借方	短期借款	贷方
（3）80 000		

借方	银行存款	贷方
		（3）80 000

【例 3-18】

上级主管部门按法定程序将 1 台价值 100 000 元的设备调出，以抽回国家对华美公司的投资。

该项业务属于资产与所有者权益同减的经济事项，应设置资产类账户的“固定资产”账户和所有者权益类账户的“实收资本”账户。同时根据借贷记账法的账户结构，记入“固定资产”账户的贷方及“实收资本”的借方，用“丁”字账户表示，如表 3-14 所示。

表 3-14

借方	实收资本	贷方
（4）100 000		

借方	固定资产	贷方
		（4）100 000

【例 3-19】

华美公司开出转账支票 40 000 元，购买 1 台电子仪器。

该项业务属于资产内部有增有减的经济事项，应设置同资产类账户的“银行存款”账户和“固定资产”账户。同时根据借贷记账法的账户结构，记入“银行存款”账户的贷方及“固定资产”账户的借方。用“丁”字账户表示，如表 3-15 所示。

表 3-15

借方	固定资产	贷方
（5）40 000		

借方	银行存款	贷方
		（5）40 000

【例 3-20】

华美公司开出一张面值为 50 000 元的商业汇票，以抵偿原欠新乐公司的料款。

该项业务属于负债内部有增有减的经济事项，应设置同负债类账户的“应付票据”账户和“应付账款”账户。同时根据借贷记账法的账户结构，计入“应付票据”账户的贷方及“应付账款”账户的借方。用“丁”字账户表示，如表 3-16 所示。

表 3-16

借方	应付账款	贷方
（6）50 000		

借方	应付票据	贷方
		（6）50 000

【例 3-21】

华美公司按法定程序将资本公积 60 000 元转增资本金。

该项业务属于所有者权益内部有增有减的经济事项，应设置同属于所有者权益类账户的“实收资本”账户和“资本公积”账户。同时根据借贷记账法的账户结构，记入“实收资本”账户的贷方及“资本公积”账户的借方。用“丁”字账户表示，如表 3-17 所示。

表 3-17

借方	资本公积	贷方
（7）60 000		

借方	实收资本	贷方
		（7）60 000

【例 3-22】

华美公司按法定程序将应支付给投资者的利润 20 000 元转增资本金。

该项业务属于负债与所有者权益之间增减变化的经济事项，应设置负债类账户的“应付股利”账户和所有者权益类账户的“实收资本”账户。同时根据借贷记账法的账户结构，记入“应付股利”账户的借方及“实收资本”账户的贷方。用“丁”字账户表示，如表 3-18 所示。

表 3-18

借方	应付股利	贷方
（8）20 000		

借方	实收资本	贷方
		（8）20 000

【例 3-23】

华美公司已承诺代甲公司偿还甲公司以前欠乙公司的货款 90 000 元，但款项尚未支付。与此同时，办妥相关手续，冲减甲公司在华美公司的投资。

该项业务属于负债与所有者权益之间增减变化的经济事项，应设置负债类账户的“应付账款”账户和所有者权益类账户的“实收资本”账户。同时根据借贷记账法的账户结构，记入“应付账款”账户的贷方及“实收资本”账户的借方。用“丁”字账户表示，如表 3-19 所示。

表 3-19

借方	实收资本	贷方
（9）90 000		

借方	应付账款	贷方
		（9）90 000

上述事项已可以说明，对于涉及资产、负债和所有者权益变化经济业务类型的处理，都是有借方，就相对应地有贷方，而且借贷的金额是相等的。下面再分析影响动态要素变化的经济业务的情况。

【例 3-24】

华美公司用库存现金 500 元购买办公用品。

该项业务属于资产与费用同增的经济事项，应设置资产类账户的“库存现金”账户和成本费用类账户的“管理费用”账户。同时根据借贷记账法的账户结构，记入“库存现金”账户的贷方及“管理费用”账户的借方。用“丁”字账户表示，如表3-20所示。

表 3-20

借方	管理费用	贷方
（10）500		

借方	库存现金	贷方
		（10）500

【例 3-25】

华美公司出售价值20 000元的商品，货款尚未收到。

该项业务属于资产与收入同增的经济事项，应设置资产类账户的“应收账款”账户和收益类账户的“主营业务收入”账户。同时根据借贷记账法的账户结构，记入“应收账款”账户的借方及“主营业务收入”账户的贷方。用“丁”字账户表示，如表3-21所示。

表 3-21

借方	应收账款	贷方
（11）20 000		

借方	主营业务收入	贷方
		（11）20 000

以上所举各例，已经概括了企业的所有业务类型，而无论哪种类型的经济业务，都是以相等的金额同时记入有关账户的借方和另一账户的贷方。这样就可以归纳出借贷记账法的记账规则为“有借必有贷，借贷必相等”。

借贷记账法的账户结构要求对发生的任何经济事项，都要按借贷相反的方向进行记录，如果在一个账户中记借方，必然在另一个账户中记贷方，即有借就必然有贷。复式记账法要求对发生的任何经济业务，都要等额地在相关账户中进行登记，如果采用“借”和“贷”作为记账符号时，借贷的金额一定是相等的。因此借贷记账法的记账规则是有一定理论依据的。

（四）借贷记账法的会计分录

从以上举例可以看出，在运用借贷记账法进行核算时，在有关账户之间存在着应借、应贷的相互关系，账户之间的这种相互关系称为账户的对应关系。存在对应关系的账户称为对应账户。

根据账户的对应关系可以了解经济业务的内容和来龙去脉，可以检查账目的正确性，可以加强会计监督。尽管账户的对应关系有如此重要的意义，但在实际工作中，经济业务一般较为复杂，如果直接根据账户来登记账户，就容易产生错误。为了既保证账户记录的正确性，又减少工作量，在将经济业务登记入账前，应先运用账户的对应关系编制会计分录。

在借贷记账法下，会计分录是指标明某项经济业务应借与应贷方向、科目名称以及金额的记录。如果某项经济业务只涉及一个账户的借方与一个账户的贷方相对应，这种会计分录称为简单会计分录；如果某项经济业务涉及一个账户的借方与多个账户的贷方相对应或多个账户的借方与一个账户的贷方相对应，这种会计分录称为复合会计分录。在实际工作中，不允许将多项经济业务合并编为复合分录，但若是一项经济业务时可编制复合会计分录。

将例 3-15 至例 3-25 的核算事项用会计分录表示如下。

（1）借：银行存款　　200 000
　　贷：实收资本　　200 000

（2）借：原材料　　70 000
　　贷：应付账款　　70 000

（3）借：短期借款　　80 000
　　贷：银行存款　　80 000

（4）借：实收资本　　100 000
　　贷：固定资产　　100 000

（5）借：固定资产　　40 000
　　贷：银行存款　　40 000

（6）借：应付账款　　50 000
　　贷：应付票据　　50 000

（7）借：资本公积　　60 000
　　贷：实收资本　　60 000

（8）借：应付股利　　20 000
　　贷：实收资本　　20 000

（9）借：实收资本　　90 000
　　贷：应付账款　　90 000

（10）借：管理费用　　500
　　贷：库存现金　　500

（11）借：应收账款　　20 000
　　贷：主营业务收入　　20 000

上述会计分录均为简单会计分录，下面举例说明复合会计分录的编制。

【例 3-26】

某公司购买一批原材料，价值 98 000 元，其中以银行存款支付 48 000 元，其余款项尚未支付。

该项业务涉及资产类账户的“原材料”账户、“银行存款”账户以及负债类账户的“应付账款”账户，编制复合会计分录如下。

借：原材料　　98 000

贷：银行存款　　48 000

　　应付账款　　50 000

（五）借贷记账法的试算平衡

各单位的经济业务纷繁复杂，再加上有些人为的因素，在账户的日常记录中难免会出现一些差错。为了检查一定时期内所发生经济业务在账户中的记录是否正确，在会计期末应对账户试算平衡。所谓试算平衡是指根据会计等式“资产=负债+所有者权益”以及借贷记账法的记账规则通过汇总、检查和验算所有账户记录是否正确的过程，它包括发生额试算平衡法和余额试算平衡法。

1. 发生额试算平衡

借贷记账法的记账规则是“有借必有贷，借贷必相等”。根据这一记账规则，对于公司、企业发生的每一经济事项都要以相等的金额，分别计入两个或两个以上账户的借方和贷方，借贷双方的金额必然相等。因此，当一定时期的经济事项全部计入相关的账户以后，所有账户的借方发生额合计与贷方发生额合计也必然相等。

发生额试算平衡是根据本期所有账户借方发生额与贷方发生额合计恒等关系，来检验本期发生额记录是否正确的方法。用公式表示如下：

全部账户本期借方发生额合计 = 全部账户本期贷方发生额合计

在实际工作中，本项工作是通过编制发生额试算平衡表（见表3-22）进行的。

表3-22　总分类账户发生额试算平衡表

账户名称	本期发生额	
	借　方	贷　方
银行存款	（1）200 000	（3）280 000 （5）240 000
原材料	（2）270 000	
固定资产	（5）240 000	（4）100 000
短期借款	（3）280 000	
应付票据		（6）250 000
应付账款	（6）250 000	（2）270 000 （9）290 000
应付股利	（8）220 000	
实收资本	（4）100 000 （9）290 000	（1）200 000 （7）260 000 （8）220 000
资本公积	（7）260 000	
合　计	710 000	710 000

2. 余额试算平衡

账户的余额试算平衡是根据所有账户借方余额合计与贷方余额合计的恒等关系，来检验本期记录是否正确的方法。这是由“资产 = 负债 + 所有者权益”的恒等关系决定的。而根据余额的时间不同，可分为期初余额平衡与期末余额平衡两类。

期末余额平衡是期末所有账户借方余额合计与贷方余额合计相等，用公式表示如下：

全部账户的期末借方余额合计 = 全部账户的期末贷方余额合计

在实际工作中，余额试算平衡是通过编制余额试算平衡表（见表 3-23）进行的。

表 3-23 总分类账户余额试算平衡表

账户名称	借方余额	贷方余额
库存现金	1 000	
银行存款	129 000	
应收账款	80 000	
原材料	290 000	
固定资产	170 000	
短期借款		70 000
应付票据		50 000
应付账款		210 000
应付职工薪酬		30 000
应付股利		20 000
实收资本		270 000
资本公积		20 000
合　计	670 000	670 000

在实际工作中也可将发生额及余额试算平衡表合并编表，如表 3-24 所示。

表 3-24 总分类账户发生额及余额试算平衡表

账户名称	期初余额		本期发生额		期末余额	
	借　方	贷　方	借　方	贷　方	借　方	贷　方
库存现金	1 000				1 000	
银行存款	49 000		（1）200 000	（3）80 000 （5）40 000	129 000	
应收账款	80 000				80 000	
原材料	220 000		（2）70 000		290 000	
固定资产	230 000		（5）40 000	（4）100 000	170 000	
短期借款		150 000	（3）80 000			70 000
应付票据				（6）50 000		50 000

续表

账户名称	期初余额		本期发生额		期末余额	
	借　方	贷　方	借　方	贷　方	借　方	贷　方
应付账款		100 000	（6）50 000	（2）70 000 （9）90 000		210 000
应付职工薪酬		30 000				30 000
应付股利		40 000	（8）20 000			20 000
实收资本		180 000	（4）100 000 （9）90 000	（1）200 000 （7）60 000 （8）20 000		270 000
资本公积		80 000	（7）60 000			20 000
合计	580 000	580 000	710 000	710 000	670 000	670 000

应该看到，试算平衡表只是通过借贷金额是否平衡来检查账户记录是否正确，而有些错误对于借贷双方的平衡并不发生影响。因此，在编制试算平衡表时对以下问题应引起注意：

（1）必须保证所有账户的余额均已计入试算表。因为会计等式是对六项会计要素整体而言的，缺少任何一个账户的余额，都会造成期初或期末借方余额与贷方余额合计不相等。

（2）如果借贷试算不平衡，肯定账户记录有错误，应认真查找，直到实现平衡为止。

（3）如果借贷试算平衡，则并不能说明账户记录绝对正确，因为有些错误对于借贷双方的平衡并不发生影响。例如：

- 某项经济业务，将使本期借贷双方的发生额等额减少，借贷仍然平衡；
- 重记某项经济业务，将使本期借贷双方的发生额发生等额虚增，借贷仍然平衡；
- 某项经济业务记错有关账户，借贷仍然平衡；
- 某项经济业务颠倒了记账方向，借贷仍然平衡；
- 借方或贷方发生额中，偶然一多一少并相互抵消，借贷仍然平衡。

第三节　总分类账户与明细分类账户的平行登记

一、总分类账户与明细分类账户平行登记的意义

公司、企业为了满足其外部各方对会计信息的不同需要，要求会计能提供高质量的总括核算指标。在我国，为了保证各单位会计核算指标的真实、可比、一致，为了保证会计核算资料能在一个部门、一个行业、一个地区乃至全国范围内综合汇总、分析，公司、企业要根据示范会计制度，结合本单位特点设置总分类账户，进行总分类核算。此外，公司、企业为了满足内部经营管理的需要，有必要根据本单位的经济业务的具体内容和经营管理的水平设置明细分类账户进行明细分类核算。

公司、企业虽然不一定对所有的总分类账户都设明细分类账户，但对于需要设置明细分类账户的总分类账户来讲，本身就决定了二者之间存在着必然的联系。总分类账户对明细分类账户具有统驭控制作用，明细分类账户对总分类账户具有补充说明作用。总分类账户和所属明细分类账户的总额应当相等。由于总分类账户和明细分类账户之间的这种关系，为了便于账户之间的核对，为了满足管理上对总括会计信息和详细会计信息的要求，为了保证会计资料的正确性和完整性，总分类账户和所属的明细分类账户在进行会计核算时必须进行平行登记。

二、总分类账户与明细分类账户平行登记的要点

所谓平行登记是指对所发生的每一笔经济业务都要以会计凭证为依据，一方面记入总分类账户，另一方面记入有关总分类账户所属明细分类账户的方法。具体来讲，平行登记的要点包括以下四个方面。

1. 依据相同

对于发生的经济业务，都要以相关的会计凭证为依据，既登记总分类账户，又登记其所属的明细分类账户。

2. 方向相同

将经济业务记入总分类账户和明细分类账户时，记账方向必须相同。即总分类账户记入借方，明细分类账户也记入借方；总分类账户记入贷方，明细分类账户也记入贷方。

3. 期间相同

对每一项经济业务，在记入总分类账户和明细分类账户过程中，可以有先有后，但必须在同一会计期间全部登记入账。

4. 金额相等

记入总分类账户的金额，应与记入其所属明细分类账户的金额合计相等。这里包含两层含义，用公式表示为：

总分类账户本期发生额 ＝ 所属明细分类账户本期发生额合计

总分类账户期末余额 ＝ 所属明细分类账户期末余额合计

三、总分类账户与明细分类账户平行登记举例

下面以某公司“原材料”账户和“应付账款”账户为例，说明总分类账户与明细分类账户的平行登记。

【例 3-27】

某公司 2013 年 5 月“原材料”账户的账面余额为 140 000 元，“应付账款”账户的账面余额为 20 000 元，其总账所属明细分类账户的月初余额如表 3-25、表 3-26 所示。

表 3-25　原材料账户

材料名称	计量单位	数　量	单　价	金　额
甲材料	公斤	2 000	50	100 000
乙材料	公斤	1 000	40	40 000
合　计				140 000

表 3-26　应付账款账户

债权人名称	应付账款余额
新华公司	12 000
新乐公司	8 000
合　计	20 000

该公司 5 月发生下列经济业务（不考虑税收因素）：

（1）5 月 6 日，向新华公司购进甲材料 300 公斤，单价 50 元，货款以银行存款支付。

（2）5 月 15 日，向新乐公司购进乙材料 400 公斤，单价 40 元，货款尚未支付。

（3）5 月 20 日，本月仓库发出甲材料 2 100 公斤，单价 50 元，计 105 000 元；乙材料 1 100 公斤，单价 40 元，计 44 000 元。发出材料合计 149 000 元，均用于产品生产。

（4）5 月 28 日，以银行存款偿还新华公司货款 10 000 元，偿还新乐公司货款 20 000 元，合计 30 000 元。

要求：根据上述资料对“原材料”账户和“应付账款”账户以及有关所属明细分类账户进行平行登记。

解：首先，将各账户的月初余额记入相关的总分类账户和明细分类账户（见表 3-27 至表 3-32 的期初余额栏）。

其次，根据本月发生的经济业务编制相关会计分录。

（1）借：原材料——甲材料　　15 000
　　　贷：银行存款　　15 000

（2）借：原材料——乙材料　　16 000
　　　贷：应付账款——新乐公司　　16 000

（3）借：生产成本　　149 000
　　　贷：原材料——甲材料 105 000　　149 000
　　　　　　　　——乙材料　44 000

（4）借：应付账款——新华公司 10 000　　30 000
　　　　　　　　——新乐公司 20 000
　　　贷：银行存款　　30 000

再次，根据上述会计分录，平行登记“原材料”账户和“应付账款”账户以及有关所属明细分类账户，并结算出本月发生额及月末余额（见表 3-27 至表 3-32 的期末栏）。

表 3-27 总分类账户

账户名称：原材料

2013 年		凭证号数	摘 要	借 方	贷 方	借或贷	余 额
月	日						
5	1	略	月初余额			借	140 000
	6		购入	15 000		借	155 000
	15		购入	16 000		借	171 000
	20		生产领用		149 000	借	22 000
5	31		本月合计	31 000	149 000	借	22 000

表 3-28 原材料明细分类账户

账户名称：甲材料

2013 年		凭证号数	摘 要	收 入			发 出			结 余		
月	日			数量	单价	金额	数量	单价	金额	数量	单价	金额
5	1	略	月初余额							2 000	50	100 000
	6		购入	300	50	15 000				2 300	50	115 000
	20		生产领用				2 100	50	105 000	2 200	50	10 000
5	31		本月合计	300		15 000	2 100		105 000	2 200	50	10 000

表 3-29 原材料明细分类账户

账户名称：乙材料

2013 年		凭证号数	摘 要	收 入			发 出			结 余		
月	日			数量	单价	金额	数量	单价	金额	数量	单价	金额
5	1	略	月初余额							1 000	40	40 000
	15		购入	400	40	16 000				1 400	40	56 000
	20		生产领用				1 100	40	44 000	2 300	40	12 000
5	31		本月合计	400		16 000	1 100		44 000	2 300	40	12 000

表 3-30 总分类账户

账户名称：应付账款

2013 年		凭证号数	摘 要	借 方	贷 方	借或贷	金 额
月	日						
5	1	略	月初余额			贷	20 000
	15		购料欠款		16 000	贷	36 000
	28		偿还欠款	30 000		贷	6 000
5	31		本月合计	30 000	16 000	贷	6 000

表 3-31　应付账款明细分类账户

账户名称：新华公司

2013年		凭证号数	摘　要	借　方	贷　方	借或贷	金　额
月	日						
5	1	略	月初余额			贷	12 000
	28		偿还欠款	10 000		贷	2 000
5	31		本月合计	10 000		贷	2 000

表 3-32　应付账款明细分类账户

账户名称：新乐公司

2013年		凭证号数	摘　要	借　方	贷　方	借或贷	金　额
月	日						
5	1	略	月初余额			贷	8 000
	15		购料欠款		16 000	贷	24 000
	28		偿还欠款	20 000		贷	4 000
5	31		本月合计	20 000	16 000	贷	4 000

最后，编制“明细分类账户本期发生额和余额明细表”。

将各账户登记完毕并结算出发生额和余额后，应对总账及所属明细账的登记结果进行核对。这项工作是通过编制“明细分类账户本期发生额和余额明细表”进行的。它是在月末根据各明细账的本期发生额和余额汇总编制而成的（见表 3-33、表 3-34）。

表 3-33　库存材料明细分类账户本期发生额和余额明细表

明细科目	计量单位	单价	月初余额		本期发生额				月末余额	
					收　入		发　出			
			数量	金额	数量	金额	数量	金额	数量	金额
甲材料	公斤	50	2 000	100 000	300	15 000	2 100	105 000	200	10 000
乙材料	公斤	40	1 000	40 000	400	16 000	1 100	44 000	300	12 000
合计				140 000		31 000		149 000		22 000

表 3-34　应付账款明细分类账户本期发生额和余额明细表

明细科目	月初余额		本期发生额		月末余额	
	借　方	贷　方	借　方	贷　方	借　方	贷　方
新华公司		12 000	10 000			2 000
新乐公司		8 000	20 000	16 000		4 000
合计		20 000	30 000	16 000		6 000

我们可以看到这样的结果，表 3-33 中的“原材料”明细账的月初余额、本期借方发生额合计、本期贷方发生额合计、月末余额分别与表 3-27 中的“原材料”总账的月初余额、本期借方发生额合计、本期贷方发生额合计、月末余额核对相符；表 3-34 中的“应付账款”明细账的月初余额、本期借方发生额合计、本期贷方发生额合计、月末余额分别与表 3-30 中的“应付账款”总账的月初余额、本期借方发生额合计、本期贷方发生额合计、月末余额核对相符。

思考题

1．什么是复式记账？
2．什么是借贷记账法？其基本内容是什么？
3．什么是账户的对应关系及对应账户？
4．什么是会计分录？
5．什么是借贷记账法的试算平衡？
6．什么是总分类账与明细分类账的平行登记？其登记要点是什么？

实训题

1．**实训目的**：练习会计平衡公式。

实训资料：某公司 2013 年 9 月初的账户余额如表 3-35 所示。

表 3-35 某公司账户余额

资 产	金 额	负债及所有者权益	金 额
库存现金	3 000	短期借款	80 000
银行存款	40 000	应付账款	70 000
应收账款	30 000	应付票据	100 000
原 材 料	50 000	实收资本	400 000
库存商品	90 000	盈余公积	63 000
固定资产	500 000		
合 计	713 000	合 计	713 000

9 月发生下列业务：
（1）从银行提取库存现金 500 元；
（2）从银行取得 7 个月期限的贷款 50 000 元；
（3）投资者继续以价值 100 000 元的设备投入；
（4）购料 50 00 元，款未付；
（5）公司决定将盈余公积 30 000 元转增实收资本；
（6）开出一张价值 40 000 元的商业汇票以抵付前欠货款；
（7）收到购货单位原欠款 20 000 元。

实训要求：

（1）根据上述业务设置相关的会计科目；

（2）计算各账户的期末余额；

（3）计算资产、负债及所有者权益的总额并判断是否平衡。

2. **实训目的：**练习借贷记账法下的会计分录编制。

实训资料：第二章实训题1的资料。

实训要求：根据资料编制相关会计分录。

CHAPTER 4

第四章　借贷记账法在公司、企业中的运用

本章要点

- 资金投入的核算
- 原材料购进的核算
- 产品生产的核算
- 产品销售的核算
- 利润形成及分配的核算
- 资金退出的核算

本章内容简述

本章的主要任务是在理解前面几章所介绍的账户、复式记账原理的基础上，进一步掌握它们在制造业的主要经济业务中的运用。制造业主要经济业务会计核算包括资金投入的核算、原材料购进的核算、产品生产的核算、产品销售的核算、利润形成及分配的核算、资金退出等的业务核算。每部分的内容都要求学生掌握业务特点、相关账户设置及账务处理。

本章将以制造业日常发生的经济业务为例，运用以上各章学到的账户设置、复式记账的原理，进一步说明在借贷记账法下，是如何对一个典型的行业设置一整套完整的账户体系，并利用这些账户体系对制造业的经济事项进行账务处理。要做到这一点首先要了解制造业会计对象的特点。

前已述及，制造业是指从事工业产品生产和销售的营利性的经济组织，其会计对象表现为资金的投入、资金的循环与周转、资金的退出。为了从事产品的生产与销售活动，制造业企业必须拥有一定数量的资金，用于建造厂房，购买机器设备，购买原材料，支付职工工资，支付经营管理中必要的开支等，生产出的产品经过销售后，收回的货款还要补偿生产中的垫付资金，偿还有关债务，上交有关税金等。这些构成了制造业企业的主要经济业务，这些经济业务按其特点可分为资金投入业务、原材料购进业务、产品生产业务、产品销售业务、利润形成与分配业务以及资金退出业务等。

下面以华强公司为例，分别对 2013 年 12 月发生的主要经济业务进行账务处理。华强公司 2013 年 11 月 30 日各总分类账户以及所属明细分类账户资料如表 4-1 所示。

上述“库存商品”账户余额 270 000 元，其中：

A 产品 10 000 件，单位成本 20 元，计 200 000 元；

B 产品 7 000 件，单位成本 10 元，计 70 000 元。

表 4-1 账户资料

账户名称	借方余额	账户名称	贷方余额
库存现金	5 000	短期借款	50 000
银行存款	130 000	应付账款	98 000
应收账款	30 000	其他应付款	500
其他应收款	2 400	应交税费	25 000
原材料	130 000	应付利息	6 000
库存商品	270 000	实收资本	720 000
预付账款	12 000	盈余公积	83 066.36
固定资产	600 000	未分配利润	96 833.64
		累计折旧	100 000
合　计	1 179 400	合　计	1 179 400

第一节　资金投入的核算

资金的投入包括企业所有者投入的资金和债权人投入的资金两部分，前者属于所有者权益，后者属于公司、企业的债权人权益，即负债。从其形成来看，所有者权益主要来源于公司、企业投资者的初始投资以及企业在生产经营期间实现的留存收益。另外，资本公积也是所有者权益的一项来源。资本公积是企业收到投资者的超出其在注册资本（或股本）中所占份额的投资，以及直接记入所有者权益的利得和损失等。从其构成来看，所有者权益包括实收资本、资本公积和留存收益，留存收益又包括盈余公积和未分配利润。负债所代表的是公司、企业对其债权人所承担的全部经济责任，比如短期借款、应付账款等流动负债和长期借款、应付债券等长期负债。下面将重点介绍投资者投入资本和公司、企业从银行取得短期借款的核算。

一、投资者投入资本的核算

（一）业务特点

企业要进行经营，必须要有一定的"本钱"。我国民法通则中明确规定，设立企业法人必须要有必要的财产。我国企业法人登记管理条例也明确规定，企业申请开业，必须具备符合国家规定的与其生产经营和服务规模相适应的资金数额。我国《公司法》对有限责任公司与股份有限公司的注册资本最低限额分别进行了规定。有限责任公司的注册资本最低限额为人民币 3 万元，股份有限公司的注册资本最低为人民币 500 万元。有限责任公司的注册资本不划分为等额股份，股东一般依其投资比例行使权利。股份有限公司的注册资本划分为等额股份，股东一般依其所持股份数额行使权利。

公司变更注册资本的，应当提交依法设立的验资机构出具的验资证明。公司法定公积金转增为注册资本的，验资证明应当载明留存的该项公积金不少于转增前公司注册资本的25%。公司减少注册资本的，应当自公告之日起45日后申请变更登记，并应当提交公司在报纸上登载公司减少注册资本公告的有关证明和公司债务清偿或者债务担保情况的说明。公司减资后的资本不得低于法定的最低限额。

企业收到投资者投入企业的资本时，必须聘请注册会计师进行验资并对其出具验资报告，由企业签发所有者出资证明书。投资者向企业投入的资本，在企业持续经营期间内，除依法转让外，不得以任何形式抽回。

股东可以用货币出资，也可以用实物、知识产权、土地使用权等可以用货币估价并可以依法转让的非货币财产作价出资，但是，法律、行政法规规定不得作为出资的财产除外。全体股东的货币出资金额不得低于有限责任公司注册资本的30%。不论以何种方式出资，投资者如在投资过程中违反投资合约或协议规定,不按规定如期缴足出资额,企业可以依法追究投资者的违约责任。

（二）账户设置

1.“实收资本”账户

公司、企业应设置“实收资本”账户来反映投资者投入资本的增减变动情况，该账户属于所有者权益类。贷方登记实收资本的增加数额，借方登记实收资本的减少数额，期末贷方余额反映企业期末实收资本的实有数额。企业还应在“实收资本”账户按所有者设置明细科目，进行明细分类核算来反映企业各所有者投资在企业所有者权益中的构成及其变动情况。

股份有限公司应设置“股本”账户，用来核算公司在核定的股本总额及核定的股份总额范围内实际发行股票的数额。

2.“银行存款”账户

公司、企业应设置“银行存款”账户来总括地记录和反映企业存入银行和其他金融机构的各种款项。该账户属于资产类账户。借方反映企业银行存款的增加，贷方反映企业银行存款的减少，期末余额一般在借方，反映企业期末银行存款余额。

3.“固定资产”账户

公司、企业应设置“固定资产”账户来核算公司、企业所有的固定资产的原价。该账户属于资产类账户。借方登记企业增加固定资产的原价，贷方登记企业减少固定资产的原价，期末余额在借方，反映企业结存的固定资产的原价。该账户按固定资产的类别设明细科目进行明细分类核算。

（三）账务处理实例

【例4-1】

2013年12月6日，华强公司为了2014年扩大经营规模，本月将办理有关增资手续。收到国家投入资本金150 000元，款项已存入银行。

这项经济业务一方面使国家在华强公司的所有者权益增加，另一方面增加了该公司存在银行的款项。对于此项业务应设置“实收资本”和“银行存款”账户。投入资本的增加记入“实收资本”账户的贷方，存入款项的增加记入“银行存款”账户的借方。编制如下会计分录：

借：银行存款　　150 000

　贷：实收资本　　150 000

【例 4–2】

12 月 18 日，为了扩大生产规模，华强公司接收华达公司作为资本投入的不需安装的生产设备一台，合同约定该生产设备的价值为 260 000 元，增值税进项税额为 44 200 元。经约定，华强公司接受华达公司的投入资本 304 200 元。合同约定的固定资产价值与公允价值相符，不考虑其他因素。

［注：企业接受投资者作价投入的房屋、建筑物、机器设备等固定资产，应该按照投资合同或协议约定价值确定固定资产价值（但投资合同或协议约定价值不公允的除外）和在注册资本中应享有的份额。］

这项经济业务一方面使华达在华强公司的所有者权益增加，另一方面增加了该公司生产设备。对于此项业务应设置“实收资本”和“固定资产”等账户。投入资本的增加记入“实收资本”账户的贷方，生产设备的增加记入“固定资产”账户的借方，因为该企业为增值税一般纳税人，接受固定资产的进项税额不纳入固定资产的成本核算，可以在销项税额中抵扣。编制如下会计分录：

借：固定资产　　260 000

　　应交税费——应交增值税（进项税额）　　44 200

　贷：实收资本　　304 200

二、短期借款的核算

（一）业务特点

短期借款是企业借入的期限在一年以下的各种借款，它属于金额确定的流动负债。

企业在进行正常的生产经营过程中，由于季节性、临时性经营周转出现资金暂时短缺或抵偿某项债务时，往往需要向银行或其他金融机构取得一定数量的短期借款，以满足生产周转的需要。企业应按照规定的程序，向银行或其他金融机构提出申请，借入短期借款。各种类型的借款都有规定的期限和利率，企业必须按期如数归还本金，并及时足额地支付利息，以保证企业生产经营的正常周转以及信贷资金的良性循环。如果遇到有特殊原因不能偿还，应向银行或其他金融机构申请延期还款，经审查同意后才可以延期。这里只介绍借入款项的核算，借款利息和借款归还的核算将在以后的章节中介绍。

（二）账户设置

企业应设置“短期借款”账户来总括地反映和监督短期借款的取得和归还情况。该账户属于负债类账户。贷方登记取得借款数额，借方登记归还的借款数额，贷方余额表示尚未归还的借款数额。该账户应按债权人设置明细账户进行明细分类核算。

（三）账务处理实例

【例 4-3】

12 月 6 日，华强公司为了周转需要，根据有关规定，向银行取得临时借款 30 000 元，并转存银行。

这项经济业务一方面使华强公司对银行的负债增加，另一方面增加了该公司存在银行的款项。对于此项业务应设置“短期借款”和“银行存款”账户。公司负债的增加记入“短期借款”账户的贷方，存入款项的增加记入“银行存款”账户的借方。编制如下会计分录：

借：银行存款　　30 000

　贷：短期借款　　30 000

通过上述经济业务的账务处理，可以看出资金投入的总分类核算可以用图 4-1 表示。

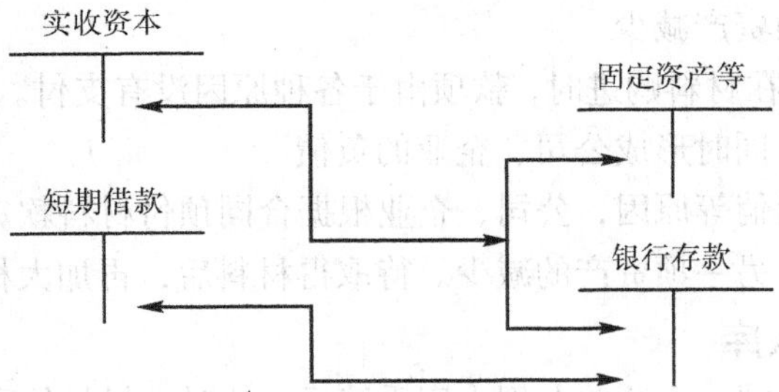

图 4-1　资金投入的总分类核算

第二节　原材料购进的核算

资金投入公司、企业后就开始了生产经营。对于制造业来讲首先应购买原材料。制造业原材料的购进业务一般分为两个环节：一是原材料的采购过程，二是原材料的入库。

一、原材料购进业务的特点

（一）原材料的采购过程

制造业原材料的采购业务，一方面会使公司、企业的材料采购成本加大，比如原材料的买价、运费等；另一方面要与供应单位办理这批原材料的货款结算，比如材料的货款是以银行存款支付还是暂时形成欠款。

原材料的采购成本应以实际成本入账。具体包括下列内容：

（1）买价。指购物售货发票上所列的货款金额。

（2）运杂费。包括运输费、装卸费、保险费等。

（3）运输途中合理损耗。

（4）入库前的挑选整理费用。包括挑选整理中发生的工资、费用支出和必要的损耗，并扣除回收的下脚废料价值。

（5）税金。价内税、小规模纳税企业购料中支付的增值税、一般纳税企业在采购材料中用于非应交增值税项目或免交增值税项目的，以及未能取得增值税专用发票和完税证明所支付的增值税，均应计入购入货物的采购成本。

原材料的采购成本发生后，无论这些款项是否支付，都说明公司、企业已拥有了该材料的所有权，因此，对公司、企业来讲，应作为一项资产加以确认。需要指出的是，公司、企业在国内采购材料时，专用发票上记载的金额不全构成材料的采购成本，比如发票上注明的增值税额。根据我国目前的税法规定，不构成材料成本的部分应在“应交税费——增值税（进项税额）”账户中单独核算，记入该账户的借方进行抵扣。

原材料采购成本的发生必然会涉及公司、企业与供应单位的款项结算。对于款项的结算可能会出现下列三种情况：

（1）料款、运杂费在材料购进的同时以银行存款支付。这种情况会导致公司、企业的一项资产增加，另一项资产减少。

（2）料款、运杂费在材料购进时，款项由于各种原因没有支付。这种情况会导致公司、企业的一项资产增加，同时形成公司、企业的负债。

（3）由于原材料紧俏等原因，公司、企业根据合同预付材料款。预付货款时，可以看做是一项资产的增加，另一项资产的减少。待取得材料后，再加大材料的采购成本。

（二）原材料的入库

购入的材料运达公司、企业并办理入库手续后，这时，材料的采购成本将转化为库存材料的成本并形成储备资金，以备公司、企业生产经营领用。

二、账户设置与账务处理

为了核算供应过程中材料采购的发生、货款的结算关系以及库存材料储备的形成情况，应设置下列账户。

（一）“在途物资”账户

为了核算公司、企业购入材料的采购实际成本，应设置“在途物资”账户。该账户属于资产类账户。借方登记企业采购过程中发生的材料、商品等买价、运费采购费用，贷方登记验收入库的材料的采购成本并转入“原材料”账户的借方。期末余额在借方，表示已办理货款结算但尚未入库的材料、商品等物资的实际成本，即在途材料、商品等物资的实际成本。

（二）“原材料”账户

为了总括地核算公司、企业库存原材料的入库、出库和结存情况，应设置“原材料”账户。该账户属于资产类账户。借方登记入库原材料的实际成本，贷方登记发出、领用、对外销售、盘亏、毁损等原因而减少的原材料的实际成本。余额在借方，表示月末库存原材料的实际成本。该账户按照材料的种类设置明细账户进行明细分类核算。

（三）“应付账款”账户

应付账款是指企业因购买材料、商品和接受劳务供应等应支付给供应者的款项。

公司、企业为了核算应付账款的形成及其偿还情况，应设置“应付账款”账户。该账户属于负债类账户。贷方登记企业购买材料、接受劳务等形成的应付未付款项，贷方登记偿还的应付款项或开出商业汇票抵付应付账款的款项，或冲销无法支付的应付账款。余额一般在贷方，表示尚未偿还的应付账款。该账户按供应单位名称设置明细账户进行明细分类核算。

（四）“应付票据”账户

应付票据是指企业采用商业汇票结算方式购买商品、产品时应偿付的商业汇票。

公司、企业为了反映应付票据签发、承兑及支付票款等业务，应设置“应付票据”账户。该账户属于负债类账户。贷方登记开出并承兑汇票的面值，借方登记支付票款的款项。余额在贷方，表示尚未支付票据的面值。该账户按承兑人的不同设置明细账户进行明细分类核算。

（五）“预付账款”账户

公司、企业为了反映和监督预付账款的增减变动情况，应设置“预付账款”账户。该账户属于资产类账户。借方登记预付款项和补付的款项，贷方登记收到的采购货物时按发票金额冲销的预付账款或因预付货款多余而退回的款项。余额一般在借方，表示预付的货款数。预付货款不多的企业，可以不设“预付账款”账户，并入“应付账款”账户核算。预付账款的核算包括预付货款、收取货物和结清款项的核算。

（六）“银行存款”账户（略）

（七）“库存现金”账户

公司、企业为了反映和监督库存现金的增减变动情况，应设置“库存现金”账户。该账户属于资产类账户。借方登记库存现金的增加，贷方登记库存现金的减少。余额一般在借方，表示企业持有的库存现金。

三、账务处理实例

【例 4–4】

12 月 1 日，向新华公司购进甲材料 600 公斤，单价 50 元，计 30 000 元。运费 1 000 元，增值税税率为 17%，运费以银行存款支付，其余款项尚未支付。材料已验收入库。

这项经济业务一方面使公司的材料采购成本增加，同时产生进项税款，应分别设置“原材料”和“应交税费——应交增值税（进项税额）”账户，并记入这些账户的借方；另一方面对于各种款项的结算，其中运费的支付减少了该公司存在银行的款项，而尚未支付的其余款项则形成了公司的负债，应分别设置 “银行存款”和“应付账款”账户，并记入这些账户的贷方。对于最终增加的库存材料将导致其采购成本的减少，应记入“原材料”账户的借方。编制如下会计分录：

借：原材料 31 000
　　应交税费——应交增值税（进项税额） 5 100
　贷：银行存款 1 000
　　　应付账款——新华公司 35 100

【例 4-5】

12 月 4 日，向新乐公司购进乙材料 3 000 公斤，单价 30 元，计 90 000 元，增值税税率为 17%，该公司签发了一张等额的商业汇票办理款项结算，材料尚未运达。

这项经济业务一方面使公司的采购成本增加，同时产生进项税款，应分别设置“在途物资”和“应交税费——应交增值税（进项税额）”账户，并记入这些账户的借方；另一方面对于各种款项的结算采用的是商业汇票结算方式，应设置“应付票据”账户进行核算，对于此项负债的增加，应记入“应付票据”账户的贷方。故这项经济业务应编制如下会计分录：

借：在途物资 90 000
　　应交税费——应交增值税（进项税额） 15 300
　贷：应付票据 105 300

【例 4-6】

12 月 10 日，公司以库存现金 760 元支付上述购买乙材料的搬运费。

这项经济业务一方面使公司的材料采购成本增加，另一方面使该公司的库存现金减少。对于此项业务应设置“在途物资”和“库存现金”账户。材料采购成本的增加记入“在途物资”账户的借方，库存现金的减少记入“库存现金”账户的贷方。故此项经济业务应编制如下会计分录：

借：在途物资 760
　贷：库存现金 760

【例 4-7】

12 月 12 日，公司根据合同预付给新华公司 50 000 元，用于购买甲材料，款项已通过银行划转。

这项经济业务一方面使公司的预付款项增加，另一方面减少了该公司存在银行的款项。对于此项业务应设置“预付账款”和“银行存款”账户。预付款项的增加记入“预付账款”账户的借方，银行存款的减少记入“银行存款”账户的贷方。故此项经济业务应编制如下会计分录：

借：预付账款 50 000
　贷：银行存款 50 000

【例 4-8】

12 月 20 日，上述材料已运达公司，但尚未办理入库手续。发票账单注明，该批材料的买价为 60 000 元，增值税款为 10 200 元，并冲销原预付的款项。

这项经济业务一方面使公司的材料采购成本增加并产生了进项税额，另一方面使该公司预付款项减少。对于此项业务应设置“在途物资”、“应交税费——应交增值税（进项税额）”和“预付账款”等账户。材料采购成本的增加记入“在途物资”账户的借方，进项税额的增加记入“应交税费——应交增值税（进项税额）”账户的借方，预付款项的减少记入“预付账款”账户的贷方。故此项经济业务应编制如下会计分录：

借：在途物资	60 000	
应交税费——应交增值税（进项税额）	10 200	
贷：预付账款		70 200

【例 4-9】

12 月 25 日，公司以银行存款支付少付给新华公司的材料款 20 200 元。

这项经济业务一方面视同公司的预付账款增加，另一方面减少了该公司存在银行的款项。对于此项业务应设置“预付账款”和“银行存款”账户。预付账款的增加记入“预付账款”账户的借方，存入款项的减少记入“银行存款”账户的贷方。故此项经济业务应编制如下会计分录：

借：预付账款	20 200	
贷：银行存款		20 200

【例 4-10】

12 月 31 日，华强公司将本月购进但尚未入库的材料一并办理入库手续。其中甲材料的成本为 60 000 元，乙材料的成本为 90 760 元。

这项经济业务一方面使华强公司的库存材料增加，另一方面使材料采购成本减少（其中乙材料的采购成本为该材料的买价 90 000 元与搬运费 760 元之和）。对于此项业务应设置“原材料”和“在途物资”账户。原材料成本的增加记入“原材料”账户的借方，材料采购成本的减少记入“在途物资”账户的贷方。故此项经济业务应编制如下会计分录：

借：原材料——甲材料 60 000	150 760	
——乙材料 90 760		
贷：在途物资——甲材料 60 000		150 760
——乙材料 90 760		

通过上述经济业务的账务处理，可以看出原材料购进的总分类核算可以用图 4-2 表示。

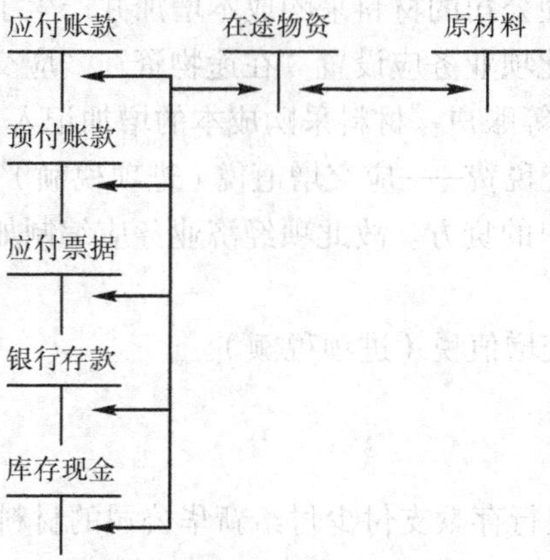

图 4-2　原材料购进的总分类核算

第三节　产品生产的核算

一、生产过程概述

（一）产品生产的业务特点

1. 产品生产的特点及成本核算的一般程序

公司、企业进行工业性生产，其基本任务是生产工业产品销售给商业企业、其他工业企业等购买单位和消费者个人，满足人民生活和各个方面消费的需要，并实现产品的价值，取得盈利。工业企业的经济活动包括供应、生产和销售三个过程。产品的生产和经营管理过程，同时也是生产和经营管理的耗费过程。生产耗费包括生产资料中的劳动手段和劳动对象的耗费，以及劳动力等方面的耗费。比如，在生产过程中，要耗用原材料，固定资产会发生磨损，同时对于职工所付出的劳动，公司、企业应以工资的形式予以支付，此外，还会发生理财费用、办公费用等。生产过程的核算任务，就是将上述费用进行合理的归集和分配，最终计算出完工产品的总成本和单位成本。产品成本的一般核算程序如下：

（1）对费用进行确认，确定产品成本的核算范围。在这一过程中，公司、企业应正确划分应计入产品成本和不应计入产品成本的生产费用界限。

（2）按照各成本计算对象对当期计入产品成本的各种费用进行归集和分配，计算出各种产品成本。在这一过程中，公司、企业不仅应正确划分各个会计期间的费用界限，还应划分各种产品应负担的费用界限。

（3）对既有完工产品又有在产品的产品，应将月初在产品费用与当月生产费用之和在完工产品与在产品之间进行分配，从而计算出完工产品的成本。在这一过程中，公司、企业应正确划分完工产品成本与在产品成本之间的费用界限。

2. 产品生产成本的分类

（1）生产费用是公司、企业在生产经营过程中发生的各种费用，包括直接费用和制造费用。

- 直接费用是指公司、企业在生产产品和提供劳务过程中所发生的直接材料费用、直接人工费用和其他直接费用。
- 公司、企业在产品生产过程中，除了直接耗用和产生各种材料费用、人工费用和其他费用外，还会因生产产品、提供劳务而发生各种间接费用，这些间接费用称为制造费用。制造费用一般应包括生产车间管理人员的工资等职工薪酬、折旧费、办公费、水电费、机物料消耗、季节性和修理期间的停工损失等。

（2）公司、企业在生产过程中，除了发生生产费用以外，还会发生行政管理部门为组织和管理生产而发生的管理费用以及为了生产周转需要而发生的财务费用。

- 管理费用是指企业行政管理部门为组织和管理生产经营活动而发生的各种费用，包括企业在筹建期间发生的开办费、董事会和行政管理部门在企业经营管理中发生的或者应由企业统一负担的公司经费（包括行政管理部门职工薪酬、物料消耗、低值易耗品摊销、办公费和差旅费等）、工会经费、董事会费（包括董事会成员津贴、会议费和差旅费等）、聘请中介机构费、咨询费（含顾问费）、诉讼费、业务招待费、房产税、车船使用税、土地使用税、印花税、技术转让费、矿产资源补偿费、研究费用、排污费以及企业生产车间（部门）和行政管理部门发生的固定资产修理费等。
- 财务费用是指企业为筹集生产经营所需资金等而发生的筹集费用，包括利息支出（减利息收入）、汇兑损益以及相关的手续费、企业发生的现金折扣或收到的现金折扣等。

（二）基本账户设置

1. “生产成本”账户

“生产成本”科目核算企业进行工业性生产发生的各项生产成本，包括生产各种产品（产成品、自制半成品等）、自制材料、自制工具、自制设备等。该账户属于成本类账户。借方登记生产产品所发生的各项费用，贷方登记完工入库的产品成本。余额在借方，表示在产品的成本，即在产品占用的资金。该账户应按照产品品种设置生产成本明细账，生产成本明细账应采用多栏式账页，账中按成本项目分设专栏或专行，登记该产品各成本项目的月初在产品成本、本月发生的成本、本月完工产品成本和月末在产品成本。

2. “制造费用”账户

“制造费用”科目核算企业生产车间（部门）为生产产品和提供劳务而发生的各项间接费用。该科目可按不同的生产车间、部门和费用项目进行明细核算。生产车间发生的机物料消耗、管理人员的工资等职工薪酬、计提的固定资产折旧、支付的办公费和水电费等、发生季节性的停工损失等记入本科目的借方，将分配计入有关成本核算对象的制造费用记入本科目的贷方。本科目期末一般通常应无余额。

3. “管理费用”账户

为了反映和监督公司、企业管理费用的发生和结转情况，应设置“管理费用”账户。该账户属于损益类账户。借方登记企业发生的各项管理费用，贷方登记转入“本年利润”科目的管理费用。结转后该科目一般没有余额。该账户应该按管理费用的项目设置明细账，进行明细核算。

4. “财务费用”账户

为了反映和监督公司、企业财务费用的发生和结转情况，应设置“财务费用”账户。该账户属于损益类账户。借方登记企业发生的各项财务费用，贷方登记月末结转当年损益的财务费用，月末一般没有余额。该账户应按财务费用的项目设置明细账，进行明细核算。

二、材料费、人工费和折旧费的核算

（一）材料费的核算

材料在生产过程中或是一次被消耗掉，或是改变了原来的实物形态。随着原材料被不同部门的领用，一方面减少公司、企业的库存材料，资产减少，另一方面增加其相关费用。材料费按领料用途分别记入“生产成本”、“制造费用”和“管理费用”等账户。

【例4-11】

12月9日，仓库发出材料分别用于产品的生产、车间和管理部门的一般耗用，具体情况如表4-2所示。

表4-2 发出材料汇总表

项目	甲材料			乙材料			金额合计
	数量	单价	金额	数量	单价	金额	
生产产品耗用	1 000	50	50 000	700	30	21 000	71 000
其中：							
A产品耗用	800	50	40 000	300	30	9 000	49 000
B产品耗用	200	50	10 000	400	30	12 000	22 000
车间一般耗用	250	50	12 500	170	30	5 100	17 600
管理部门耗用	190	50	9 500	130	30	3 900	13 400
合计	1 440	50	72 000	1 000	30	30 000	102 000

这项经济业务中，一方面仓库发出材料使公司的库存材料减少，另一方面该批材料分别投入了该公司的产品生产，使生产成本增加。车间的一般耗用使制造费用增加，管理部门的一般耗用使公司的管理费用增加。对于此项业务应设置“生产成本”、“制造费用”、“管理费用”以及“原材料”等账户。生产成本的增加记入“生产成本”账户的借方，制造费用的增加记入“制造费用”账户的借方，管理费用的增加记入“管理费用”

账户的借方，库存材料的减少记入“原材料”账户的贷方。故此项经济业务应编制如下会计分录：

借：生产成本——A 产品 49 000　　71 000
　　　　　　——B 产品 22 000
　　制造费用　　17 600
　　管理费用　　13 400
　贷：原材料——甲材料 72 000　　102 000
　　　　　　——乙材料 30 000

（二）应付职工薪酬的核算

应付职工薪酬是指企业根据有关规定应付给职工的各种薪酬，包括职工工资、奖金、津贴和补贴，职工福利费，医疗、养老、失业、工伤、生育等社会保险费，住房公积金，工会经费，职工教育经费，非货币性福利等为职工提供服务而产生的费用。从广义上讲，职工薪酬是企业付出的人力资本，是吸引和激励职工的重要手段，也就是说，职工薪酬既是职工对企业投入劳动获得的报酬，也是企业的成本费用。其中支付给与生产产品直接相关的劳动者报酬，是构成生产成本的重要组成部分。

公司、企业在生产过程中发生的人工费，一方面形成公司、企业的负债，另一方面对于生产工人的人工费、车间管理人员的人工费以及行政管理部门的人工费，应分别记入“生产成本”、“制造费用”和“管理费用”等账户。

1. 账户设置

企业应当通过“应付职工薪酬”科目，核算应付职工薪酬的提取、结算、使用等情况。该科目贷方登记已分配计入有关成本费用项目的职工薪酬的数额，借方登记实际发放职工薪酬的数额。该科目期末贷方余额，反映企业应付但未付的职工薪酬。“应付职工薪酬”科目应当按照“工资”、“职工福利”、“社会保险费”、“住房公积金”、“工会经费”、“职工教育经费”、“非货币性福利”等应付职工薪酬项目设置明细科目，进行明细核算。

2. 账务处理

【例 4–12】

12 月 15 日，公司开出现金支票从银行提取现金 94 000 元，以备发工资。

这项经济业务一方面使公司的库存现金增加，另一方面减少了该公司存在银行的款项。对于此项业务应设置“库存现金”和“银行存款”账户。库存现金的增加记入“库存现金”账户的借方，存入款项的减少记入“银行存款”账户的贷方。故此项经济业务应编制如下会计分录：

借：库存现金　　94 000
　贷：银行存款　　94 000

【例 4-13】

12 月 15 日，公司以现金 94 000 元支付公司职工的工资。

这项经济业务一方面使公司的库存现金减少，另一方面用库存现金支付了公司职工的工资，表明公司的一项负债减少。对于此项业务应设置“库存现金”和“应付职工薪酬”账户。库存现金的减少记入“库存现金”账户的贷方，负债的减少记入“应付职工薪酬”账户的借方。故此项经济业务应编制如下会计分录：

借：应付职工薪酬　　94 000

　贷：库存现金　　94 000

【例 4-14】

12 月 31 日，公司按用途分配本月职工工资。其中：

用于生产 A 产品的生产工人工资	42 000 元
用于生产 B 产品的生产工人工资	38 000 元
用于生产车间管理人员的工资	6 000 元
用于公司总部管理人员的工资	8 000 元

这项经济业务一方面由于公司各部门的职工付出了劳动从而使公司应付职工的工资增加，应设置“应付职工薪酬”账户，并记入该账户的贷方，另一方面这些职工分别是生产产品的工人、车间和公司总部的管理人员，使公司的生产费用和管理费用增加，应设置“生产成本”、“制造费用”和“管理费用”等账户，并记入这些账户的借方。故此项经济业务应编制如下会计分录：

借：生产成本——A 产品 42 000　　80 000

　　　　　　——B 产品 38 000

　　制造费用　　6 000

　　管理费用　　8 000

　贷：应付职工薪酬——工资　　94 000

【例 4-15】

12 月 31 日，根据该公司在岗职工人数及岗位分布情况、相关历史经验等计算出需要补贴该公司职工的福利费用。其中：

生产 A 产品的生产工人的福利费	5 880
生产 B 产品的生产工人的福利费	5 320
生产车间管理人员的福利费	840
公司总部管理人员的福利费	1 120

这项经济业务，一方面由于公司各部门的职工付出了劳动从而使公司应付职工的福利费增加，应设置“应付职工薪酬”账户，并记入该账户的贷方，另一方面这些职工分别是生产产品的工人、车间和公司总部的管理人员，使公司的生产费用和管理费用增加，应设置“生产成本”、“制造费用”和“管理费用”等账户，并记入这些账户的借方。故此项经济业务应编制如下会计分录：

借：生产成本——A 产品 5 880　　11 200
——B 产品 5 320
制造费用　　840
管理费用　　1 120
贷：应付职工薪酬——职工福利　　13 160

（三）折旧费的核算

1. 折旧的定义

固定资产主要包括企业的房屋、建筑物、机器、设备、器具、工具等。企业的固定资产可以长期参加生产经营而仍然保持其原有的实物形态，但其价值将随着固定资产的不断使用而逐渐转移到生产的产品中去，或构成了企业的经营成本和费用，这部分随着固定资产的磨损而逐渐转移的价值将以固定资产的折旧形式反映。

固定资产在使用时随着固定资产的磨损而逐渐转移的价值称为固定资产的折旧。

2. 折旧的计算

企业应当在固定资产的使用寿命内，按照确定的方法对应计折旧额进行系统分摊。根据固定资产的性质和使用情况，合理地确定固定资产的使用寿命和预计净残值率。企业应当根据与固定资产有关的经济利益的预期实现方式，合理确定固定资产折旧方法。我国目前可供企业选择的折旧方法有年限平均法、工作量法、双倍余额递减法、年数总和法。下面主要介绍年限平均法。

年限平均法又称为直线法，是将固定资产的折旧均衡地分摊到各期的一种方法。采用这种方法计算的每期折旧额均是等额的。计算公式如下：

$$\text{年折旧率} = \frac{1-\text{预计净残值率}}{\text{预计使用寿命（年）}} \times 100\%$$

$$\text{月折旧率} = \text{年折旧率} \div 12$$

$$\text{月折旧额} = \text{固定资产原值} \times \text{月折旧率}$$

【例 4-16】

设某企业机器设备原值为 300 000 元，预计可使用寿命为 10 年，按照有关规定，该机器的净残值率为 3%。

该机器设备的折旧率和折旧额计算如下：

$$\text{年折旧率} = \frac{1-3\%}{10} \times 100\% = 9.7\%$$

$$\text{月折旧率} = 9.7\% \div 12 \approx 0.81\%$$

$$\text{月折旧额} = 300\,000 \times 0.81\% = 2\,430\text{（元）}$$

年限平均法容易理解、简便易行，但它也有不足之处，它主要考虑固定资产的寿命期限，而不重视使用情况，这是不合理的。

3. 账户设置

为了核算固定资产在使用中价值磨损情况，企业应当设置“累计折旧”账户，该账户属于“固定资产”账户的调整账户。贷方登记计提的折旧额，借方登记因注销固定资产而减少的折旧额。贷方余额表示累计折旧额。因为它是固定资产的备抵账户，所以固定资产的净值应等于固定资产原值减去累计折旧额。

公司、企业提取固定资产折旧时，一方面折旧费增加，记入“累计折旧”账户，另一方面应按照固定资产用途记入“制造费用”、“管理费用”、“销售费用”等账户。

4. 账务处理实例

【例 4–17】

12 月 31 日，公司按规定计提固定资产折旧额，其中：车间使用的固定资产应计提折旧额为 5 560 元，公司管理部门使用的固定资产应计提折旧额为 1 600 元。

这项经济业务一方面使公司的固定资产的原始价值减少，磨损价值增大，另一方面这些固定资产的使用部门分别是车间和公司的管理部门，使生产费用和管理费用增加。对于此项业务应设置“累计折旧”、“制造费用”和“管理费用”等账户。固定资产磨损价值的增加记入“累计折旧”账户的贷方，生产费用和管理费用的增加分别记入“制造费用”和“管理费用”账户的借方。故此项经济业务应编制如下会计分录：

借：制造费用　　5 560

　　管理费用　　1 600

　贷：累计折旧　　7 160

三、其他费用的核算

公司、企业在生产过程中除了发生材料费、人工费和折旧费以外，还会发生办公费用、差旅费用、银行借款的利息费、保证固定资产的正常运转和使用而发生的修理费等其他费用。

对于其他费用的发生也应按费用的受益原则分别记入“制造费用”、“管理费用”和“财务费用”账户中。

【例 4–18】

12 月 6 日，公司以库存现金 200 元购买公司总部办公用品。

这项经济业务一方面使公司的库存现金减少，另一方面增加了该公司管理费用。对于此项业务应设置“库存现金”和“管理费用”账户。库存现金的减少记入“库存现金”账户的贷方，管理费用的增加记入“管理费用”账户的借方。故此项经济业务应编制如下会计分录：

借：管理费用　　200

贷：库存现金 200

【例 4-19】

12 月 16 日，车间管理人员出差回到公司报销差旅费 2 000 元，该职工原预借差旅费 2 400 元，余额退回库存现金。

这项经济业务一方面使车间的管理费用增加，另一方面应冲销该职工原借的差旅费，同时增加库存现金。对于此项业务应设置“制造费用”、“其他应收款”和“库存现金”等账户。车间管理费用的增加记入“制造费用”账户的借方，冲销的原借差旅费记入“其他应收款”账户的贷方，库存现金的增加记入“库存现金”账户的借方。故此项经济业务应编制如下会计分录：

借：制造费用 2 000

库存现金 400

贷：其他应收款 2 400

【例 4-20】

12 月 31 日，公司根据有关规定，支付本季度的短期借款利息费计 4 500 元，其中，1 500 元是应由本月负担的利息费（利息分月预提，按季支付）。

这项经济业务在季中前两个月已经借记财务费用、贷记应付利息。一方面通过支付已预提的利息费使应付利息减少，同时由于本月负担利息费增加，使公司的财务费用增加了，另一方面减少了该公司存在银行的款项。对于此项业务应设置“应付利息”、“财务费用”和“银行存款”等账户。应付利息的减少记入“应付利息”账户的借方，财务费用的增加记入“财务费用”账户的借方，银行存款的减少记入“银行存款”账户的贷方。故此项经济业务应编制如下会计分录：

借：应付利息 3 000

财务费用 1 500

贷：银行存款 4 500

四、月末生产费用的结转

（一）费用的分配

经过对生产过程中各要素费用的归集与分配，费用已全部记入“生产成本”、“制造费用”、“管理费用”以及“财务费用”账户中，“管理费用”与“财务费用”账户作为期间费用不计入产品成本，这样，月末生产费用的结转有以下两项任务：

（1）结转“制造费用”账户。将“制造费用”按一定比例分配记入“生产成本”账户，一般采用生产工人工资比例法。生产工人工资比例法是以各种产品的生产工人工资的比例分配制造费用的一种方法。计算公式如下：

$$\text{制造费用分配率} = \frac{\text{制造费用总额}}{\text{车间产品生产工人实际工资总额}}$$

该产品分配制造费用 = 该产品生产工人工资 × 制造费用分配率

（2）结转完工产品成本。将完工产品成本自“生产成本”账户的贷方转入“库存商品”账户的借方。

（二）账户设置

为了核算公司、企业完工产品的收发和结存情况，应设置“库存商品”账户。该账户属于资产类账户，借方登记完工入库的产品的实际成本，贷方登记销售发出产品的实际成本。期末余额在借方，表示库存商品的实际成本。该账户应按产品的品种或类别设置明细账，进行明细分类核算。

（三）账务处理实例

【例 4-21】

12 月 31 日，沿用公司的惯例，对于车间的制造费用总额（17 600 元+6 000 元+840 元+5 560 元+2 000 元=32 000 元）采用生产工人工资的比例（生产 A、B 产品的生产工人工资分别是 42 000 元和 38 000 元）在 A、B 产品之间进行分配。

$$制造费用分配率 = \frac{32\ 000}{42\ 000+38\ 000} = 0.4$$

A 产品应分摊的制造费用 = 42 000 × 0.4 = 16 800（元）

B 产品应分摊的制造费用 = 38 000 × 0.4 = 15 200（元）

制造费用分配表如表 4-3 所示。

表 4-3 制造费用分配表

应记科目	生产工人工资	分配率	分配金额
生产成本——A 产品	42 000	0.4	16 800
——B 产品	38 000		15 200
合计	80 000		32 000

这项经济业务，通过对制造费用在 A、B 产品之间的分配，一方面使车间的制造费用减少，另一方面增加了 A、B 产品的生产成本。对于此项业务应设置“制造费用”和“生产成本”账户。制造费用的减少记入“制造费用”账户的贷方，生产成本的增加记入“生产成本”账户的借方。故此项经济业务应编制如下会计分录：

借：生产成本——A 产品 16 800　　32 000
　　　　　　——B 产品 15 200
　贷：制造费用　　32 000

【例 4-22】

12 月 31 日，A 产品全部完工，结转已完工 A 产品的生产成本并办理产品入库手续，B 产品全部未完工。其中已完工 A 产品共 5 684 件，生产成本总额为 113 680 元（49 000

元+ 42 000 元+ 5 880 元+16 800 元），单位成本为 20 元。

这项经济业务一方面使公司的库存商品增加，另一方面已完工的生产成本减少。对于此项业务应设置“库存商品”和“生产成本”账户。库存商品的增加记入“库存商品”账户的借方，生产成本的减少记入“生产成本”账户的贷方。故此项经济业务应编制如下会计分录：

借：库存商品——A 产品　　113 680

　贷：生产成本——A 产品　　113 680

通过上述经济业务的账务处理，可以看出产品生产的总分类核算可以用图 4-3 表示。

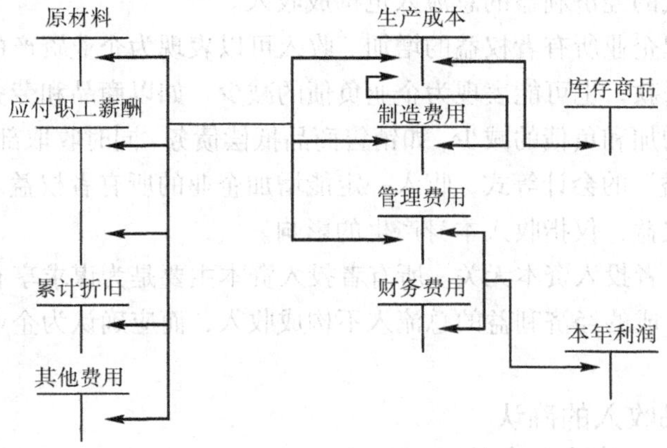

图 4-3　产品生产的总分类核算

第四节　产品销售的核算

一、销售业务的特点

销售过程是公司、企业生产经营过程的最后一个阶段。这一阶段既是产品价值的实现过程，又是货币资金回笼过程，它是公司、企业产品再生产过程的一个必要环节。公司、企业按照经营执照上规定的范围从事的活动称为主营业务活动，从事经营执照规定范围以外的活动称为附营业务活动。与此相适应的制造企业的销售可分为产品销售和其他销售。无论是产品销售还是其他销售，公司、企业在与购买单位按售价办理货款结算的同时，应确定其收入的实现与销项税额的发生。公司、企业为了获得收入就必然会付出一定的代价，比如库存商品或库存材料的减少，为推销该产品发生的营销费用以及按税法规定应向国家交纳的税金等。以上事项为公司、企业在销售环节核算的内容。

二、主营业务收入的核算

（一）收入的特点

收入是指企业在日常活动中形成的、会导致所有者权益增加的、与所有者投入资本无关的经济利益的总流入。

收入具有以下特点：

（1）收入是企业在日常活动中形成的经济利益的总流入。日常活动，是指企业为完成其经营目标所从事的经常性活动以及与之相关的活动，如工商企业销售商品，咨询企业提供咨询服务，软件开发企业为客户开发软件，安装公司提供安装服务，商业银行对外贷款，租赁公司出租资产等活动，均属于企业为完成其经营目标所从事的经常性活动，由此形成的经济利益的总流入构成收入。工业企业对外出售不需要的原材料、对外转让无形资产等活动，虽不属于企业经常性活动，但属于企业为完成其经营目标所从事的与经常性活动相关的活动，由此形成的经济利益的总流入也构成收入。

（2）收入将引起企业所有者权益的增加。收入可以表现为企业资产的增加，如增加银行存款、形成应收账款；也可能表现为企业负债的减少，如以商品和劳务抵偿债务；还可能同时引起资产的增加和负债的减少，如销售商品抵偿债务，同时收取部分现金。根据“资产–负债=所有者权益”的会计等式，收入一定能增加企业的所有者权益。当然这里所说的收入能增加所有者权益，仅指收入本身产生的影响。

（3）收入与所有者投入资本无关。所有者投入资本主要是为谋求享有企业资产的剩余价值的权利，由此形成的经济利益的总流入不构成收入，而应确认为企业所有者权益的组成部分。

（二）销售商品收入的确认

1. 销售商品收入的确认条件

销售商品收入的确认条件应同时符合下列条件：

- 企业已将商品所有权上的主要风险和报酬转移给购货方；
- 企业既没有保留通常与所有权相联系的继续管理权，也没有对已售出的商品实施有效控制；
- 相关的经济利益很可能流入企业；
- 收入的金额能够可靠地计量；
- 相关的已发生或将发生的成本能够可靠地计量。

2. 款项结算

公司、企业依据上述条件确认收入的同时办理款项结算，至于款项的收讫不一定同时收到。可能收款与收入的确认同时进行，应增加公司、企业的银行存款，确认一项资产增加；也可能先收款，增加公司、企业的预收账款，确认一项负债增加；还可能后收款，增加公司、企业的应收账款，确认一项资产增加。

应收账款是指企业因销售产品、提供劳务等经营活动，应当向购货单位或接受劳务单位收取的款项，主要包括企业销售商品或提供劳务应向有关债务人收取的价款及代购货单位垫付的包装费、运杂费等。应收账款的核算包括发生应收账款、收到应收账款以及坏账损失的核算。

坏账是指企业无法收回的各种应收款项。由于发生坏账而造成的损失称为坏账损失。符合下列条件之一，可以确定为坏账：

- 债务人破产或死亡，以其破产财产或遗产偿债后，确实不能收回的应收款项；
- 因债务人逾期未履行债务义务超过三年，经核查确属无法收回的应收款项。

坏账损失的核算采用备抵法。备抵法是指按其估计的坏账损失，提取坏账准备并计入当期损益，实际发生坏账损失时再冲销坏账准备的方法。具体做法是设置“坏账准备”科目，该科目贷方登记每期预提的坏账准备数额，借方登记实际发生的坏账损失数额。余额一般在贷方，表示已预提但尚未转销的坏账准备数额。它是“应收账款”的备抵账户。提取坏账准备时，按应减记的金额，借记“资产减值损失”科目，贷记“坏账准备”科目；发生坏账损失时，借记“坏账准备”科目，贷记“应收账款”科目；已确认并转销的坏账又收回时，借记“应收账款”科目，贷记“坏账准备”科目，同时借记“银行存款”科目，贷记“应收账款”科目。坏账损失的计算方法主要有应收账款余额百分比法、账龄分析法和销货百分比法三种。坏账准备的计提比例，应根据企业以往的经验、债务单位的实际财务状况和库存现金流量的情况，以及其他相关信息合理地估计。

（三）账户设置

1. “主营业务收入”账户

主营业务收入是公司、企业为完成其经营目标而从事的日常活动中的主要活动。可根据企业营业执照上规定的主要业务范围确定。

为了核算公司、企业确认的销售商品、提供劳务等主营业务的收入，应设置“主营业务收入”账户。该账户属于损益类账户。贷方登记反映公司、企业实现的营业收入，借方反映销售退回或销售折让以及期末转入“本年利润”账户的主营业务收入净额。期末“主营业务收入”账户结转“本年利润”账户后无余额。该账户应按照主营业务种类设置明细分类账户，进行明细核算。

2. “应收账款”账户

为了总括地反映和监督公司、企业与购货单位或个人之间应收账款的结算情况，应设置“应收账款”账户，进行总分类核算。该账户属于资产类账户。借方登记应收到而未收到的销货款、劳务款和代垫的运杂费，贷方登记已收到的销货款、劳务款和代垫运杂费以及结转坏账损失的应收款项。余额在借方，表示尚未收到的货款、劳务款和代垫运费等。该账户按债务人进行明细分类核算。

3. “坏账准备”账户

为了核算公司、企业对坏账的计提和使用情况，应设置“坏账准备”账户，该账户是“应收账款”账户的备抵调整账户。贷方登记每期预提的坏账准备数额，借方登记实际发生的坏账损失数额。余额一般在贷方，表示已预提但尚未转销的坏账准备。

4. “预收账款”账户

预收账款是指企业按照合同规定，向购货单位预先收取的款项。根据购销合同的规定，销货企业可向购货企业先收取一部分货款，待向对方发货后再收取其余货款。

为了总括地反映和监督公司、企业预收货款的情况，应设置“预收账款”账户。该账户属于负债类账户。贷方登记预收货款的数额和购货单位补付货款的数额，借方登记企业向购货方发货后冲销的预收货款数额和退回购货方多付货款的数额。余额一般在贷方，表示已预收货款但尚未向购货方发货的数额。预收货款业务不多的企业，可以不设“预收账款”账户，其发生的预收账款通过“应收账款”账户核算。

5.“资产减值损失”账户

为了总括地反映核算企业计提的各项资产减值准备所形成的损失及转销情况，应设置“资产减值损失”账户。该账户属于损益类账户，借方登记计提的各项资产减值损失，贷方登记期末转入“本年利润”的损失数。结转后该账户期末无余额。

此外，还应设置“银行存款”、“库存现金”以及“应交税费——应交增值税（销项税额）”等账户进行主营业务的核算。

（四）账务处理实例

【例4-23】

12月8日，华强公司向光华公司出售产品情况如下：

产品A 5 000件，单价30元，计150 000元。

产品B 4 000件，单价15元，计60 000元。

增值税税率为17%，并以银行存款2 000元代垫运费。上述款项均未收到。

这项经济业务一方面使公司的销售得以确认，收入增加，同时发生销项税额；另一方面代垫运费，减少了该公司存在银行的款项，款项均未收到，使应收账款增加。对于此项业务应设置“主营业务收入”、“应交税费——应交增值税（销项税额）”、“银行存款”以及“应收账款”等账户。收入的增加记入“主营业务收入”账户的贷方，销项税额记入“应交税费——应交增值税（销项税额）”账户的贷方，代垫运费记入“银行存款”账户的贷方，未收到的款项记入“应收账款”账户的借方。故此项经济业务应编制如下会计分录：

借：应收账款——光华公司	247 700	
贷：主营业务收入		210 000
应交税费——应交增值税（销项税额）		35 700
银行存款		2 000

【例4-24】

12月17日，按合同规定，华强公司预收光明公司货款20 000元存入银行。

这项经济业务由于是预收货款，不能确认收入的实现，一方面使公司的负债增加，另一方面增加了该公司存在银行的款项。对于此项业务应设置“预收账款”和“银行存款”账户。预收账款的增加记入“预收账款”账户的贷方，存入款项的增加记入“银行存款”账户的借方。故此项经济业务应编制如下会计分录：

借：银行存款　　20 000

　贷：预收账款——光明公司　　20 000

【例 4–25】

12 月 28 日，公司按合同规定向光明公司提供 A 产品 1 000 件，单价 30 元，计 30 000 元。增值税税率为 17%。

这项经济业务一方面使公司的销售得以实现，收入增加，同时发生销项税额，另一方面按发票价冲销原预收的款项。对于此项业务应设置“主营业务收入”、“应交税费——应交增值税（销项税额）”以及“预收账款”等账户。收入的增加记入“主营业务收入”账户的贷方，销项税额记入“应交税费——应交增值税（销项税额）”账户的贷方，应冲销的预收款项记入“预收账款”账户的借方。故此项经济业务应编制如下会计分录：

借：预收账款——光明公司　　35 100

　贷：主营业务收入　　30 000

　　　应交税费——应交增值税（销项税额）　　5 100

【例 4–26】

12 月 30 日，公司收到光华公司欠款 100 000 元，同时收到光明公司欠款 15 100 元，款项存入银行。

这项经济业务一方面使公司的银行存款增加，另一方面由于公司与光华公司、光明公司往来业务的性质不同，一笔是应收业务，使应收账款减少，一笔是预收业务，是补收的款项。对于此项业务应设置“应收账款”、“预收账款”和“银行存款”等账户。预收账款的减少记入“应收账款”账户的贷方，补收的款项记入“预收账款”的贷方，存入款项的增加记入“银行存款”账户的借方。故此项经济业务应编制如下会计分录：

借：银行存款　　115 100

　贷：应收账款——光华公司　　100 000

　　　预收账款——光明公司　　15 100

【例 4–27】

2006 年 12 月 31 日，华强公司采用应收账款余额百分比法计提坏账准备，计提比例为 0.5%。年末“应收账款”账户的余额为 177 700 元。

2006 年年末应计提的坏账准备为 888.5 元（即 177 700 元×0.5%）

这项经济业务一方面使公司的资产减值损失增加，另一方面使公司计提的坏账准备增加。对于此项业务应设置“资产减值损失”和“坏账准备”账户。资产减值损失的增加记入“资产减值损失”账户的借方，坏账准备增加记入“坏账准备”账户的贷方。故此项经济业务应编制如下会计分录：

借：资产减值损失　　888.5

　贷：坏账准备　　888.5

三、主营业务成本、费用、税金及附加的核算

公司、企业应在核算主营业务收入的同时，应核算为经营主营业务而发生的主营业务成本、营业税金及附加以及销售费用。

对于制造业来讲，主营业务成本就是本月销售各种商品、提供各种劳务的实际成本。营业税金及附加是指企业经营活动应负担的相关税费，如营业税、消费税、城市维护建设税、资源税、教育费附加等相关税费。销售费用是指企业在销售商品和材料、提供劳务过程中发生的各项费用，包括企业在销售商品过程中发生的包装费、保险费、展览费和广告费、商品维修费、预计产品损毁费、运输费、装卸费等费用，以及企业发生的为销售本企业商品而专设的销售机构的职工薪酬、业务费、折旧费、固定资产修理费等费用。

（一）账户设置

1.“主营业务成本”账户

为了核算公司、企业经营主营业务而发生的主营业务成本，应设置“主营业务成本”账户来反映公司、企业销售各种商品、提供各种劳务的实际成本。该账户属于损益类账户。借方反映公司、企业已销售商品的实际成本，贷方反映销售退回以及期末转入“本年利润”账户的主营业务成本。期末“主营业务成本”账户结转到“本年利润”账户后无余额。

2.“营业税金及附加”账户

为了核算公司、企业经营活动应负担的相关税费，应设置“营业税金及附加”账户。该账户属于损益类账户。借方反映公司、企业商品销售应交的营业税、消费税、城市维护建设税、资源税、教育费附加等，贷方反映期末转入“本年利润”账户的经营活动应负担的税金及附加。期末结转后该账户无余额。

3.“销售费用”账户

为了核算企业销售费用的发生和结转情况，应设置销售费用账户。该账户属于损益类账户。该账户借方登记企业发生的各项销售的费用，贷方登记企业期末结转入“本年利润”账户的销售费用。结转后该账户无余额。该账户按销售费用的项目进行明细核算。

4.“应交税费”账户

企业应设“应交税费”账户，总括反映各种税费的交纳情况，并按照应交项目进行明细核算。该账户贷方登记应交各种税费等，借方登记实际交纳的税费。期末余额一般在贷方，反映企业尚未交纳的税费。企业交纳的印花税、耕地占用税等不需要预计应交数的税金，不通过“应交税费”账户核算。

（二）账务处理实例

【例4-28】

12月6日，公司以银行存款2 000元支付产品的报刊宣传费。

这项经济业务一方面使公司的销售费用增加，另一方面减少了该公司存在银行的款项。对于此项业务应设置“销售费用”和“银行存款”账户。销售费用的增加记入“销

售费用”账户的借方，银行存款的减少记入“银行存款”账户的贷方。故此项经济业务应编制如下会计分录：

借：销售费用　　2 000

　贷：银行存款　　2 000

【例 4-29】

12 月 31 日，按税法规定，计算出本月应交的消费税为 8 000 元。

这项经济业务一方面使公司抵减销售收入的项目增加，另一方面由于计算出的税金尚未交纳，使公司的负债增加。对于此项业务应设置“营业税金及附加”和“应交税费”账户。消费税费的增加记入“营业税金及附加”账户的借方，尚未交纳税费的增加记入“应交税费”账户的贷方。故此项经济业务应编制如下会计分录：

借：营业税金及附加　　8 000

　贷：应交税费——应交消费税　　8 000

【例 4-30】

12 月 31 日，结转已销售产品的生产成本。其中：

A 产品 6 000 件，单位成本 20 元，计 120 000 元。

B 产品 4 000 件，单位成本 10 元，计 40 000 元。

这项经济业务一方面使公司销售产品的生产成本增加，另一方面使公司库存产品的生产成本减少。对于此项业务应设置“主营业务成本”和“库存商品”账户。已销产品成本的增加记入“主营业务成本”账户的借方，库存产品的减少记入“库存商品”账户的贷方。故此项经济业务应编制如下会计分录：

借：主营业务成本　　160 000

　贷：库存商品——A 产品　　120 000

　　　　　　——B 产品　　40 000

四、其他业务（附营业务）的核算

附营业务是指公司、企业从事主营业务以外的其他日常活动，是公司、企业在营业执照范围以外所从事的业务，由此而产生的经营收支也是企业经营利润的构成部分。由于附营业务属于企业日常活动中次要交易活动，根据重要性要求，对附营业务的核算采取比较简单的方法。企业除去商品销售以外的原材料销售、包装物出租、无形资产转让、出租固定资产等，均属于附营业务的范围。

（一）账户设置

1. “其他业务收入”账户

为了核算公司、企业其他销售或附营业务取得的收入，应设置“其他业务收入”账户。该账户属于损益类账户。贷方登记其他业务取得的收入，借方登记转入“本年利润”账户的其他业务收入。期末“其他业务收入”账户转入“本年利润”账户后无余额。

2.“其他业务成本”账户

该账户核算公司、企业除主营业务活动以外的其他经营活动所发生的各项支出，包括销售材料的成本等。该账户借方登记实际发生的其他业务成本，贷方登记期末转入“本年利润”账户的其他业务成本。期末“其他业务成本”账户转入“本年利润”账户后无余额。

“其他业务收入”和“其他业务成本”账户，应按其他业务的种类设置明细账户进行明细分类核算。

（二）账务处理实例

【例4-31】

公司于12月19日计划明年停产B产品，故将用于生产B产品的成本为26 000元的库存原材料出售，售价32 000元，料款已收到存入银行，同时结转该批材料的实际成本（假设此项业务不考虑税费）。

这项经济业务一方面使公司在确认出售材料收入的同时，增加了银行存款，另一方面在增加出售材料收入抵减项目的同时，库存材料减少。对于此项业务应设置“其他业务收入”、“银行存款”、“其他业务成本”以及“原材料”等账户。出售材料收入的增加记入“其他业务收入”账户的贷方，银行存款的增加记入“银行存款”账户的借方，出售材料收入抵减项目的增加，记入“其他业务成本”账户的借方，库存材料的减少记入“原材料”账户的贷方。故此项经济业务应编制如下会计分录：

借：银行存款	32 000	
贷：其他业务收入		32 000
同时		
借：其他业务成本	26 000	
贷：原材料		26 000

通过上述经济业务的账务处理，可以看出销售业务的总分类核算可以用图4-4表示。

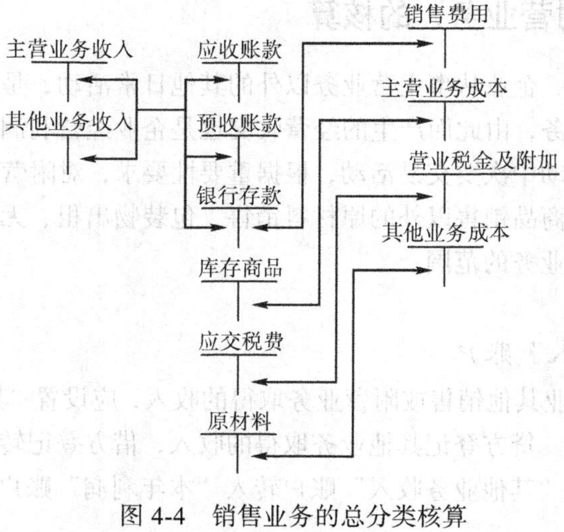

图4-4　销售业务的总分类核算

第五节 利润形成及分配的核算

利润是企业在一定期间的经营成果，是企业的收入减去有关费用后的差额。收入大于相关的成本与费用，企业就可获得利润；收入小于相关的成本与费用，企业就会发生亏损。利润或亏损是企业生产经营活动各方面情况的综合反映，如劳动生产率的高低，产品质量的优劣，产品成本的高低等，都能通过利润或亏损综合地反映出来。企业生产经营的最终目的就是尽可能地扩大收入，尽可能地降低成本费用，努力提高企业赢利水平，增强企业的获利能力。企业只有最大限度地获取利润，才能为国家上交更多的所得税，更好地改善职工的生活水平，为投资者提供尽可能高的投资报酬。

利润的核算包括利润形成的核算和利润分配的核算两个环节。

一、利润形成的核算

（一）利润总额的构成

利润是企业在一定会计期间的经营成果。利润包括收入减去费用后的净额、直接计入当期利润的利得和损失等。

直接计入当期利润的利得和损失，是指应计入当期损益、会导致所有者权益发生增减变动的、与所有者投入资本或向所有者分配利润无关的利得或者损失。

1. 营业利润

营业利润=营业收入-营业成本-营业税金及附加-销售费用-管理费用-财务费用-资产减值损失 + 公允价值变动收益（-公允价值变动损失）+ 投资收益（-投资损失）

其中：

- 营业收入是指企业经营业务所确认的收入总额，包括主营业务收入和其他业务收入。
- 营业成本是指企业经营业务所发生的实际成本总额，包括主营业务成本和其他业务成本。
- 资产减值损失是指企业计提各项资产减值准备所形成的损失。
- 公允价值变动收益（或损益）（略）。
- 投资收益（或损失）（略）。

2. 利润总额

利润总额 = 营业利润 + 营业外收入-营业外支出

其中，营业外收入是指企业发生的与其日常活动无直接关系的各项利得。

营业外支出是指企业发生的与其日常活动无直接关系的各项损失。

3. 净利润

净利润=利润总额-所得税费用

其中，所得税费用是指企业确认的应从当期利润总额中扣除的所得税费用。

（二）利润总额的核算

营业利润的核算已在前面各章节中做了介绍，下面主要介绍营业外收支的核算。

一）营业外收入的核算

营业外收入是指企业发生的与其日常活动无直接关系的各项利得。营业外收入并不是企业经营资金耗费所产生的，不需要企业付出代价，实际上是经济利益的净流入，不可能也不需要与有关的费用进行配比。营业外收入主要包括非流动资产处置利得、盘盈利得、罚没利得、捐赠利得、确实无法支付而按规定程序经批准后转作营业外收入的应付款项等。

1. 账户设置

为了核算公司、企业本期发生的各项营业外收入，应设置“营业外收入”科目，核算营业外收入的取得及结转情况。该科目贷方登记企业确认的各项营业外收入，借方登记期末结转入“本年利润”账户的营业外收入。结转后该科目应无余额。该账户应按照营业外收入的项目进行明细核算。

企业确认营业外收入，借记“银行存款”、“库存现金”、“应付账款”等科目，贷记“营业外收入”科目。期末，应将“营业外收入”科目余额转入“本年利润”科目，借记“营业外收入”科目，贷记“本年利润”科目。

2. 账务处理实例

【例 4-32】

12 月 31 日，经批准，公司将确实无法支付的应付款项 87 000 元转为营业外收入。

这项经济业务一方面使公司的营业外收入增加，另一方面由于应付款项确实无法支付，使公司的一项负债减少。对于此项业务应设置“营业外收入”和“应付账款”账户。营业外收入的增加记入“营业外收入”账户的贷方，负债的减少记入“应付账款”账户的借方。故此项经济业务应编制如下会计分录：

借：应付账款　　87 000

　贷：营业外收入　　87 000

二）营业外支出的核算

营业外支出是指企业发生的与本企业日常活动无直接关系的各项损失，主要包括非流动资产处置损失、盘亏损失、非常损失、罚款支出、公益性捐赠支出等。

1. 账户设置

企业应设置“营业外支出”账户，核算营业外支出的发生及结转情况。该账户借方登记企业发生的各项营业外支出，贷方登记期末结转入“本年利润”账户的营业外支出。结转后该账户应无余额。该账户应按照营业外支出的项目进行明细核算。

企业发生营业外支出时，借记“营业外支出”账户，贷记“库存现金”、“银行存款”等账户。期末，应将“营业外支出”账户余额转入“本年利润”账户，借记“本年利润”账户，贷记“营业外支出”账户。

2. 账务处理实例

【例 4-33】

12 月 31 日，公司以库存现金 1 000 元支付罚金。

这项经济业务一方面使公司的营业外支出增加，另一方面减少了该公司的库存现金。对于此项业务应设置“营业外支出”和“库存现金”账户。营业外支出增加记入“营业外支出”账户的借方，库存现金的减少记入“库存现金”账户的贷方。故此项经济业务应编制如下会计分录：

借：营业外支出　　1 000

　贷：库存现金　　1 000

（三）净利润的核算

净利润是利润总额减去所得税费用后的差额。

一）所得税费用的核算

企业的所得税费用包括当期所得税和递延所得税两部分，其中，当期所得税是指当期应交所得税。递延所得税包括递延所得税资产和递延所得税负债。

所得税费用 = 当期所得税 + 递延所得税费用（–递延所得税收益）

其中，当期所得税就是当期应交所得税

即：　当期所得税 = 应纳税所得额 × 所得税税率

应纳税所得额 = 税前会计利润 + 纳税调整增加额–纳税调整减少额

应交所得税 = 应纳税所得额 × 所得税税率

为简化核算，假设企业没有纳税调整项目，应纳税所得额与税前会计利润相等；不考虑递延所得税项目。

1. 账户设置

公司、企业应设置“所得税费用”账户来核算公司、企业按规定从当期利润总额中扣除的所得税费用。该账户属于损益类账户。借方登记按应纳税所得额计算的应纳所得税，贷方登记转入“本年利润”账户的“所得税费用”数额。期末将该账户余额转入“本年利润”账户后无余额。

此外，还应设置“应交税费——应交所得税”账户。

2. 账务处理实例

【例 4-34】

12 月 31 日，根据税法规定，公司计算并结转本月应交的所得税。本期实现的税前利润为 135 291.5 元（359 000 元–223 708.5 元），所得税税率为 25%。（假定不考虑纳税调整项目）

应交所得税=135 291.5×25%≈33 822.9（元）

这项经济业务，使公司的所得税费用增加的同时一项负债增加，因为此项税费尚未交纳。对于此项业务应设置“所得税费用”、“应交税费——应交所得税”等账户。所得税费的增加记入“所得税费用”账户的借方，负债的增加记入“应交税费——应交所得税”账户的贷方。故此项经济业务应编制如下会计分录：

借：所得税费用 33 822.9

贷：应交税费——应交所得税 33 822.9

二）净利润的核算方法

净利润是企业当期利润总额减去所得税费用后的余额，即企业的税后利润。用公式表示：

净利润=利润总额–所得税费用

1. 账户设置

公司、企业应设置“本年利润”账户核算公司、企业本年度实现的净利润。会计期末，公司、企业应将各收益类账户的余额转入“本年利润”的贷方，借记有关收益类账户，贷记“本年利润”账户；应将记入当期损益的成本费用或支出类账户的余额转入“本年利润”账户的借方，借记“本年利润”账户，贷记各有关费用或支出类账户。结转后“本年利润”账户的贷方余额为净利润，借方余额为亏损。年度终了，公司、企业还应将“本年利润”账户的累计余额转入“利润分配”账户。结转后“本年利润”账户应无余额。

2. 账务处理实例

【例 4-35】

12 月 31 日，结转各损益类账户的余额，各损益类账户的余额如表 4-4 所示。

表 4-4 各损益类账户余额表

科目名称	借方余额	贷方余额
主营业务收入		240 000
其他业务收入		32 000
营业外收入		87 000
主营业务成本	160 000	
营业税金及附加	8 000	
其他业务成本	26 000	
销售费用	2 000	
管理费用	24 320	
财务费用	1 500	
资产减值损失	888.5	
营业外支出	1 000	
所得税费用	33 822.9	

从表 4-4 可以看出，期末应将各收益类账户的贷方余额结平，转入“本年利润”账户的贷方；将各费用类账户的借方余额结平，转入“本年利润”账户的借方。编制如下会计分录：

（1）结转各项收入、利得类账户

借：主营业务收入	240 000	
其他业务收入	32 000	
营业外收入	87 000	
贷：本年利润		359 000

（2）结转各费用、损失类账户

借：本年利润	257 531.4	
贷：主营业务成本		160 000
营业税金及附加		8 000
其他业务成本		26 000
销售费用		2 000
管理费用		24 320
财务费用		1 500
资产减值损失		0 888.5
营业外支出		1 000
所得税费用		33 822. 9

二、利润分配的核算

利润分配是企业根据国家有关规定和企业章程、投资者的协议等，对公司、企业当年可供分配的利润所进行的分配。

可供分配的利润 = 当年实现的净利润（或净亏损）+ 年初未分配利润（或–年初未弥补亏损）+ 其他转入

（一）利润分配的程序

- 提取法定盈余公积。法定盈余公积金按照税后利润的 10%提取。
- 提取任意盈余公积金。
- 向投资者分配利润。

（二）账户设置

1.“利润分配”账户

公司、企业应设置“利润分配”账户来反映利润分配的过程和结果。该账户核算企业利润分配的各个项目的具体数额以及利润分配后的余额。该账户平时借方登记利润的分配数，贷方登记弥补亏损数。借方余额表示累计已分配的利润总额，贷方余额表示累计已弥补的亏损总额。年末将“本年利润”账户借方余额转入“利润分配”账户的借方，将“本年利润”账户贷方余额转入“利润分配”账户的贷方。借方余额表示尚未弥补的亏损总额，贷方余额表示未分配的利润数。

2.“盈余公积”账户

盈余公积是企业按规定从净利润中提取的企业积累资金。公司制企业的盈余公积包括法定盈余公积和任意盈余公积。按照《公司法》的有关规定，公司制企业应当按照净利润（减弥补以前年度亏损）的10%提取法定盈余公积。在计算提取法定盈余公积的基数时，不应包括企业年初未分配利润。

公司、企业应当设置“盈余公积”账户来反映公司、企业盈余公积的提取和使用等增减变化的情况。该账户属于所有者权益账户。贷方登记企业盈余公积提取情况，即企业按照规定提取的法定盈余公积和任意盈余公积数额，借方登记提取的盈余公积的使用情况。期末贷方余额表示企业提取尚未使用转出的盈余公积结存数额。

3.“应付股利”账户

企业应当设置“应付股利”账户，核算企业确定或宣告支付但尚未实际支付的现金股利或利润。该账户贷方登记应付的现金股利或利润，借方登记实际支付的现金股利或利润。期末贷方余额反映企业应付但未付的现金股利或利润。该账户应按照投资者设置明细账户，进行明细核算。

（三）账务处理实例

【例4-36】

12月31日，公司按规定以净利润的10%提取法定盈余公积，并确定向投资者分配利润38 000元。

应提取的盈余公积=（135 291.5–33 822.9）×10%

= 101 468.6×10%

= 10 146.86（元）

这项经济业务一方面使公司的净利润减少，利润分配增加，另一方面由于提取盈余公积使公司的所有者权益增加，此外，决定向投资者分配的利润尚未分配，形成一项负债。对于此项业务，应设置“利润分配”、“盈余公积”、“应付股利”等账户。利润分配增加记入“利润分配”账户的借方，盈余公积的增加记入“盈余公积”账户的贷方，负债的增加记入“应付股利”账户的贷方。故此项经济业务应编制如下会计分录：

借：利润分配	48 146.86	
贷：盈余公积		10 146.86
应付股利		38 000

【例4-37】

12月31日，公司根据规定将本月实现的净利润进行结转。

本月实现的净利润 =135 291.5–33 822.9=101 468.6（元）

这项经济业务通过对全月实现净利润的结转，一方面使公司可供分配的利润增加了，另一方面使本月实现的净利润减少。对于此项业务，应设置“利润分配”和“本年利润”账户。可供分配利润的增加记入“利润分配”账户的贷方，净利润的减少记入“本年利润”账户的借方。故此项经济业务应编制如下会计分录：

借：本年利润　　101 468.6

　贷：利润分配——未分配利润　　101 468.6

通过上述经济业务的账务处理，可以看出利润形成和分配的总分类核算可以用图 4-5 表示。

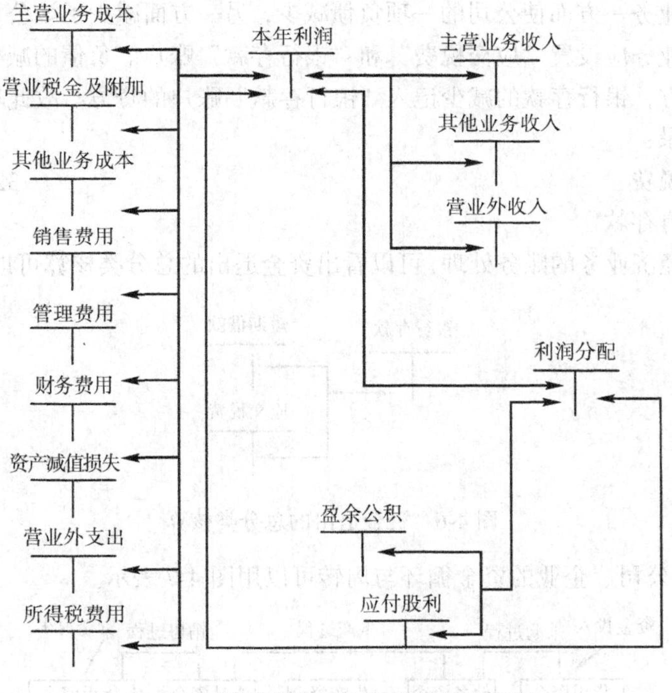

图 4-5　利润形成和分配的总分类核算

第六节　资金退出的核算

资金的退出，包括偿还各项债务、上交各项税金、向所有者分配利润等，使得这部分资金离开本企业，退出本企业的资金循环与周转。其核算方法如下实例所示。

账务处理实例

【例 4–38】

12 月 25 日，公司根据借款合同规定归还于本月到期的银行借款 45 000 元，款项已通过银行划转。

这项经济业务一方面使公司的一项负债减少，另一方面减少了该公司存在银行的款项。对于此项业务，应设置“短期借款”和“银行存款”账户。负债的减少记入“短期借款”账户的借方，银行存款的减少记入“银行存款”账户的贷方。故此项经济业务应编制如下会计分录：

借：短期借款　　45 000

　贷：银行存款　　45 000

【例 4–39】

12 月 31 日，按规定，公司以银行存款交纳税金 32 000 元。

这项经济业务一方面使公司的一项负债减少，另一方面减少了该公司存在银行的款项。对于此项业务应设置“应交税费”和“银行存款”账户。负债的减少记入“应交税费”账户的借方，银行存款的减少记入“银行存款”账户的贷方。故此项经济业务应编制如下会计分录：

借：应交税费　　32 000

　贷：银行存款　　32 000

通过上述经济业务的账务处理，可以看出资金退出的总分类核算可以用图 4-6 表示。

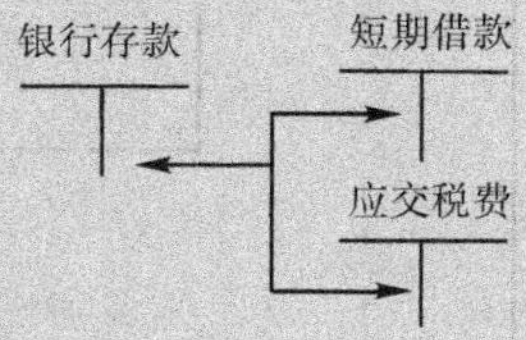

图 4-6　资金退出的总分类核算

综上所述，公司、企业的资金循环与周转可以用图 4-7 表示。

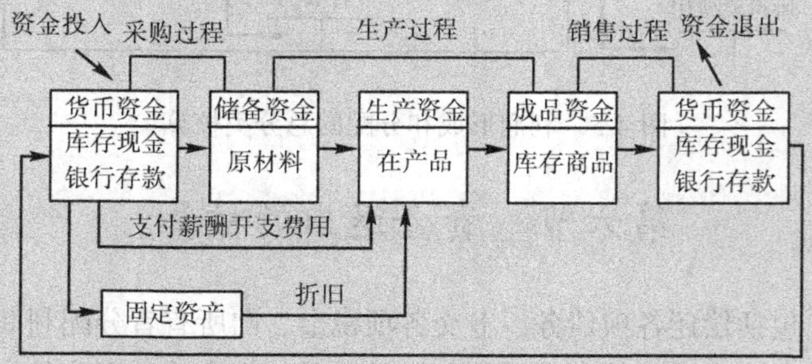

图 4-7　资金循环与周转

下面根据华强公司 12 月发生的经济业务编制的会计分录例 4-1 至例 4-39，登记有关“丁”字账户并进行试算平衡。如表 4-5~表 4-44 所示。

表 4-5

借 方		库存现金	贷 方
期初余额	5 000		
4-12	94 000	4-6	760
4-19	400	4-13	94 000
		4-18	200
		4-33	1 000
本期发生额	94 400	本期发生额	95 960
期末余额	3 440		

表 4-6

借 方		银行存款	贷 方
期初余额	130 000		
4-1	150 000	4-4	1 000
4-3	30 000	4-7	50 000
4-24	20 000	4-9	20 200
4-26	115 100	4-12	94 000
4-31-1	32 000	4-20	4 500
		4-23	2 000
		4-28	2 000
		4-38	45 000
		4-39	32 000
本期发生额	347 100	本期发生额	250 700
期末余额	226 400		

表 4-7

借 方		应收账款	贷 方
期初余额	30 000		
4-23	247 700	4-26	100 000
本期发生额	247 700	本期发生额	100 000
期末余额	177 700		

表 4-8

借 方		坏账准备	贷 方
		4-27	888.50
本期发生额	0	本期发生额	888.50
		期末余额	888.50

表 4-9

借　方		预付账款	贷　方
期初余额	12 000		
4-7	50 000	4-8	70 200
4-9	20 200		
本期发生额	70 200	本期发生额	70 200
期末余额	12 000		

表 4-10

借　方		其他应收款	贷　方
期初余额	2 400	4-19	2 400
本期发生额	0	本期发生额	2 400
期末余额	0		

表 4-11

借　方		在途物资	贷　方
4-5	90 000	4-10	150 760
4-6	760		
4-8	60 000		
本期发生额	150 760	本期发生额	150 760
期末余额	0		

表 4-12

借　方		原材料	贷　方
期初余额	130 000		
4-4	31 000	4-11	102 000
4-10	150 760	4-31-2	26 000
本期发生额	181 760	本期发生额	128 000
期末余额	183 760		

表 4-13

借　方		库存商品	贷　方
期初余额	270 000		
4-22	113 680	4-30	160 000
本期发生额	113 680	本期发生额	160 000
期末余额	223 680		

表 4-14

借　方	固定资产		贷　方
期初余额	600 000		
4-2	260 000		
本期发生额	260 000	本期发生额	0
期末余额	860 000		

表 4-15

借　方	累计折旧		贷　方
		期初余额	100 000
		4-17	7 160
本期发生额	0	本期发生额	7 160
		期末余额	107 160

表 4-16

借　方	短期借款		贷　方
		期初余额	50 000
4-38	45 000	4-3	30 000
本期发生额	45 000	本期发生额	30 000
		期末余额	35 000

表 4-17

借　方	应付票据		贷　方
		4-5	105 300
本期发生额	0	本期发生额	105 300
		期末余额	105 300

表 4-18

借　方	应付账款		贷　方
		期初余额	98 000
4-32	87 000	4-4	35 100
本期发生额	87 000	本期发生额	35 100
		期末余额	46 100

表 4-19

应付职工薪酬

借方		贷方	
4-13	94 000	4-14	94 000
		4-15	13 160
本期发生额	94 000	本期发生额	107 160
		期末余额	13 160

表 4-20

应交税费

借方		贷方	
4-2	44 200	期初余额	25 000
4-4	5 100	4-23	35 700
4-5	15 300	4-25	5 100
4-8	10 200	4-29	8 000
4-39	32 000	4-34	33 822.9
本期发生额	106 800	本期发生额	82 622.9
		期末余额	822.9

表 4-21

应付股利

借方		贷方	
		4-36	38 000
本期发生额	0	本期发生额	38 000
		期末余额	38 000

表 4-22

其他应付款

借方		贷方	
		期初余额	500
本期发生额	0	本期发生额	0
		期末余额	500

表 4-23

应付利息

借方		贷方	
		期初余额	6 000
4-20	3 000		
本期发生额	3 000	本期发生额	0
		期末余额	3 000

表 4-24

借　方	制造费用		贷　方
4-11	17 600		
4-14	6 000		
4-15	840		
4-17	5 560		
4-19	2 000	4-21	32 000
本期发生额	32 000	本期发生额	32 000

表 4-25

借　方	生产成本		贷　方
4-11	71 000		
4-14	80 000		
4-15	11 200		
4-21	32 000	4-22	113 680
本期发生额	194 200	本期发生额	113 680
期末余额	80 520		

表 4-26

借　方	预收账款		贷　方
4-25	35 100	4-24	20 000
		4-26	15 100
本期发生额	35 100	本期发生额	35 100
期末余额	0		

表 4-27

借　方	实收资本		贷　方
		期初余额	720 000
		4-1	150 000
		4-2	304 200
本期发生额	0	本期发生额	454 200
		期末余额	1 174 200

表 4-28

借 方	盈余公积		贷 方
		期初余额	83 066.36
		4-36	10 146.86
本期发生额	0	本期发生额	10 146.86
		期末余额	93 213.22

表 4-29

借 方	主营业务收入		贷 方
		4-23	210 000
4-35-1	240 000	4-25	30 000
本期发生额	240 000	本期发生额	240 000

表 4-30

借 方	其他业务收入		贷 方
4-35-1	32 000	4-31-1	32 000
本期发生额	32 000	本期发生额	32 000

表 4-31

借 方	营业外收入		贷 方
4-35-1	87 000	4-32	87 000
本期发生额	87 000	本期发生额	87 000

表 4-32

借 方	主营业务成本		贷 方
4-30	160 000	4-35-2	160 000
本期发生额	160 000	本期发生额	160 000

表 4-33

借 方	营业税金及附加		贷 方
4-29	8 000	4-35-2	8 000
本期发生额	8 000	本期发生额	8 000

表 4-34

借 方	销售费用		贷 方
4-28	2 000	4-35-2	2 000
本期发生额	2 000	本期发生额	2 000

表 4-35

借 方	管理费用		贷 方
4-11	13 400	4-35-2	24 320
4-14	8 000		
4-15	1 120		
4-17	1 600		
4-18	200		
本期发生额	24 320	本期发生额	24 320

表 4-36

借 方	财务费用		贷 方
4-20	1 500	4-35-2	1 500
本期发生额	1 500	本期发生额	1 500

表 4-37

借 方	其他业务成本		贷 方
4-31-2	26 000	4-35-2	26 000
本期发生额	26 000	本期发生额	26 000

表 4-38

借 方	营业外支出		贷 方
4-33	1 000	4-35-2	1 000
本期发生额	1 000	本期发生额	1 000

表 4-39

借 方	所得税费用		贷 方
4-34	33 822.9	4-35-2	33 822.9
本期发生额	33 822.9	本期发生额	33 822.9

表 4-40

借 方	资产减值损失		贷 方
4-27	888.50	4-35-2	888.50
本期发生额	888.50	本期发生额	888.50

表 4-41

借 方	本年利润		贷 方
4-35-2	257 531.4	4-35-1	359 000
4-37	101 468.6		
本期发生额	359 000	本期发生额	359 000
		期末余额	0

表 4-42

借 方	利润分配		贷 方
		期初余额	96 833.64
4-36	48 146.86	4-37	101 468.6
本期发生额	48 146.86	本期发生额	101 468.6
		期末余额	150 155.38

表 4-43 总分类账户本期发生额试算表

会计科目	借方发生额	贷方发生额
库存现金	94 400	95 960
银行存款	347 100	250 700
应收账款	247 700	100 000
坏账准备	0	888.5
预付账款	70 200	70 200
其他应收款	0	2 400
在途物资	150 760	150 760
原材料	181 760	128 000
库存商品	113 680	160 000
固定资产	260 000	0
累计折旧	0	7 160
短期借款	45 000	30 000
应付票据	0	105 300
应付账款	87 000	35 100
应付职工薪酬	94 000	107 160
应交税费	106 800	82 622.9
应付股利	0	38 000
预收账款	35 100	35 100
其他应付款	0	0

续表

会计科目	借方发生额	贷方发生额
应付利息	3 000	0
实收资本	0	454 200
盈余公积	0	10 146.86
本年利润	359 000	359 000
利润分配	48 146.86	101 468.6
制造费用	32 000	32 000
生产成本	194 200	113 680
主营业务收入	240 000	240 000
其他业务收入	32 000	32 000
营业外收入	87 000	87 000
主营业务成本	160 000	160 000
营业税金及附加	8 000	8 000
销售费用	2 000	2 000
管理费用	24 320	24 320
财务费用	1 500	1 500
资产减值损失	888.50	888.50
其他业务成本	26 000	26 000
营业外支出	1 000	1 000
所得税费	33 822.9	33 822.9
合　计	3 086 378.26	3 086 378.26

表 4-44　总分类账户余额试算平衡表

会计科目	借方余额	贷方余额
库存现金	3 440	
银行存款	226 400	
应收账款	177 700	
坏账准备		888.5
预付账款	12 000	
其他应收款	0	
在途物资	0	
原材料	183 760	
库存商品	223 680	
固定资产	860 000	
累计折旧		107 160

续表

会计科目	借方余额	贷方余额
短期借款		35 000
应付票据		105 300
应付账款		46 100
应付职工薪酬		13 160
应交税费		822.90
应付股利		38 000
预收账款		0
其他应付款		500
应付利息		3 000
实收资本		1 174 200
盈余公积		932 130.22
本年利润		0
利润分配		150 155.38
生产成本	80 520	
合　计	1 767 500	1 767 500

思考题

1. 简述工业企业经营各过程的业务特点。
2. 产品生产过程应设置哪些基本账户？其核算内容是什么？
3. 具体说明利润总额的构成内容。

实训题

1. **实训目的**：练习原材料购进业务的核算。

实训资料：某公司2013年9月发生下列原材料购进业务：

（1）购入甲材料10 000元，增值税1 700元，材料已入库，料款以银行存款支付；

（2）购入乙材料20 000元，增值税3 400元，材料尚未入库，料款尚未支付；

（3）以库存现金500元支付购入乙材料运费；

（4）乙材料验收入库；

（5）预付100 000元用于购料；

（6）上述预付款的甲材料到达并验收入库，发票注明料款100 000元，增值税款17 000元；

（7）该公司以银行存款补付了上述未付料款。

实训要求：根据上述业务编制相关会计分录。

2. **实训目的**：练习产品生产业务的核算。

实训资料：某公司 2013 年 9 月发生下列产品生产业务：

（1）生产 A 产品领用材料 50 000 元，B 产品领用 80 000 元，车间一般用料 2 000 元，管理部门一般用 1 000 元；

（2）本月应付职工薪酬按用途分配如下：

A 产品生产工人工资 10 000 元

B 产品生产工人工资 15 000 元

车间管理人员工资 6 000 元

公司管理人员工资 8 000 元

（3）根据该企业在岗职工人数及岗位分布情况、相关历史经验等计算出需要补贴该企业职工的福利费。其中：

A 产品生产工人工资 1 400 元

B 产品生产工人工资 2 100 元

车间管理人员工资 840 元

公司管理人员工资 1 120 元

（4）计提本月固定资产折旧，其中车间 1 200 元，公司总部 1 000 元。

（5）以现金 200 元支付本月车间负担的办公费。

（6）支付本季度短期借款利息费用 3 000 元，其中 1 000 元应由本月负担（利息分月预提，按季支付）。

（7）按生产工人工资结转制造费用。

（8）月末 A 产品全部完工，结转该产品的生产成本。

实训要求：根据上述业务编制相关会计分录。

3. **实训目的**：练习产品销售业务的核算。

实训资料：某公司 2013 年 9 月发生下列产品销售业务：

（1）销售产品货款 100 000 元，增值税税率 17%，上述款项均未收到；

（2）以银行存款支付报纸广告费 600 元；

（3）销售产品货款 200 000 元，增值税税率 17%，款项全部收到存入银行；

（4）销售不需用原材料 2 000 元，货款已收到存入银行；

（5）计算应交城建税 1 200 元，应交教育费附加 1 000 元；

（6）结转已销产品的生产成本 240 000 元；

（7）结转已销原材料成本 1 600 元。

实训要求：根据上述业务，编制相关会计分录。

4. **实训目的**：练习利润形成及分配的核算。

实训资料：某公司 2013 年 12 月发生下列经济业务：

（1）销售产品 60 000 元，增值税税率 17%，上述款项已预收；

（2）以银行存款支付产品展览费 4 000 元；

（3）以银行存款支付公司总部管理费 1 000 元；

（4）以银行存款共支付利息费 900 元，其中应由本月负担 100 元；

（5）以库存现金 500 元支付罚款支出；

（6）经确认公司一项应付款 5 000 元确实无法支付；

（7）结转已销产品的生产成本 43 000 元；

（8）计算应交城建税 3 000 元，教育费附加 1 000 元；

（9）计算本月利润总额并按 33%计算应交所得税；

（10）结转本月各损益类账户，计算出本月实现净利润；

（11）按净利润 10%提取盈余公积，并决定向投资者分配利润 1 000 元。

实训要求：根据上述业务编制相关会计分录。

5．**实训目的：**练习资金投入和退出企业的核算。

实训资料：某公司 2013 年 7 月发生资金投入和退出的各项经济业务如下：

（1）收到国家投入资金 200 000 元存入银行；

（2）接受新华公司投入生产设备一台，原值 100 000 元，已提折旧 25 000 元；

（3）向银行借入临时借款 25 000 元，存入银行，借款期为三个月；

（4）因建造厂房向银行借款 500 000 元购买建筑材料投入工程；

（5）临时借款 50 000 元到期，以银行存款归还。

实训要求：按上列经济业务编制会计分录。

6．**实训目的：**计算产品生产成本及制造费用

实训资料：2013 年 4 月，亚宝公司第一生产车间生产完成甲产品 400 件和乙产品 200 件，月末完工产品全部入库。有关生产资料如下：

（1）领用原材料 6 000 吨，其中甲产品耗用 3 500 吨，乙产品耗用 2 500 吨，该原材料单价为每吨 500 元；

（2）生产甲产品发生的直接生产人员工时为 6 000 小时，乙产品为 4 000 小时，每工时的标准工资为 20 元；

（3）生产车间发生管理人员工资、折旧费、水电费等 100 000 元，该车间本月仅生产了甲和乙两种产品，公司采用生产工人工时比例对制造费用进行分配。（假定月初、月末不存在任何在产品）

实训要求：（1）计算甲产品应分配的制造费用；

（2）计算乙产品应分配的制造费用；

（3）计算甲产品当月生产成本；

（4）计算乙产品当月生产成本；

（5）编制产品完工入库的会计分录。

CHAPTER 5

第五章 账户的分类

本章要点

- 盘存类账户
- 结算类账户
- 成本计算类账户
- 计价对比类账户
- 调整类账户
- 资本类账户
- 损益类账户
- 集合分配类账户
- 财务成果类账户

本章内容简述

本章是在第四章的基础上对所设账户进行进一步归纳和总结。第四章设置和运用了许多账户，虽然这些账户都有不同的核算内容，其用途和结构也不尽相同，但彼此间却存在着密切的联系，构成一个完整的账户体系。为了更好地设置和运用账户，有必要按账户的用途和结构把它们分成若干类别，从而找出同类账户的共性，帮助学生了解每类账户能提供什么指标和怎样提供这些指标，把握各类账户在提供核算指标方面的规律性。

在前面的章节中我们已经介绍了账户的两种分类：一是账户按会计要素可以分为资产类账户、负债类账户、所有者权益类账户、成本类账户以及损益类账户；二是账户按所提供指标的详细程度可分为总分类账户和明细分类账户。账户的这两种分类在上一章华强公司一定会计期间发生的经济业务中已做了具体应用，虽然这些账户分别应用于该公司的资金投入、材料供应、产品生产、产品销售、利润形成与分配以及资金退出等各个环节，但是它们并非是孤立的，而是相互联系地组成了一个完整的账户体系。为了正确地设置和运用账户，有必要在进一步研究各个账户特性的基础上概括它们的共性，找出账户之间的内在联系，掌握各类账户在提供核算指标方面的规律性。

对账户按会计要素进行分类，可以帮助我们了解对于经济业务的发生应当设置哪些账户来核算和监督会计对象，确定各类账户所核算和监督的会计对象的具体内容。但是账户按经济内容进行分类，还不能详细表明各种账户的作用，以及这些账户是如何提供公司、企业经营管理和对外报告所需要的各种核算指标的。因此，为了正确地应用账户来记录经济业务，掌握账户在提供核算指标方面的规律性，有必要在账户按会计要素分类的基础上进一步研究账户按用途和结构的分类。

（1）所谓账户的用途，是指通过账户的记录能够提供哪些核算指标，也就是设置和使用账户的目的。比如设置“库存现金”账户的目的是提供库存现金的增加、使用以及结存情况的指标。

（2）所谓账户的结构，是指在账户中应如何记录经济业务，以取得各种必要的核算指标。具体包括：账户借方和贷方核算的内容、期末余额方向以及余额所表示的内容。比如“库存现金”账户的账户结构，借方登记库存现金的增加，贷方登记库存现金的减少，余额在借方表示库存现金的结存数。账户按用途和结构分类，就是在账户按会计要素分类的基础上对用途和结构基本相同的账户进行归类，是对账户按会计要素分类的必要补充，目的在于掌握各类账户是怎样提供核算指标方面的规律性的。

在制造业企业中，账户按用途和结构分类可以分为盘存类账户、资本类账户、结算类账户、损益类账户、成本计算类账户、集合分配类账户、计价对比类账户、财务成果类账户、调整类账户等九类账户。

下面以制造业企业常用的基本账户为例说明各类账户的用途与结构。

第一节　盘存类账户

盘存类账户是用来核算和监督库存现金、银行存款和各种实物资产的增减变动及其实存数的账户。盘存类账户的借方登记库存现金、银行存款和各项实物资产的增加数，贷方登记本期减少数，账户余额总是在借方，表示库存现金、银行存款和各类实物资产的结存数额。

属于盘存类账户的基本账户有“库存现金”、“银行存款”、“原材料”、“库存商品”和“固定资产”等账户。这类账户的账户结构用“丁”字账户表示，如表5-1所示。

表5-1　盘存类账户

借　方	贷　方
期初余额：库存现金、银行存款或实物资产的结存数额	
发生额：本期库存现金、银行存款或实物资产的增加数额	发生额：本期库存现金、银行存款或实物资产的减少数额
期末余额：库存现金、银行存款或实物资产的结存数额	

这类账户的特点是：可以通过财产清查（实地盘点和对账的方法）检查账面结存数是否与实存数相符，检查实存的现金、银行存款和实物资产在经营管理上存在的问题。

除“库存现金”和“银行存款”账户外，其他盘存类账户的明细核算应提供实物和金额两种指标。

第二节 资本类账户

资本类账户是用来核算和监督资本和公积金的增减变动以及实有情况的账户。资本类账户的贷方登记各项资本、公积金的增加数和提取数，借方登记资本的减少数和公积金的支用数，账户的余额总是在贷方，表示各项资本、公积金的实有数额。属于资本类账户的基本账户有“实收资本”、“盈余公积”、“资本公积”等账户。这类账户的账户结构用“丁”字账户表示，如表 5-2 所示。

表 5-2 资本类账户

借 方	贷 方
	期初余额：资本和公积金的结存数额
发生额：本期资本和公积金的减少数额	发生额：本期资本和公积金的增加数额
	期末余额：资本和公积金的结存数额

这类账户的特点是总分类账户以及明细分类账户只提供货币指标，不提供实物指标。

第三节 结算类账户

结算类账户是用来核算和监督公司、企业同其他单位或个人之间的债权（各种应收及预付款）、债务（各种应付及预收款）结算情况的账户。因结算业务的性质不同，结算类账户又具有不同的用途和结构。按照账户的具体用途和结构不同，结算类账户又可分为债权结算类账户、债务结算类账户和债权债务结算类账户三种。

一、债权结算类账户

债权结算类账户也称为资产结算类账户，是用来核算和监督公司、企业同其他单位或个人之间的债权（各种应收及预付款）结算情况的账户。债权结算类账户的借方登记债权的增加数，贷方登记债权的减少数，余额一般在借方，表示期末尚未收回和抵消的债权的实有数。属于资产结算类账户的基本账户有“应收账款”、“应收票据”、“预付账款”、“其他应收款”等账户。这类账户的账户结构用“丁”字账户表示，如表 5-3 所示。

表 5-3 债权结算类账户

借 方	贷 方
期初余额：期初尚未收回的应收款项或尚未抵消的预付款项的实有数	
发生额：本期应收款项和预付款项的增加数额	发生额：本期应收款项和预付款项的减少数额
期末余额：期末尚未收回的应收款项或尚未抵消的预付款项的实收数	

二、债务结算类账户

债务结算类账户也称为负债结算类账户，是用来核算和监督公司、企业同其他单位或个人之间的债务（各种应付及预收款）结算情况的账户。债务结算类账户的贷方登记债务的增加数，借方登记债务的减少数，余额一般在贷方，表示期末尚未偿还债务的实有数。属于债务结算类账户的基本账户有“应付账款”、“应付票据”、“预收账款”、“其他应付款”等账户。这类账户的账户结构用“丁”字账户表示，如表5-4所示。

表5-4 债务结算类账户

借 方	贷 方
	期初余额：期初结存的借入款项、应付款项或尚未结算的预收款项数额
发生额：本期借入款项、应付款项或预收款项的减少数额	发生额：本期借入款项、应付款项或预收款项的增加数额
	期末余额：期末结欠的借入款项、应付款项或尚未结算的预收款项数额

三、债权债务结算类账户

债权债务结算类账户，也称为资产负债结算账户和往来结算账户，是用来核算、监督公司、企业同其他单位或个人之间的往来结算业务的账户。某些与公司、企业经常发生业务往来的单位，有时是公司、企业的债权人，有时又是公司、企业的债务人。为了集中核算、监督公司、企业与这种单位发生的债权债务等往来结算情况，有必要在同一个债权结算账户或者是同一个债务结算类账户中核算应收和应付该单位款项的增减变动及其余额，即在债权或者债务结算类账户的借方登记债权的增加和债务的减少，贷方登记债务的增加和债权的减少。这类账户余额可能在借方，也可能在贷方。余额若在借方，表示尚未收回的债权净额，余额若在贷方，表示尚未偿还的债务净额。如果公司、企业不单独设置“预付账款”账户，而用“应付账款”账户同时核算和监督公司、企业应付账款和预付账款增减变动情况的结果，则此时的“应付账款”账户就是一个债权债务结算账户。如果公司、企业不单独设置“预收账款”账户，而用“应收账款”账户同时核算和监督公司、企业应收账款和预收账款的增减变动情况和结果，则此时的“应收账款”账户就是一个债权债务结算类账户。这类账户的结构用“丁”字账户表示，如表5-5所示。

由于债权债务结算类账户属于双重性账户，其余额有时在借方，有时在贷方，因此借方余额或贷方余额只是表示债权和债务增减变动后的差额，并不反映公司、企业的债权和债务的实际余额。对于这类账户，在编制资产负债表时，应根据有关总分类账户和所属明细分类账户余额的方向来判断账户的性质是资产还是负债，以便真实反映公司、企业债权债务的实际情况。

表 5-5 债权债务结算类账户

借 方	贷 方
期初余额：期初债权大于债务的差额	期初余额：期初债务大于债权差额
发生额：本期债权的增加额 本期债务的减少额	发生额：本期债务的增加额 本期债权的减少额
期末余额：期末债权大于债务的差额	期末余额：期末债务大于债权的差额

结算类账户的特点是只提供货币指标，而且按发生结算业务的单位或个人开设明细分类账户进行明细分类核算。

第四节 损益类账户

损益类账户是用来归集公司、企业在生产经营过程中某个会计期间的收益和费用的账户。按照账户的用途和结构划分，损益类账户又可以分为收益类账户和费用类账户两大类。

一、收益类账户

收益类账户是专门用于核算和监督公司、企业在经营过程中的各项收益的账户。收益类账户的贷方登记一定会计期间发生的收益数额，借方登记期末转入“本年利润”账户的数额。由于期末收益类账户均要转入“本年利润”账户，所以这类账户期末一般没有余额。属于收益类账户的基本账户有“主营业务收入”、“其他业务收入”和“营业外收入”等账户。这类账户的账户结构用“丁”字账户表示，如表 5-6 所示。

表 5-6 收益类账户

借 方	贷 方
发生额：期末结转到“本年利润”账户的数额	发生额：归集本期内各项收益的发生数额

二、费用类账户

费用类账户是专门用于核算和监督公司、企业在经营过程中发生的各种费用的账户。费用类账户的借方登记一定会计期间发生的费用数额，贷方登记期末转入“本年利润”账户的数额。由于期末费用类账户均要转入“本年利润”账户，所以这类账户期末一般没有余额。属于费用类账户的基本账户有“主营业务成本”、“营业税金及附加”、“销售费用”、“管理费用”、“财务费用”、“其他业务成本”、“营业外支出”、“资产减值损失”、“所得税费用”等账户。这类账户的账户结构用“丁”字账户表示，如表 5-7 所示。

损益类账户的特点是，期末一般都没有余额，其账户一方归集本期发生的收益和费用数额，另一方将本期归集的数额全部转入“本年利润”账户。

表 5-7 费用类账户

借 方	贷 方
发生额：归集本期内各项费用的发生数额	发生额：期末结转到“本年利润”账户的数额

第五节 成本计算类账户

成本计算类账户是用来核算、监督公司、企业在生产经营过程中某一阶段所发生的全部费用，确定该阶段各个成本计算对象实际成本的账户。成本计算类账户的借方登记经营过程中某个阶段发生的应计入成本的全部费用，贷方登记转出已完成某个阶段的成本计算对象的实际成本，期末如有余额一定在借方，其借方余额表示尚未完成某个阶段的成本计算对象的实际成本。属于成本计算类账户的基本账户有“在途物资”、“生产成本”等账户。这类账户的账户结构用“丁”字账户表示，如表 5-8 所示。

表 5-8 成本计算类账户

借 方	贷 方
期初余额：期初尚未完成某阶段的成本计算对象的实际成本	
发生额：归集经营过程某阶段发生的全部费用数额	发生额：结转已完成某经营阶段的成本计算对象的实际成本
期末余额：期末尚未完成某阶段的成本计算对象的实际成本	

第六节 集合分配类账户

集合分配类账户是用来归集和分配企业生产经营过程中某个阶段所发生某种费用的账户。企业在经营过程各个阶段所发生的须由各个成本计算对象共同负担的间接费用，一般都先通过集合分配账户来归集，然后再选择一定的标准将其分配计入各个成本计算对象。集合分配账户的借方登记费用的发生数，贷方登记费用的分配数，借方归集的费用一般于期末全部分配到各个成本计算对象中去，所以集合分配账户一般没有期末余额。属于集合分配类账户的有“制造费用”账户等。集合分配账户的结构用“丁”字账户表示，如表 5-9 所示。

表 5-9 集合分配类账户

借 方	贷 方
发生额：本期某种费用的发生数额	发生额：本期某种费用的分配数额

第七节 计价对比类账户

计价对比类账户是用来对公司、企业的某项经济业务按照两种不同的计价标准进行核算对比，借以确定其业务成果的账户。例如按计划成本进行存货日常核算的企业，可以设置“材料采购”账户，用来核算存货采购业务的成本。该账户的借方核算存货的实际采购成本，贷方核算存货的计划采购成本，通过借贷双方两种计价对比，即可确定采购阶段的业务成本。由于确定的业务成本在当期应全部从计价对比账户转出，因此计价对比账户期末一般没有余额。属于计价对比类账户的基本账户有“材料采购”等账户。这类账户的账户结构用“丁”字账户表示，如表 5-10 所示。

表 5-10 计价对比类账户

借 方	贷 方
发生额：经济业务的第一种计价	发生额：经济业务的第二种计价
期末余额：第一种计价大于第二种计价的差额	期末余额：第二种计价大于第一种计价的差额

第八节 财务成果类账户

财务成果类账户是用来计算和确定公司、企业在一定时期内全部经营活动最终成果的账户。财务成果类账户的贷方登记转入的一定期间的各项收入数，借方登记转入的一定期间发生的与收入相配比的各项费用数。期末如有贷方余额，表示收入大于费用的差额，为公司、企业实现的利润总额；如为借方余额，表示收入少于费用的差额，即为公司、企业发生的亏损总额。属于财务成果类账户的基本账户有“本年利润”账户。该账户的账户结构用“丁”字账户表示，如表 5-11 所示。

表 5-11 财务成果类账户

借 方	贷 方
发生额：从各种费用账户转入的数额	发生额：从各种收益账户转入的数额
期末余额：发生的亏损总额	期末余额：实现的利润总额

财务成果类账户的特点是：只反映公司、企业在一年内财务成果的形成情况，平时的余额为本年累计实现的利润总额或发生的亏损数，年终结转到“利润分配”账户后无余额。

第九节 调整类账户

调整类账户是用来调整某个账户（被调整账户）的金额，以表示被调整账户的实际余额而设置的账户。在会计核算中，往往会有一些会计要素的具体项目，由于经营管理和其他方面的原因，需要对某一个项目设置两个账户，用两种数字从不同的两个方面进行反映。其中一个账户反映原始数字，另一个账户反映对原始数字的调整数字，将原始数字同调整数字相加或相减后即可求得被调整后的实际余额。比如公司、企业为了核算销售商品、提供劳务但尚未收到货款的情况应设置“应收账款”账户，但是在实际工作中可能会出现应收款收不回来的情况，即出现了坏账，这时公司、企业就需要开设“坏账准备”账户来反映坏账的提取以及使用情况，通过“坏账准备”账户对“应收账款”账户进行调整，反映应收账款的净额。我们把反映经济活动原始数字的账户称为“被调整账户”，比如“应收账款”账户；对被调整类账户进行调整的账户，称为“调整账户”，比如“坏账准备”账户。调整类账户按照调整的方式划分，又可分为抵减账户、附加账户和抵减附加账户三类。

一、抵减账户

抵减账户也称为备抵账户，它用来反映抵减被调整账户的余额，以求得被调整账户实际余额的账户。其调整方式，可用下列计算公式表示：

被调整账户余额−抵减账户余额=被调整账户实际余额

抵减账户余额一定要与被调整账户余额方向相反，上述公式才能成立。如果被调整账户余额在借方，抵减账户余额一定在贷方，如“应收账款”账户与“坏账准备”账户；如果被调整账户余额在贷方，抵减账户余额一定在借方，如“本年利润”与“利润分配”账户。被调整账户与抵减账户的调整方式，如表5-12、表5-13表示。

表5-12 抵减账户格式一

借方 被调整账户	贷方
余额： 某经济事项 的原始数额	

借方 抵减账户	贷方
	余额： 某经济事项 的抵减数额

从表5-12中可以看出被调整账户的余额在借方时被调整账户与抵减账户的关系，可通过下列公式表示：

被调整账户的借方余额−抵减账户的贷方余额=被调整账户实际余额

从表5-13中可以看出被调整账户的余额在贷方时被调整账户与抵减账户的关系，可通过下列公式表示：

被调整账户的贷方余额−抵减账户的借方余额=被调整账户实际余额

表 5-13 抵减账户格式二

借方 被调整账户	贷方
	余额： 某经济事项 的原始数额

借方 抵减账户	贷方
余额： 某经济事项 的抵减数额	

二、附加账户

附加账户是用来增加被调整账户的余额，以求得被调整账户实际余额的账户。调整方式可由下列公式表示：

被调整账户余额 + 附加账户余额 = 被调整账户实际余额

附加账户余额一定要与被调整账户的余额方向一致，上述公式才能成立。如果被调整账户的余额在借方，附加账户的余额也一定在借方；如果被调整账户的余额在贷方，附加账户的余额也一定在贷方。附加账户与被调整账户的关系，如表 5-14 所示。

表 5-14 附加账户与被调整账户的关系

借方 被调整账户	贷方
	余额： 某经济事项 的原始数额

借方 附加账户	贷方
	余额： 某经济事项 的附加数额

这类被调整账户与附加账户的关系可通过下列公式表示：

被调整账户借（贷）方余额+附加账户借（贷）方余额=被调整账户实际余额

三、抵减附加账户

抵减附加账户是依据调整账户的余额方向不同，用来抵减被调整账户的余额，或者用来附加被调整账户的余额，以求得被调整账户实际余额的账户。当调整账户的余额与被调整账户的余额方向相反时，该类账户起抵减账户的作用，其调整方式与抵减账户相同；当调整账户的余额与被调整账户的余额方向一致时，该类账户起附加账户的作用，即调整方式与附加账户相同。

在本书中提到的“坏账准备”、“累计折旧”、“利润分配”三个账户都属于调整账户。调整账户不能离开被调整账户而独立存在，有调整账户就一定有被调整账户，它们是相互联系、相互结合在一起的一组账户。调整账户与被调整账户所反映的经济内容是相同的。被调整账户反映的是一项经济事项的原始数据，调整账户反映对这项经济事项原始数据的调整数。二者结合起来使用，提供经营管理上所需要的某些特定的经济指标，从而满足公司、企业的经营管理的需求。

综合以上分析，公司、企业的一般基本账户按会计要素、结构和用途进行分类的情况，如图 5-1、图 5-2 所示。

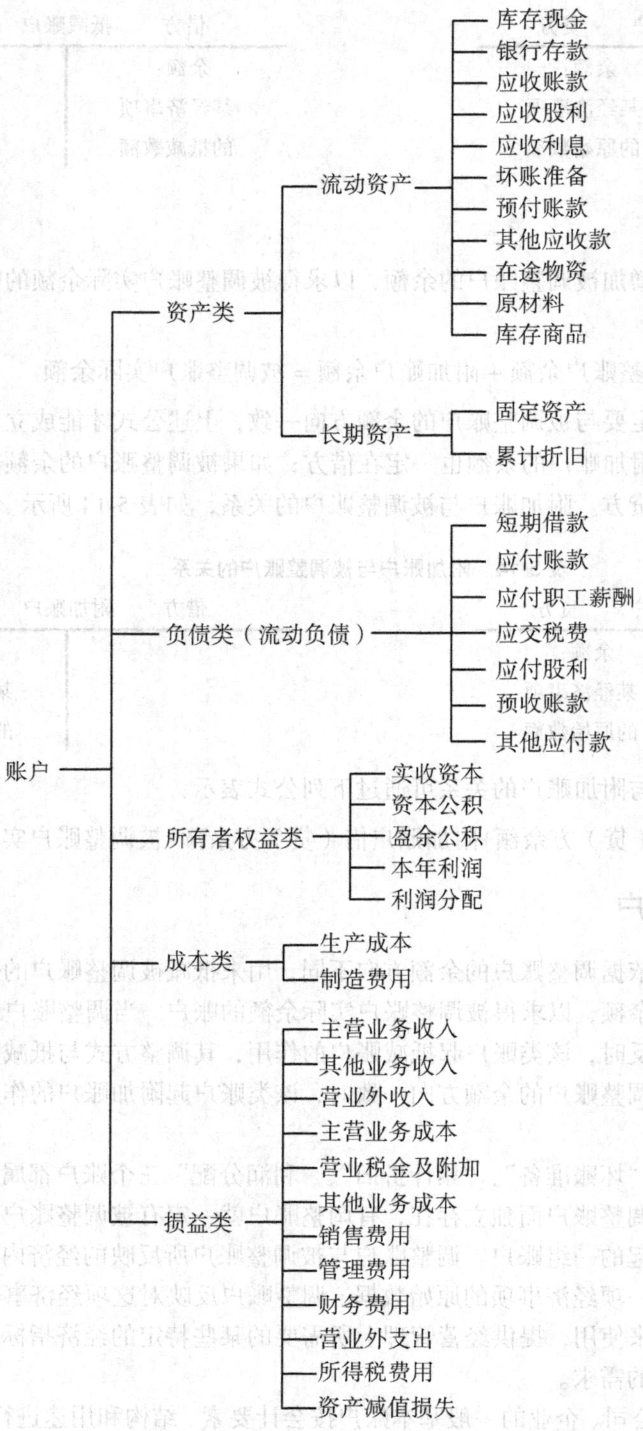

图 5-1　账户按会计要素的分类

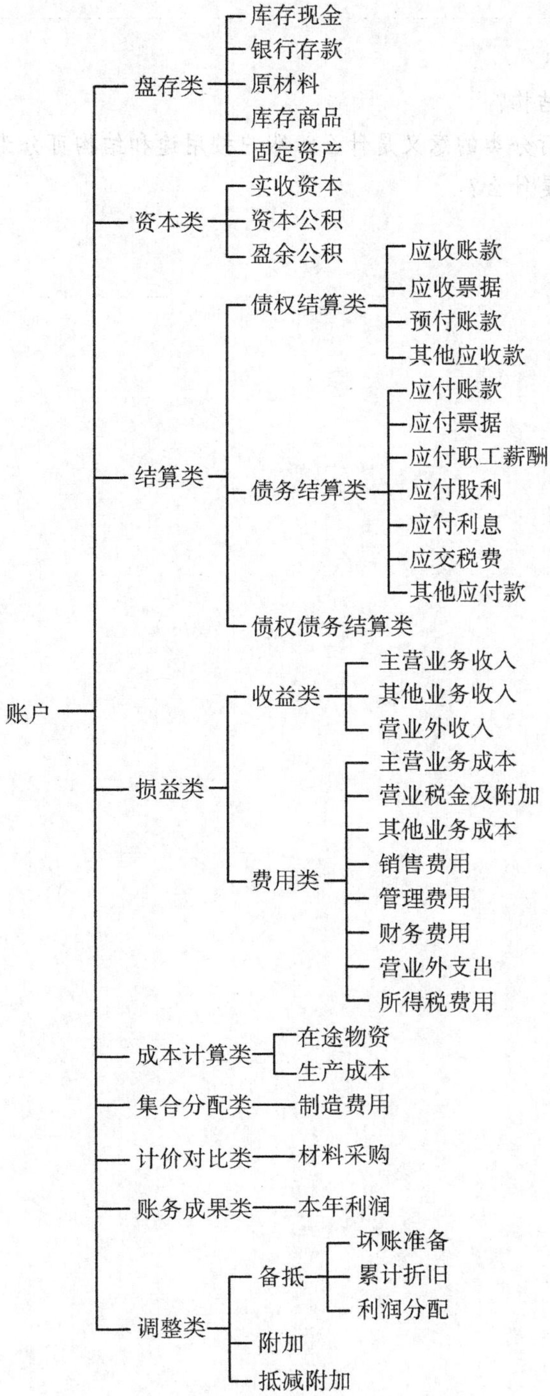

图 5-2 账户按结构和用途进行的分类

思考题

1．什么是账户的用途和结构？

2．账户按用途和结构进行分类的意义是什么？账户按用途和结构可分为几大类？

3．各类账户的结构特点是什么？

CHAPTER 6

第六章 会计凭证

本章要点

- 会计凭证的作用和种类
- 原始凭证的填制和审核
- 记账凭证的填制和审核
- 原始凭证的基本内容
- 记账凭证的基本内容
- 会计凭证的传递和保管

本章内容简述

本章是在前面几章的学习基础上，进一步介绍进行账务处理所需要的平台——会计凭证。会计凭证是会计信息的载体之一，是记载会计主体经济活动情况的书面文件。填制和审核会计凭证是会计核算工作的第一步，也是一种重要的会计核算方法。本章主要介绍了会计凭证的概念及作用，按照不同的分类分别讲解了原始凭证、记账凭证的基本格式、内容、填制要求与方法，以及审核的基本要求。本章学习的目的在于使学生掌握填制和审核会计凭证的正确方法，为以后依法从事会计工作打下坚实的基础。

第一节 会计凭证概述

一、会计凭证的概念

会计凭证是记录经济业务事项的发生和完成情况，明确经济责任，并作为记账依据的书面证明，是重要的会计资料。

会计主体办理任何一项经济业务，都必须办理会计凭证手续。由执行和完成该项经济业务的有关人员填制和取得会计凭证，详细说明该项经济业务的内容，并在会计凭证上签名或盖章，明确有关单位或人员的责任。企业在取得会计凭证的基础上，要由有关人员进行审核，包括会计凭证的真实性、合法性和所记内容的完整性等。审核无误的会计凭证就可以作为登记账簿的依据。填制和审核会计凭证，是会计核算的专门方法之一。

二、会计凭证的作用

正确地填制和严格地审核会计凭证具有重要作用，概括起来主要有以下几方面。

1. 记录经济业务，提供记账依据

在会计核算中，对于每笔经济业务的账务处理，首先是取得或填制会计凭证，将经济业务真实地记录下来，再经过严格审核，然后根据审核无误的凭证登记账簿。这样就能够把企业发生的经济业务，通过一张张会计凭证正确及时地反映出来，并为登记账簿提供可靠的依据，也为日后检查和分析经济活动提供原始资料。会计凭证所记录的有关信息是否是真实、可靠、及时，对于能否保证会计信息质量具有至关重要的影响。

2. 明确经济责任，强化内部控制

任何会计凭证除记录有关经济业务的基本内容外，还必须由有关部门和人员签章，对会计凭证所记录经济业务的真实性、正确性、合法性、合理性负责，以防止舞弊行为，强化内部控制。

3. 监督经济活动，控制经济运行

通过会计凭证的审核，可以查明每项经济业务是否符合国家有关法规、制度规定，是否符合计划、预算进度，是否有违法乱纪、铺张浪费行为等。对于查出的问题，应积极采取措施予以纠正，实现对经济活动的事中控制，以保证经济活动健康运行。

三、会计凭证的种类

会计凭证按照填制的程序和用途不同，分为原始凭证和记账凭证。以下分别介绍其相关内容，在此不再赘述。

第二节　原始凭证

一、原始凭证的概念

原始凭证，又称原始单据，是在经济业务事项发生时由经办人员直接取得或者填制，用以表明某项经济业务事项已经发生或完成，明确有关经济责任的凭据。

原始凭证记载着大量的经济信息，又是证明经济业务发生的初始文件，与记账凭证相比较，它具有较强的法律效力，所以它是一种很重要的凭证。

二、原始凭证的分类

（一）按原始凭证的来源分类

按原始凭证的来源可分为外来原始凭证和自制原始凭证。

1. 外来原始凭证

外来原始凭证是由业务经办人员在业务发生或者完成时从其他单位或个人直接取得的原始凭证，如采购商品时取得的增值税专用发票、收据、车票等。有关发票格式如表6-1、表6-2、表6-3所示。

2. 自制原始凭证

自制原始凭证是本单位内部经办业务的部门和人员，在执行或完成某项经济业务时填制的、仅供本单位内部使用的原始凭证，如收料单、领料单、单位差旅费报销单、成本计算单等。其一般格式如表 6-4 ~ 表 6-7 所示。

表 6-1　增值税专用发票

发票联

开票日期：　2013 年 12 月 8 日　　　　NO. 397450

购货单位	名　　称	大连长江股份有限公司	纳税人登记号	23457700456789
	地址电话	长江路 23 号	开户银行及行号	工行开发区分行 9-201501100054497

货物或应税劳务名称	计量单位	数量	单价	金额									税率（%）	税额								
				百	十	万	千	百	十	元	角	分		百	十	万	千	百	十	元	角	分
甲材料	千克				2	1	9	5	6	0	0	0	17			3	7	3	2	5	2	0
合　计				¥	2	1	9	5	6	0	0	0			¥	3	7	3	2	5	2	0

价税合计（大写）	贰拾伍万陆仟捌佰捌拾伍元贰角零分		¥256885.20	
销货单位	名　称	滨江市物质公司	纳税人登记号	82006710592608
	地址电话	长虹街 6 号	开户银行及行号	开发区办事处 8425163
备注				

第二联：发票联　购货方记账

收款人：　李林　　　　开票单位（未盖章无效）

表 6-2　行政事业性收费票据

交款单位：　　　　年　　月　　日　　NO.

收费项目及名称	单　位	数　量	收费标准	金　额
合计金额人民币（大写）				

收款单位（章）　　　财务专用（章）　　　收款人（章）

表6-3 借款单

2013年10月15日

现金	支票	电汇	信汇
√			

借款部门：业务部		
借款理由：参加交易会		
借款数额：人民币（大写）壹仟元整		
本部门负责人意见：同意		借款人签章：李明
主管领导意见：××	会计主管人员核批：××	备注：

表6-4 领料单

领料部门：　　　　　　　　　　　　　　　　领料编号：

领料用途：　　　　　　年　　月　　日　　　发料仓库：

材料编号	材料名称及规格	计量单位	数量		单价	金额
			请领	实领		
备注					合计	

发料人：　　　　　审批人：　　　　　领料人：　　　　　记账：

表6-5 现金支票

中国工商银行 现金支票存根	中国工商银行　现金支票　　支票号码：VⅡX2334453333
支票号码： VⅡX2334453333	签发日期（大写）贰零壹叁年零伍月零捌日　付款行名称：工商银行天津和平路分理处
附加信息	收款人：天津风光有限责任公司　　出票人账号：963634-23
	人民币（大写）　亿 千 百 十 万 千 百 十 元 角 分：¥ 1 3 6 6 7 0 0 0
	用途：支付工资　　密码
出票日期：2013年05月08日	上列款项请从 我账户内支付
收款人：天津风光有限责任公司	出票人签章　　复核　　记账
金额：136670.00	
用途：支付公司	
单位主管　会计	

表 6-6 中国工商银行进账单（收账通知）

2013 年 12 月 5 日第 1691 号

<table>
<tr><td rowspan="3">出票人</td><td>全称</td><td>长城公司</td><td rowspan="3">收款人</td><td>全称</td><td colspan="10">大连长江股份有限公司</td></tr>
<tr><td>账号</td><td>838526</td><td>账号</td><td colspan="10">9-201501100054497</td></tr>
<tr><td>开户银行</td><td>工商银行南京办事处</td><td>开户银行</td><td colspan="10">工商银行开发区分行</td></tr>
<tr><td rowspan="2">人民币（大写）</td><td colspan="3" rowspan="2">壹佰捌拾万零壹仟捌佰元整</td><td>千</td><td>百</td><td>十</td><td>万</td><td>千</td><td>百</td><td>十</td><td>元</td><td>角</td><td>分</td></tr>
<tr><td>¥</td><td>1</td><td>8</td><td>0</td><td>1</td><td>8</td><td>0</td><td>0</td><td>0</td><td>0</td></tr>
<tr><td>票据种类</td><td colspan="3">支票</td><td colspan="10" rowspan="3">收款人开户行盖章</td></tr>
<tr><td>票据张数</td><td colspan="3">1</td></tr>
<tr><td colspan="4">单位主管　会计　复核　记账</td></tr>
</table>

表 6-7 单位差旅费报销单

出差人姓名　职务　级别　事由　出差起止日期：　共计　天

<table>
<tr><td rowspan="2">起止日期</td><td colspan="3">车船飞机票</td><td rowspan="2">未购卧铺补助</td><td colspan="3">出差补助费</td><td rowspan="2">住宿费</td><td rowspan="2">交通费</td><td rowspan="2">其他</td><td rowspan="2">合计金额</td></tr>
<tr><td>种类</td><td>起止地点</td><td>金额</td><td>天数</td><td>标准</td><td>金额</td></tr>
<tr><td>自 月 日 时至 月 日 时</td><td></td><td></td><td></td><td></td><td></td><td></td><td></td><td></td><td></td><td></td><td></td></tr>
<tr><td>自 月 日 时至 月 日 时</td><td></td><td></td><td></td><td></td><td></td><td></td><td></td><td></td><td></td><td></td><td></td></tr>
<tr><td>自 月 日 时至 月 日 时</td><td></td><td></td><td></td><td></td><td></td><td></td><td></td><td></td><td></td><td></td><td></td></tr>
<tr><td>自 月 日 时至 月 日 时</td><td></td><td></td><td></td><td></td><td></td><td></td><td></td><td></td><td></td><td></td><td></td></tr>
<tr><td colspan="12">合计：人民币（大写）</td></tr>
<tr><td>说　明</td><td colspan="11"></td></tr>
</table>

单位公章　单位负责人　领款人　年　月　日报销

（二）按原始凭证的填制手续及内容分类

按原始凭证的填制手续及内容的不同，可分为一次性原始凭证、累计原始凭证、汇总原始凭证。

1. 一次性原始凭证

一次性原始凭证是指对每笔所发生或所完成的经济业务事项所填制的一份原始凭证，如收据、领料单、收料单、发货票、借款单、银行结算凭证等。一次性原始凭证是一次有效的凭证。外来原始凭证多为一次性原始凭证。

2. 累计原始凭证

累计原始凭证是指为了简化填制手续，对在一定时期内连续发生的相同经济业务事项，逐次逐笔累计集中填制成的一份原始凭证，如限额领料单、费用限额卡等。累计原始凭证是多次有效的原始凭证。限额领料单的一般格式如表 6-8 所示。

表 6-8 限额领料单

领料部门：　　　　　　　　　　　　　　　　　　　　　　　　　领料编号：

领料用途：　　　　　　　　　年　　月　　日　　　　　　　　发料仓库：

材料类别	材料编号	材料名称及规格	计量单位	领用限额	实际领用	单价	金额	备注
供应部门负责人：					计划生产部门负责人：			

日期	领用				退料			限额结余
	请领数量	实发数量	发料人签章	领料人签章	退料数量	退料人签章	收料人签章	

3．汇总原始凭证

汇总原始凭证又称原始凭证汇总表，是指为了简化核算手续，将一定时期内若干同类经济业务事项的原始凭证汇总，按照一定标准综合填制的原始凭证。常用的汇总原始凭证有工资结算汇总表、发料凭证汇总表、差旅费报销单等。发料凭证汇总表格式如表 6-9 所示。汇总原始凭证，所汇总的内容只能是同类经济业务，即将反映同类经济业务的各原始凭证汇总编制成一张汇总原始凭证，它是不能汇总两类或两类以上的经济业务的。

表 6-9 发料凭证汇总表

年　　月　　日

会计科目	领料部门	领用材料			
		原材料	包装物	低值易耗品	合　计
生产成本	一车间				
	二车间				
	小计				
	供电车间				
	供水车间				
	小计				
制造费用	一车间				
	二车间				
	小　计				
管理费用	行政部门				

（三）按原始凭证的格式分类

按原始凭证的格式不同，可分为通用原始凭证和专用原始凭证。

1. 通用原始凭证

通用原始凭证是指由有关部门统一印制、在一定范围内使用的、具有统一格式和使用方法的原始凭证。通用原始凭证的使用范围，因制作部门的不同而有所不同，可以是某一地区、某一行业，也可以是全国通用。如某省（市）印制的发货票、收据等，在该省（市）通用；由中国人民银行印制的银行转账结算凭证，在全国通用。

2. 专用原始凭证

专用原始凭证是指由单位自行印制、仅在本单位内部使用的原始凭证。如领料单、差旅费报销单、折旧计算表、工资费用分配表等。

（四）按原始凭证经济业务的类别分类

原始凭证按照经济业务的类别不同，可分为款项收付业务原始凭证、出入库业务原始凭证、成本费用原始凭证、购销业务原始凭证、固定资产业务原始凭证、转账业务原始凭证等。

1. 款项收付业务原始凭证

款项收付业务原始凭证，是指记录现金和银行存款收付增减等业务的原始凭证。这类原始凭证既有外来的，也有自制的，但多为一次性凭证，如现金借据、领款单、车船机票、银行支票、付款委托书、托收承付结算凭证等。

2. 出入库业务原始凭证

出入库业务原始凭证，是指记录材料、产成品入库等情况的原始凭证。这类凭证可以是一次性凭证，也可以是累计凭证，如入库单、领料单、提货单等。

3. 成本费用原始凭证

成本费用原始凭证，是指记录产品生产费用的发生和分配情况的原始凭证。这类凭证大部分都是内部自制凭证，如工资单、工资费用汇总表、折旧费用分配表、制造费用分配表、产品成本计算单等。

4. 购销业务原始凭证

购销业务原始凭证，是指记录材料物品采购或劳务供应、产成品（商品）或劳务销售情况的原始凭证，前者为外来的凭证，后者为自制的凭证，如提货单、发货单、交款单、运费单据等。

5. 固定资产业务原始凭证

固定资产业务原始凭证，是指记录固定资产购置、调拨、报废和盘盈、盘亏业务的原始凭证，如固定资产调拨单、固定资产移交清册、固定资产报废单和盘盈、盘亏报告单。

6. 转账业务原始凭证

转账业务原始凭证，是指会计期间终了，为了结平收入和支出等账户，计算并结转成本、利润等，由会计人员根据会计账簿记录、整理、制作的原始凭证。这类凭证一般无固定格式，但需要注明制证人员并由会计主管签章。

三、原始凭证的基本要素

原始凭证种类繁多，来源广泛，形式各异。按照《会计法》和《会计基础工作规范》（以下简称《规范》）的规定，作为记账依据的原始凭证必须具备以下基本要素：

- 凭证的名称；
- 填制凭证的日期；
- 接受凭证单位的名称；
- 经济业务事项的内容（含数量、单价、金额等）；
- 填制单位签章；
- 有关人员签章；
- 凭证附件。

实际工作中，根据经营管理和特殊业务的需要，除上述基本内容外，可以增加必要的内容。有关部门可以对于不同单位经常发生的共同性经济业务，制定统一的凭证格式，如中国人民银行统一印制的银行转账结算凭证，就标明了结算双方"单位名称"、"账号"等栏目内容。

四、原始凭证的填制和取得

根据《会计法》和《会计基础工作规范》规定，填制和取得原始凭证，应当符合下列要求：

（1）办理经济业务事项时必须如实填制或者取得原始凭证，并及时送交会计机构，以保证会计核算工作的正常进行。一般来说，填制或者取得原始凭证机构送交会计机构的时间最迟不应超过一个会计结算期。

（2）要保证原始凭证的内容完整。即应该填写的项目要逐项填写，不可缺漏；年、月、日要按照填制原始凭证的实际日期填写；名称要写全，不能简化；品名或用途要写明确；有关人员的签章必须齐全。

（3）从外单位取得的原始凭证，必须盖有填制单位的公章；从个人取得的原始凭证，必须有填制人员的签名或者盖章。自制原始凭证必须有经办部门负责人或指定的人员的签名或盖章。对外开出的原始凭证必须加盖本单位的公章。所谓"公章"应是具有法律效力和规定用途，能够证明单位身份和性质的印鉴，如业务公章、财务专用章、发票专用章、收款专用章、结算专用章等。

（4）填有大写和小写金额的原始凭证，大写与小写的金额必须相符。

（5）购买实物的原始凭证，必须有验收证明。实物购入以后，要按照规定办理验收手续，以明确经济责任，保证账实相符。

（6）一式几联的原始凭证必须注明各联的用途，并且只能以一联用做报销凭证。一式几联的发票和收据，除本身具备复写功能的外，必须用双面复写纸套写，并连续编号。作废时应加盖"作废"戳记，连同存根一起保存。

（7）发生销货退回及退还货款时，必须填制退货发票，附有退货验收证明和对方单位的收款收据，不得以退货发票代替收据。

（8）单位人员公出借款的收据，必须附在记账凭证之后。借款收据是此项借款业务的原始凭证，是办理有关会计手续、进行相应会计核算的依据。在收回借款时，应当另开收据或者退还借款收据的副本，不得退还原借款收据。因为借款和收回借款虽有联系，但又有区别，在会计上需要分别处理。如果将原借款收据退还借款人，就会损害会计资料的完整性，使其中一项业务的会计处理失去依据。

（9）经上级有关部门批准的经济业务事项，应当将批准文件作为原始凭证附加。如果批准文件需要单独归档的，应当在凭证上注明批准机关名称、日期和文件字号。

（10）原始凭证不得外借，其他单位确需借用原始凭证时，经本单位会计机构负责人（会计主管人员）批准，可以复制。向外单位提供的原始凭证复制件，应当在专设的登记簿上登记，由提供人员和收取人员共同签名或者盖章。

（11）对丢失原始凭证的处理。从外单位取得的原始凭证如有遗失，应当取得原开出单位盖有公章的证明，注明原来凭证的号码、金额和内容等，并由经办人员签名后，报经办单位会计机构负责人（会计主管人员）和单位负责人批准后，才能代做原始凭证。如果确实无法取得证明的，如火车票、轮船票、飞机票等凭证，由当事人写出详细情况，由经办单位会计机构负责人（会计主管人员）和单位负责人批准后，代做原始凭证。

（12）书写格式要规范。原始凭证要用蓝色或黑色笔书写，字迹清楚、规范。填写支票必须使用碳素笔。属于需要套写的凭证，必须一次套写清楚。合计的小写金额前应加注币种符号，如“¥”、“HK$”、“US$”等。大写金额有分的，后面不加“整”字，其余一律在末尾加“整”字，大写金额前还应加注币种单位，注明“人民币”、“美元”、“港币”等字样，且币种单位与金额数字之间，以及各金额数字之间不得留有空隙。各种凭证不得随意涂改、刮擦、挖补，若填写错误应采用规定的方法予以更改。对于重要的原始凭证，如支票以及各种结算凭证，一律不得涂改。对于预先印有编号的各种凭证，在填写错误后，要加盖“作废”戳记，并单独保管。阿拉伯数字应一个一个地写，不得连笔写。阿拉伯数字金额前面应写人民币符号“¥”。人民币符号“¥”与阿拉伯数字金额之间不得留有空白。凡阿拉伯数字前写有人民币符号“¥”的，数字后面不再写“元”字。所有以“元”为单位的阿拉伯数字，除表示单价等情况外，一律填写到角分。无角分的，角位和分位可写“00”，或符号“—”；有角无分的，分位应写“0”，不得用符号“—”代替。汉字大写金额数字，一律用正楷字或行书字书写，如壹、贰、叁、肆、伍、陆、柒、捌、玖、拾、佰、仟、万、亿、圆、角、分、零、整等易于辨认、不易涂改的字样。不得用一、二、三、四、五、六、七、八、九、十、毛、零或（0）等字样代替，不得任意自选简化字。阿拉伯数字金额中间有“0”时，汉字大写金额要写“零”字，如 ¥101.50，汉字大写金额应写成“人民币壹佰零壹圆伍角整”。阿拉伯数字金额中间连续有几个“0”时，汉字大写金额中可以只写一个“零”字，如 ¥ 1 004.56，汉字大写金额应写成“人民币壹仟零肆圆伍角陆分”。阿拉伯金额数字元位是“0”或数字中间连续有几个“0”，元位也是“0”，但角位不是“0”时，汉字大写金额可只写一个“零”字，也可不写“零”字，如¥ 1

320.56，汉字大写金额应写成“人民币壹仟叁佰贰拾圆零伍角陆分”，或“人民币壹仟叁佰贰拾圆伍角陆分”。

五、原始凭证的审核

对原始凭证进行审核，是确保会计资料质量的重要措施之一，也是会计机构、会计人员的重要职责。只有经过审核无误的凭证，才能作为记账的依据。为了正确反映并监督各项业务，根据《会计法》规定：会计机构、会计人员必须审核原始凭证，这是法定职责。原始凭证的审核主要包括以下几个方面的内容。

1. 真实性审核

原始凭证作为会计信息的基本信息源，其真实性对会计信息的质量具有至关重要的影响。其真实性的审核包括凭证的日期、业务内容、数据等方面的内容是否真实。对外来原始凭证，必须有填制单位公章和填制人员签章；对自制原始凭证，必须有经办部门和经办人员的签名或盖章。此外，对通用原始凭证，还应审核凭证本身的真实性，以防假冒。

如《规范》规定，购买实物的原始凭证必须附有验收证明，以确认实物已经验收入库。会计机构、会计人员在审核有关原始凭证时，应当根据要求查验验收证明。

2. 合法性审核

合法性审核主要是审核原始凭证所记录的经济业务是否有违反国家法律法规的情况，是否履行了规定的凭证传递和审核程序，是否有贪污腐化等行为。

3. 合理性审核

合理性审核主要是审核原始凭证所记录经济业务是否符合企业生产经营活动的需要，是否符合有关的计划和预算。

4. 完整性审核

完整性审核主要是审核原始凭证各项基本要素是否齐全，是否有遗漏的情况，日期是否完整，数字是否清晰，文字是否完整，有关人员签章是否齐全，凭证联次是否正确等。

会计机构、会计人员对记载不准确、不完整的原始凭证应予以退回，并要求经办人员按照国家统一的会计制度的规定进行更正、补充。

5. 正确性审核

正确性审核主要是审核原始凭证各项金额的计算及填写是否正确，包括阿拉伯数字分位填写，不得连写；小写金额前要标明“¥”字样，中间不能有空位；大写金额前要加“人民币”字样，大写金额与小写金额相符；凭证中有书写错误的，应采取正确的方法予以更正，不得采用涂改、刮擦、挖补等不正确的方法。

6. 及时性审核

因为原始凭证的及时性是保证会计信息及时性的基础，因此要求在经济业务发生或完成时及时填制原始凭证，及时传递凭证。审核时注意审查凭证的填制日期，尤其是支票、银行汇票、银行本票等实效性较强的原始凭证，更应仔细验证其签发日期。

经审核的原始凭证应根据不同情况处理：

（1）对于完全符合要求的原始凭证，应及时据以编制记账凭证入账。

（2）对于真实、合法、合理但内容不够完整、填写有错误的原始凭证，应退回给有关经办人员，由其负责将有关凭证补充完整、更正错误或重开后，再办理正式会计手续。

（3）对不真实、不合法的原始凭证，会计机构有权不予受理，并向单位负责人报告，请求查明原因，追究有关当事人的责任。

六、原始凭证的更正

为了规范原始凭证的内容，明确相关人员的经济责任，防止利用原始凭证进行舞弊，《会计法》规定：

（1）原始凭证所记载的各项内容均不得涂改，随意涂改的原始凭证即为无效凭证，不能作为填制记账凭证或登记会计账簿的依据。

（2）原始凭证记载的内容有错误的，应当由开具单位重开或更正。更正工作必须由原始凭证出具单位负责，并在更正处加盖出具单位印章。重新开具原始凭证也应当由原始凭证开具单位负责。原始凭证金额出现错误，不得更正，只能由原始凭证开出单位重开。因为如果允许随意更改原始凭证上的金额，容易产生舞弊，不利于保证原始凭证的质量。

（3）原始凭证开具单位应当依法开具准确无误的原始凭证，对于填制有误的原始凭证，负有更正和重新开具的法律义务，不得拒绝。

第三节 记账凭证

一、记账凭证的概念

记账凭证，亦称传票，是对经济业务事项按其性质加以归类，确定会计分录，并据以登记会计账簿的凭证。记账凭证记载的是会计信息，从原始凭证到记账凭证是经济信息转换成会计信息的过程，是一种质的飞跃。

记账凭证要根据原始凭证所反映的经济业务，按规定的复式记账方法和会计科目编制会计分录，以确保账簿记录的准确性。因为原始凭证只表明经济业务的具体内容，不能反映其归类的会计科目和记账方向，不能据以直接入账，而且原始凭证名目繁多，其格式、大小也不尽一致。为了做到分类反映经济业务的内容，必须按会计核算方法的要求，使其归类、整理为能据以入账的形式，指明应记入的账户的名称以及应借、应贷的金额。

记账凭证和原始凭证同属于会计凭证，但二者存在以下差别：

（1）原始凭证是由经办人员填制，记账凭证一律由会计人员填制。

（2）原始凭证是根据发生或完成的经济业务填制，记账凭证是根据审核后的原始凭证填制。

（3）原始凭证仅用以记录、证明经济业务已经发生和完成，记账凭证是根据会计科目对已经发生或完成的经济业务进行归类、整理。

（4）原始凭证是填制记账凭证的依据，记账凭证是登记账簿的依据。

二、记账凭证的分类

（一）按记账凭证的用途分为专用记账凭证、通用记账凭证

1. 专用记账凭证

专用记账凭证是按经济业务事项的某种特定属性定向使用的凭证，通常采用的收款凭证、付款凭证和转账凭证就是这类记账凭证。

（1）收款凭证。收款凭证专门用于登记现金和银行存款收入的业务，一般根据有关现金和银行存款收入业务的原始凭证填制，是登记现金日记账、银行存款日记账以及有关明细账和总账等账簿的依据。实际工作中，出纳人员应将会计管理人员或指定人员审核批准的收款凭证，作为记录货币资金的收入依据。出纳人员根据收款凭证收款时（尤其是收入现金时），要在凭证上加盖“收讫”戳记以避免差错。收款凭证一般按现金和银行存款分别编制，其格式如表6-10、表6-11所示。

（2）付款凭证。付款凭证专门用于登记现金和银行存款支出的业务，一般根据有关现金和银行存款支付业务的原始凭证填制，是登记现金日记账、银行存款日记账以及有关明细账和总账等账簿的依据。实际工作中，出纳人员应将会计主管人员或指定人员审核批准的付款凭证，作为记录货币资金支出并付出货币资金的依据。出纳人员根据付款凭证付款时，要在凭证上加盖“付讫”戳记，以免重付。付款凭证一般也按现金和银行存款分别编制，其格式如表6-12、表6-13所示。

表6-10 收款凭证

借方科目	库存现金

出纳编号：016-3

2013年5月16日

凭证编号：现收14

摘 要	贷方科目		金额										记账
	总账科目	明细科目	千	百	十	万	千	百	十	元	角	分	符号
废旧物资收入款	营业外收入	废旧物资收入						4	2	0	0	0	
	合计金额						¥	4	2	0	0	0	

附单据 张

会计主管（签章） 记账（签章） 制单（签章） 出纳（签章） 交款人（签章）

表 6-11　收款凭证

借方科目	银行存款

出纳编号：021-1

2013 年 5 月 21 日

凭证编号：银收 10

摘　要	贷方科目		金额										记账
	总账科目	明细科目	千	百	十	万	千	百	十	元	角	分	符号
收回林特公司前欠货款	应收账款	林特公司				6	0	0	0	0	0	0	
结算方式及票号	支票 0987653 号	合计金额			¥	6	0	0	0	0	0	0	

附单据　张

会计主管（签章）　记账（签章）　制单（签章）　出纳（签章）　交款人（签章）

表 6-12　付款凭证

贷方科目	库存现金

出纳编号：018-4

2013 年 5 月 16 日

凭证编号：现付 23

摘　要	借方科目		金额										记账
	总账科目	明细科目	千	百	十	万	千	百	十	元	角	分	符号
总务部张山预借出差旅费	其他应收款	张山						8	0	0	0	0	
	合计金额						¥	8	0	0	0	0	

附单据　张

会计主管（签章）　记账（签章）　稽核（签章）　制单（签章）　出纳（签章）　交款人（签章）

表 6-13　付款凭证

贷方科目	银行存款

出纳编号：024-3

2013 年 5 月 24 日

凭证编号：银付 17

摘　要	借方科目		金额										记账
	总账科目	明细科目	千	百	十	万	千	百	十	元	角	分	符号
以支票偿还前欠振达公司货款	应付账款	振达公司				4	0	0	0	0	0	0	
结算方式及票号	支票 3864852 号	合计金额			¥	4	0	0	0	0	0	0	

附单据　张

会计主管（签章）　记账（签章）　稽核（签章）　制单（签单）　出纳（签章）　交款人（签章）

（3）转账凭证。转账凭证专门用于登记现金和银行存款收付业务以外的转账业务，一般根据有关转账业务的原始凭证填制，是登记有关明细账和总账等账簿的依据，其格式如表6-14所示。

表6-14　转账凭证

2013年5月13日　　　　　　凭证编号：转字9

摘　要	总账科目	明细科目	✓	借方金额								✓	贷方金额								
				十	万	千	百	十	元	角	分		十	万	千	百	十	元	角	分	附单据
销售产品冲减中华公司的预收款	预收账款	中华公司			1	8	0	0	0	0	0										
	主营业务收入													1	8	0	0	0	0	0	
																					张
合　计				¥	1	8	0	0	0	0	0		¥	1	8	0	0	0	0	0	

财务主管（签章）　记账（签章）　出纳（签章）　审核（签章）　制单（签章）

2．通用记账凭证

通用记账凭证是指各类经济业务事项共同使用的凭证，也称标准凭证，主要适用于业务比较简单、业务量较少的单位。这时，记账凭证不再区分收款、付款及转账业务，而是将经济业务统一编号，在同一格式的凭证中进行记录。通用记账凭证的格式与转账凭证基本相同，其格式如表6-15所示。

表6-15　通用记账凭证

2013年5月31日　　　　　　凭证编号：记字014号

摘　要	总账科目	明细科目	✓	借方金额										✓	贷方金额										
				千	百	十	万	千	百	十	元	角	分		千	百	十	万	千	百	十	元	角	分	附单据
从中华公司购入甲材料	在途物资	甲材料					6	0	0	0	0	0	0												
	银行存款																	6	0	0	0	0	0	0	
																									张
合　计						¥	6	0	0	0	0	0	0				¥	6	0	0	0	0	0	0	

财务主管（签章）　记账（签章）　出纳（签章）　审核（签章）　制单（签章）

（二）按记账凭证的填制方法分为复式记账凭证、单式记账凭证和汇总记账凭证

1．复式记账凭证

复式记账凭证是将一项经济业务事项所涉及的各有关会计科目都集中填制的凭证。前

述各种记账凭证都是复式记账凭证。复式记账凭证的优点是能够集中反映账户之间的对应关系，可以减少凭证的数量。缺点是不便于汇总每一会计科目的发生额和进行分工记账。

2. 单式记账凭证

单式记账凭证是按一项经济业务事项所涉及的各个会计科目分别填制的凭证。单式记账凭证将一项经济业务所涉及的会计科目及其对应关系通过借项记账凭证、贷项记账凭证分别予以反映，所以单式记账凭证又称单项记账凭证。采用单式记账凭证的优点是便于同时汇总计算每一会计科目的发生额，也便于分工记账。缺点是不便于反映经济业务事项的全貌，不便于查账。一般适用于业务量较大、会计部门分工较细的会计主体。

3. 汇总记账凭证

汇总记账凭证是将许多同类记账凭证逐日或定期（3 天、5 天、10 天）加以汇总后填制的凭证。如将收款凭证、付款凭证或转账凭证按一定的时间间隔分别汇总，编制汇总收款凭证、汇总付款凭证或汇总转账凭证。还可以将一段时间的记账凭证按相同会计科目的借方和贷方分别汇总，编制记账凭证汇总表。

根据记账凭证所编制的汇总记账凭证、科目汇总表等，也属于记账凭证的范畴。它们在会计实务中的作用，是为了简化登记总分类账的工作，汇总记账凭证及科目汇总表的格式和编制方法将在第十章专门介绍。

另外，为了简化凭证的填制手续，自制的原始凭证汇总表可用以代替记账凭证，作为记账依据。这种凭证实际上是原始凭证和记账凭证相结合的凭证，又称为联合凭证。以自制原始凭证代替记账凭证时，应当在凭证格式中预先印制应借、应贷科目专栏，或在凭证上为应借、应贷科目预留空白。

三、记账凭证的基本要素

记账凭证主要是用来将经济信息转换成会计信息，对经济业务进行分类核算的凭证。它可以根据每项经济业务编制，即根据每项经济业务的原始凭证编制，也可以根据若干项同类经济业务编制，即根据同类原始凭证汇总编制。记账凭证有多种形式，但作为确定会计分录和进行款项收付、账簿记录的依据，必须反映经济业务归类核算的项目、填制依据以及有关人员的责任。所以根据《会计基础工作规范》规定，记账凭证必须具备下列基本要素：

- 记账凭证的名称，如“收款凭证”、“付款凭证”、“转账凭证”；
- 填制记账凭证的日期；
- 记账凭证的编号；
- 经济业务事项摘要；
- 经济业务所涉及的会计科目（包括一级科目、二级科目或明细科目）、记账方向；
- 经济业务的金额；
- 记账标记；

- 所附原始凭证的张数；
- 会计主管人员、记账人员、审核人员、出纳人员、制单等有关人员的签名或印章。

四、记账凭证的填制要求

根据《会计法》和《会计基础工作规范》规定，填制记账凭证应当符合下列要求：

（1）记账凭证必须根据审核无误的原始凭证填制。

（2）记账凭证应当具备的基本要素都应当具备。

（3）记账凭证可以根据每张原始凭证填制，也可以根据若干张同类原始凭证汇总编制，或者根据原始凭证汇总表填制，但不得将不同内容和类别的原始凭证汇总填制在一张记账凭证上。

（4）记账凭证应当连续编号，目的是分清会计事项处理的先后顺序，便于记账凭证与会计账簿之间核对，确保记账凭证完整。记账凭证编号的方法有多种，可以按收款、付款、转账三类业务或现金收付、银行存款收付和转账三类业务分别编号，也可以按现金收入、现金支出、银行存款收入、银行存款支出和转账五类进行编号，或者将转账业务按照具体内容再分成几类编号。一笔经济业务事项需要填制两张或者两张以上记账凭证的，可以采用分数编号法，如1号会计事项分录需要填制三张记账凭证，就可编成$1\frac{1}{3}$、$1\frac{2}{3}$、$1\frac{3}{3}$号。

（5）除结账和更正错误等外，记账凭证必须附有原始凭证并注明所附原始凭证的张数。所附原始凭证张数的计算，一般以原始凭证的自然张数为准。与记账凭证中的经济业务事项记录有关的每张证据都应当作为原始凭证的附件。如果记账凭证中附有原始凭证汇总表，则应该把所附原始凭证和原始凭证汇总表的张数一起计入附件的张数之内。但报销差旅费等零散票券，可以粘贴在一张纸上，作为一张原始凭证。一张原始凭证如涉及几张记账凭证的，可以将该张原始凭证附在一张主要的记账凭证后面，在其他记账凭证上注明该主要记账凭证的编号或者附上该原始凭证的复印件。

（6）一张原始凭证所列的支出需要由两个以上的单位共同负担时，应当由保存该原始凭证的单位开具原始凭证分割单给其他应负担的单位。原始凭证分割单必须具备原始凭证的基本内容，包括凭证的名称，填制凭证的日期，填制凭证单位的名称或填制人的姓名，经办人员的签名或盖章，接受凭证单位的名称，经济业务事项的内容、数量、单价、金额和费用的分担情况等。

（7）正确使用改错方法。填制记账凭证时如果发现错误，应当重新填制。已经登记入账的记账凭证在当年内发现错误的，可以用红字冲销法进行更正。如果会计科目没有错误，只是金额错误，可以按正确数字同错误数字之间的差额，另编一张调整记账凭证。如果发现以前年度的记账凭证有错误的，应当用蓝字填制一张更正的记账凭证。

（8）实行会计电算化的单位，其机制记账凭证应当符合记账凭证的一般要求。打印出来的机制记账凭证上要加盖制单人员、审核人员、记账人员和会计机构负责人（会计主管人员）的印章或者签字，以明确责任。

（9）填制完经济业务事项后的记账凭证，如有空行，应当在金额栏目自最后一笔金额数字下空行处至合计数上的空行处画斜线注销。

五、记账凭证的审核

记账凭证是登记账簿的直接依据。为了确保账簿记录准确，监督款项收付，全面提供会计信息，应严格按照要求填制记账凭证，同时要由专人对已经填制的记账凭证严格审核。只有经审核无误的记账凭证，才能作为记账的依据。记账凭证审核主要包括以下几项内容。

1. 真实性审核

真实性审核主要是审核记账凭证是否有原始凭证为依据，所附原始凭证张数及其内容是否与记账凭证一致，记账凭证汇总表的内容与其所依据的记账凭证的内容是否一致等。根据执行的会计制度、会计方针及会计准则的规定，审核记账凭证所确定的会计分录是否合规、合法，也就是要求审核人员必须根据记账凭证所附原始凭证的经济内容，按照会计核算方法的要求，审核会计分录的编制（主要是确定会计科目及其金额）是否准确无误，同时审核记账凭证是否附有审核无误的原始凭证。

2. 完整性审核

根据记账凭证的要素，逐项审核记账凭证的填写是否齐全，如日期、凭证编号、摘要、会计科目、金额、所附原始凭证张数及有关人员签章等。

3. 正确性审核

正确性审核主要是：

（1）审核科目是否正确，即应借、应贷会计科目是否正确，是否有明确的账户对应关系，所使用的会计科目是否符合国家统一的会计制度的规定等。

（2）审核金额是否正确，即审核记账凭证所记录的金额与原始凭证的有关金额是否一致，计算是否正确，记账凭证汇总表的金额与记账凭证的金额合计是否相符等。

（3）审核书写是否正确，即审核记账凭证中的记录是否文字工整、数字清晰，是否按规定进行更正。

此外，出纳人员在办理收款或付款业务后，应在凭证上加盖“收讫”或“付讫”的戳记，以免重复收付。

第四节 会计凭证的传递和保管

一、会计凭证传递的作用

会计凭证的传递是指会计凭证从编制时起到归档时止，在单位内部各有关部门及人员之间的传递程序和传递时间。为了能够利用会计凭证正确及时地反映各项经济业务，提供会计信息，发挥会计监督的作用，必须正确、及时地进行会计凭证的传递，不得积压。

正确组织会计凭证的传递，对于及时处理和登记经济业务，明确经济责任，实行会计监督，具有重要作用。从一定意义上讲，会计凭证的传递起着在单位内部经营管理各环节之间协调和组织的作用。会计凭证传递程序的科学与否，说明该企业管理的科学程度。其主要作用如下所述。

1. 有利于完善经济责任制度

经济业务的发生或完成及记录，是由若干责任人共同负责、分工完成的，会计凭证作为记录经济业务、明确经济责任的书面证据，体现了经济责任制度的执行情况。公司、企业会计制度可以通过会计凭证传递程序和传递时间的规定，进一步完善经济责任制度，使各项业务的处理顺利进行。

2. 有利于及时进行会计记录

从经济业务的发生到账簿登记有一定的时间间隔，通过会计凭证的传递，会计部门能尽早了解经济业务发生和完成情况，会计部门内部的凭证传递，能使有关人员及时记录经济业务，进行会计核算，实行会计监督。

二、会计凭证传递的组织

为了充分发挥会计的作用，必须合理组织会计凭证的传递。合理组织会计凭证的传递是会计管理制度的重要方面，也是经济管理的重要组成部分。会计凭证的传递是否科学、严密、有效，对于加强企业内部管理，提高会计信息质量具有重要的影响。

各种记账凭证所记载的经济业务内容不同，涉及的部门和人员不同，办理的经济业务手续也不尽一致。组织会计凭证传递，必须遵循内部牵制原则，力求做到及时反映、记录经济业务。

1. 内部牵制原则与制度

内部牵制原则是建立内部牵制制度的基本准则，主要是指办理经济业务的各项手续制度要相互制约、相互监督。内部牵制制度是单位内部的一项管理制度，是指单位的领导、各职能部门、基层机构及其人员之间，在处理各项经济业务时相互联系、相互制约的管理制度体系。通过其相互联系、相互制约的关系，达到控制和管理经济活动的目的。

2. 内部牵制制度的建立

建立单位的内部牵制制度，必须结合单位内部管理的特点及要求，必须符合内部牵制的基本准则。内部牵制制度的基本准则主要包括以下三个方面的内容：

- 各职能部门及其人员的职权和责任必须划分清楚；
- 各职能部门及其人员按办理经济业务程序，明确各自的手续制度；
- 明确各职能部门及其人员之间的相互联系。

内部牵制制度特别强调相互制约的关系，要求在处理各项经济业务时，应由多人负责，共同完成，并相互制约，防止一人包办，尤其要钱、物、账分管，同时建立复核查对制度。

3. 会计凭证传递的实施

组织会计凭证的传递，还必须根据办理经济业务手续所需的时间，规定会计凭证在各环节的停留时间，保证经济业务及其记录的顺利进行。

各单位在制定会计凭证的传递程序，规定其传递时间时，应该注意考虑以下几点。

（1）根据各单位的经济业务的特点、企业内部机构组织、人员分工情况以及经营管理的需要，从完善内部牵制制度的角度出发，规定各种会计凭证的联次及其流程，使经办业务的部门及其人员及时办理各种凭证手续，既符合内部牵制原则，又提高工作效率。

（2）根据有关部门和人员办理经济业务的必要时间，同相关的部门和人员协商制定会计凭证在各经办环节停留时间，以便合理确定办理经济业务的最佳时间，及时反映、记录经济业务的发生和完成情况。

（3）在会计凭证传递过程中，若遇有不合理的环节，应根据实际情况及时加以修正，确保会计凭证传递程序的合理化、制度化和传递时间的节约。

如制造企业入库单首先是由仓库有关人员在材料验收入库时填制一式若干联。其中第一联仓库留做原始凭证，登记仓库材料保管的账簿；第二联由仓库传递到有关业务部门，如采购部门，使采购部门了解到该项采购业务所购进的材料已经入库，以便其掌握库存材料的动向；第三联由仓库传递到会计部门，使会计部门从价值方面掌握库存材料。会计部门据此记录材料的增加，进行会计核算。入库单也可以按其他途径传递。无论按何种途径传递，都应该保证它经过必要的环节，在每个环节停留必要的时间。

三、会计凭证的保管

会计凭证的保管是指会计凭证记账后的整理、装订、归档和存查工作。会计凭证作为记账的依据，是重要的会计档案之一，应妥善整理保管，防止丢失，不得任意销毁。其主要要求有：

（1）会计凭证应定期装订成册，防止散失。会计部门在依据会计凭证记账后，应定期（每天、每旬或每月）对各种会计凭证进行分类整理，将各种记账凭证按照编号顺序，连同所附的原始凭证一起加具封面、封底，装订成册，并在装订线上加贴封签，由装订人员在装订线封签处签名或盖章。

（2）会计凭证封面应注明单位、凭证种类、凭证张数、起止号数、年份、月份、会计主管人员、装订人等有关事项。会计人员和保管人员应在封面上签章。会计凭证封面的格式如表 6-18 所示。

表 6-16 会计凭证封面

<table>
<tr><td rowspan="5">年

月
份

第

册</td><td colspan="2">（企业名称）</td></tr>
<tr><td>收款</td><td>年 月 共××册第××册</td></tr>
<tr><td>付款</td><td>凭证第××号至××号共××张</td></tr>
<tr><td>转账</td><td>附：原始凭证××张</td></tr>
<tr><td>会计主管：</td><td>保管：</td></tr>
</table>

（3）会计凭证应加贴封条，防止抽换凭证。前已所述原始凭证不得外借，其他单位如有特殊原因确实需要使用时，可以复制。向外单位提供的原始凭证复制件，应在专设的登记簿上登记，并由提供人与收取人共同签名、盖章。

（4）原始凭证较多时，可单独装订，但应在凭证封面注明所属记账凭证的日期、编号和种类，同时在所属的记账凭证上注明“附件另订”及原始凭证的名称和编号，以便查阅。

（5）每年装订完成的会计凭证，在年度终了可暂由单位财会部门保管一年，期满后原则上应移交档案机构保管。未设立档案机构的，应当在会计机构内部指定专人保管。注意：出纳人员不得兼管会计档案保管工作。

（6）严格遵守会计凭证保管期限要求。1999年1月1日起施行的《会计档案管理办法》规定：原始凭证、记账凭证和汇总凭证保管15年，银行存款余额调节表保管5年。保管期满的会计凭证可按规定程序销毁。但保管期满未结清的债权债务原始凭证和涉及其他未了事项的原始凭证，不得销毁，应当单独抽出立卷，保管到未了结事项完结为止。

思考题

1．什么是会计凭证？正确填制和严格审核会计凭证有什么作用？

2．会计凭证分为哪几类？有什么区别？

3．对原始凭证的填制和审核有哪些具体要求？

4．对记账凭证的填制和审核有哪些具体要求？

5．正确、合理地组织会计凭证的传递有什么作用？

6．整理、保管会计凭证的要求是什么？

实训题

实训目的：练习编制记账凭证。

实训资料：某企业2006年8月份发生下列经济业务（注：以下计价均不含税）：

（1）8月4日，收到A公司归还前欠货款10 000元，存入银行；

（2）8月9日，向B工厂购入甲材料20 000元，增值税税率17%，货款以商业承兑汇票支付，材料已验收入库；

（3）8月11日，从银行提取现金26 000元；

（4）8月16日，销售一批甲产品，计价16 000元，增值税税率17%，收入现金全部送存银行；

（5）8月22日，车间领甲材料9 000元用以生产甲产品；

（6）8月23日，管理人员王某出差回来，报销差旅费1 115元，交回现金135元；

（7）8月26日，销售给C公司一批乙产品，计价17 100元，增值税税率17%，货款未收；

（8）8 月 29 日，以银行存款支付电费 620 元，水费 240 元。

实训要求：

（1）根据上列经济业务，确定应编制的记账凭证的种类；

（2）根据上列经济业务编制记账凭证。

CHAPTER 7

第七章　会计账簿

本章要点

- 会计账簿的意义和种类
- 会计账簿的基本要素
- 日记账与分类账的设置与登记
- 启用账簿、登记账簿、更正错账的规则
- 对账和结账

本章内容简述

会计账簿就是依据经济业务编制了记账凭证之后，还需要将经济业务记入适当的账户中进行分类反映和核算的一种工具。本章主要介绍有关会计账簿的基本原理，目的是使学生了解账簿的种类、每种账簿设置的基本原理、设置和登记各种会计账簿的方法，能够更正账簿记录的错误，能够进行对账和结账工作。

第一节　会计账簿概述

一、会计账簿的意义

填制与审核会计凭证，可以将每天发生的经济业务如实、正确地记录下来，明确其经济责任。但会计凭证数量繁多，信息分散，缺乏系统性，不便于会计信息的整理与报告。为了全面、系统、连续地核算和监督单位的经济活动及其财务收支情况，应设置会计账簿。

会计账簿（简称账簿）是由一定格式、相互联系的账页所组成，是以会计凭证为依据，用来全面、系统、连续地记录一个单位各项经济业务事项的会计簿籍。它是会计信息的主要载体之一，也是会计资料的重要组成部分。

依法设置会计账簿是单位进行会计核算的最基本要求。所有实行独立核算的国家机关、社会团体、公司、企业、事业单位和其他组织都必须依法设置、登记会计账簿，保证其真实、完整。

设置和登记账簿，是编制财务报表的基础，是连接会计凭证与财务报表的中间环节，在充分发挥会计在经济管理中的作用方面，具有重要的意义：

（1）通过账簿的设置和登记，记载、存储会计信息。将会计凭证所记录的经济业务一一记入有关账簿，可以全面反映会计主体在一定时期内所发生的各项资金运动，储存所需要的各项会计信息。

（2）通过账簿的设置和登记，分类、汇总会计信息。账簿由不同的相互关联的账户所构成。通过账簿记录，一方面可以分门别类地反映各项会计信息，提供一定时期内经济活动的详细情况；另一方面可以通过发生额、余额计算，提供各方面所需要的总括会计信息以及反映财务状况及其经营成果的综合价值指标。

（3）通过账簿的设置和登记，检查、校正会计信息。账簿记录是会计凭证信息的进一步整理。如在永续盘存制下，通过有关盘存账户余额与实际盘点或核查结果的核对，可以确定财产的盘盈或盘亏，并根据实际结存数调整账簿记录，做到账实相符，提供如实、可靠的会计信息。

（4）通过账簿的设置和登记，编表、输出会计信息。为了反映一定日期的财务状况及一定时期的经营成果，应定期进行结账工作，进行有关账簿之间的核对，计算出本期发生额和余额，据以编制财务报表，向有关各方提供所需要的会计信息。

二、设置账簿的原则

会计主体必须根据自身的业务特点及其经营管理的需要，设置相应的账簿体系以及具体的账簿。各单位的具体情况不同，经营管理的要求不同，账簿设置的方法也不尽相同。设置账簿作为会计核算方法的重要内容之一，应遵循下列三项原则：

- 确保全面、系统核算各项经济业务，为经营管理提供系统、分类的会计核算资料；
- 在满足实际需要的前提下，尽量节约人力、物力；
- 账簿格式力求简明实用，提供经营管理所需要的各项经济指标。

三、账簿的种类

（一）账簿按用途不同可分为序时账簿、分类账簿和备查账簿

1. 序时账簿

序时账簿又称日记账，它是按经济业务事项发生的时间先后顺序，逐日逐笔地进行登记的账簿。按其记录的内容不同，又分为普通日记账和特种日记账两种：

（1）普通日记账是用来登记全部经济业务发生情况的日记账，通常把每天发生的经营业务，按照业务发生的先后顺序，编成会计分录记入账簿中，以此作为连续登记分类账的依据，所以又称其为分录日记账。

（2）特种日记账只把重要的项目按经济业务发生的先后顺序记入日记账中，反映某个特定项目的详细情况。例如为了加强货币资金的管理，单设现金日记账和银行存款日记账，就是为了提供现金和银行存款收付情况的详细资料而设置的特种日记账。

在会计实务中，为了简化记账的手续，大多数企业一般只设现金日记账和银行存款日记账，而不设转账日记账和普通日记账。现金日记账和银行存款日记账的一般格式如表7-1、表7-2所示。

表 7-1　现金日记账

年		凭证		摘要	对方科目	借方	贷方	余额
月	日	字	号					
				上年结转				200.00
1	2	银付	1	提取备用金	银行存款	600.00		800.00
	2	现付	1	王永报差旅费	管理费用		580.68	219.32
	2	银付	2	提现备发工资	银行存款	80 000.00		80 219.32
	2	现付	2	发放工资	应付职工薪酬		80 000.00	219.32
	2	现收	1	收大兴公司包装物押金	其他应付款	4 000.00		4 219.32
				本日小计		84 600.00	80 580.68	

表 7-2　银行存款日记账

年		凭证		摘要	对方科目	结算凭证		借方	贷方	余额
月	日	字	号			种类	号数			
				上年结转						1 200 000.00
1	2	银付	1	提取现金备用	现金	现支	067		600.00	1 199 400.00
	2	银付	2	提现备发工资	现金	现支	068		80 000.00	1 119 400.00
	2	银付	3	送存销货款	主营业务收入	进账单	001	200 000.00		1 319 400.00
	2	银付	4	支付运费	销售费用	转支	986		500.00	1 318 900.00
	2	银付	5	支付采购款	在途物资	托收承付凭证	00696		160 000.00	1 158 900.00
				本日小计				200 000.00	241 100.00	

2. 分类账簿

分类账簿又称分类账，是对全部经济业务按照会计要素的具体类别而设置的分类账户进行登记的账簿。它又分为总分类账簿和明细分类账簿。

（1）总分类账簿，又称总分类账，并简称总账，它是根据总分类科目开设，用于记录和反映全部经济业务总括核算资料的分类账簿。总分类账的一般格式如表 7-3 所示。

表 7-3　总分类账

会计科目：应收账款　　　　　　　　　　　　　　　　　　第　页

×年		凭证		摘要	借方	贷方	借或贷	余额
月	日	字	号					
				期初余额			借	40 000.00
7	10	汇	1	汇总××号——××号凭证	60 000.00	30 000.00		
	20	汇	2	汇总××号——××号凭证	80 000.00	70 000.00		
	31	汇	3	汇总××号——××号凭证	50 000.00	40 000.00	借	90 000.00
				本月合计	190 000.00	140 000.00		

（2）明细分类账簿，又称明细分类账，简称明细账，它是根据总账科目设置，按其所属的明细科目开设，用于记录某一类经济业务明细核算资料的分类账。其格式见本章第二节。

分类账簿和序时账簿的作用不同，序时账簿能提供连续、系统的信息，反映企业资金运动的全貌；分类账簿是按照经营与决策的需要而设置的账户，归集并汇总各类信息，反映资金运动的各种状态、形式及其构成。在账簿组织中，分类账簿占有特别重要的地位。小型经济单位，由于业务简单，总分类账户不多，为简化核算，可将序时账簿与分类账簿结合起来，设置联合账簿。

3. 备查账簿

备查账簿又称辅助账簿，它是对某些不能在序时账簿和分类账簿等主要账簿中予以登记或登记不详的经济业务进行补充登记的账簿，目的是为某些经济业务的经营决策提供必要的参考资料。如租入固定资产备查簿，是用来登记那些以经营租赁方式租入、不属于本企业财产、不能记入本企业固定资产账户的机器设备。应收票据贴现备查簿是用来登记本企业已经贴现的应收票据，由于尚存在着票据付款人到期不能支付票据款项而使本企业产生连带责任的可能性（即负有支付票款的连带义务），而这些应收票据已不能在企业的序时账簿中或分类账簿中反映，所以要备查登记。备查账簿不一定在每个单位都设置，应根据各单位的实际需要确定。备查账簿没有固定格式，可由各单位根据管理的需要自行设计，也可以使用分类账的账页格式。

（二）账簿按格式不同可分三栏式账簿、多栏式账簿和数量金额式账簿

1. 三栏式账簿

它是指采用借方、贷方、余额三个主要栏目的账簿。总分类账、日记账和部分明细账一般采用三栏式格式。其格式如表 7-4 所示。

表 7-4 总分类账

账户名称：

年		凭证		摘要	借方	贷方	借或贷	余额
月	日	种类	编号					

2. 多栏式账簿

它是指采用一个借方栏目、多个贷方栏目或一个贷方栏目、多个借方栏目的账簿。成本计算账户、收入账户、费用账户等一般采用多栏式格式。其格式如表 7-5 所示。

表 7-5 制造费用明细账

年		凭证		摘要	借方					贷方	余额
月	日	种类	编号		职工薪酬	折旧费	办公费	……	合计		

3. 数量金额式账簿

它是指采用数量与金额双重记录的账簿。数量金额式账簿的格式如表 7-6 所示。

表 7-6 原材料明细账

材料类别：

材料名称： 数量单位：

年		凭证		摘要	收入			发出			结存		
月	日	种类	编号		数量	单价	金额	数量	单价	金额	数量	单价	金额

（三）账簿按外形不同可分为订本账、活页账和卡片账

（1）订本账是在启用前进行顺序编号并固定装订成册的账簿。订本账一般用于现金日记账、银行日记账和总分类账。它的优点是可以防止账页的散失和非法抽换；缺点是账页固定后，不便于分工记账，也不能根据记账需要增减账页。

（2）活页账是把账页装订在账夹内，可以随时增添或取出账页的账簿。这种账簿的优点是可以根据需要增添或重新排列账页，并且可以同时分工记账；缺点是账页容易丢失和被抽换。采用活页账，平时应按账页顺序编号，并在会计期末装订成册。装订完毕后，应按实际账页数顺序编号，并加目录。这种账簿主要用于一般的明细分类账。

（3）卡片账是由专门格式、分散的卡片作为账页组成的账簿。这种账簿一般用卡片箱装置，可以随取随放，它实际上也是一种活页账。卡片账除具有一般活页账的优缺点外，它还不需每年更换，可以跨年度使用。“固定资产明细账”一般采用这种形式，少数企业在材料核算中也使用材料卡法。

第二节 会计账簿的登记

一、会计账簿的基本要素

各种账簿所记录的经济内容不同，账簿的格式又多种多样，不同账簿格式所包括的具体内容也不尽一致，但各种账簿应具备一些基本要素，这些基本要素主要包括以下三项内容。

1. 封面

封面主要标明账簿名称，如总分类账、材料物资明细账、债权债务明细账等。

2. 扉页

扉页主要列明科目索引及账簿启用和经管人员一览表，一般将科目索引列于账簿最前面，将账簿启用和经管人员一览表列于科目索引之后。活页账、卡片账装订成册后，填写账簿启用和经管人员一览表。其一般格式如表 7-7、表 7-8 所示。

表 7-7 科目索引

页数	科目	页数	科目	页数	科目	页数	科目

表 7-8 账簿启用和经管人员一览表

账簿名称：________ 单位名称：________

账簿编号：________ 账簿册数：________

账簿页数：________ 启用日期：________

会计主管： 记账人员：

移交日期			移交人		接管日期			接管人		会计主管	
年	月	日	姓名	签章	年	月	日	姓名	签章	姓名	签章

3. 账页

账页是账簿的主要内容，其格式因记录经济业务的内容的不同而有所不同，但基本内容应包括以下六个方面：

- 账户名称（总分类账户、二级账户或明细账户）；
- 登账日期栏；
- 凭证种类和号数栏；
- 摘要栏（简要说明所记录经济业务的内容）；
- 金额栏（记录经济业务引起账户发生额或余额增减变动的数额）；
- 总页次和分户页次。

二、记账规则

（一）启用账簿的规则

账簿是重要的会计档案。为了确保账簿记录的合规和完整，明确记账责任，在启用账簿时，应在账簿封面上写明单位名称和账簿名称。在账簿扉页上应附"账簿启用和经管人员一览表"，其内容包括：启用日期、账簿页数、记账人员和会计主管人员姓名，并加盖人名章和单位公章。记账人员或会计人员调动工作时，应注明交接日期、接办人员和监交人员姓名，由交接双方签名或盖章。

（二）登记账簿的规则

账簿作为重要的会计档案资料和会计信息主要储存工具，必须按规定的方法，依据审核无误的记账凭证进行登记。进行账簿登记，一般应遵循下列几项规则：

（1）准确完整。登记账簿时，将会计凭证日期、编号、业务内容摘要、金额和其他有关资料逐项记入账内，做到数字准确，摘要清楚，登记及时，字迹工整。

（2）注明记账符号。登记完毕后，要在会计凭证上签名或盖章，并注明已经登账的符号（如“✓”），表示已经记账，避免重记或漏记。

（3）书写留空。账簿中书写的文字和数字上面要留适当空距，不要写满格，一般占$\frac{1}{2}$格，这样如果发生登记错误时，能比较容易地更正，同时也方便查账。

（4）正常记账使用蓝黑墨水。为了保持账簿记录的持久性，防止涂改，登记账簿时必须使用蓝黑或黑色墨水笔书写。不得使用圆珠笔（银行的复写账簿除外）或铅笔书写，但下列情况可用红色墨水记账：

- 按照红字冲账的记账凭证，冲销错误记录。
- 在不设借贷等栏的多栏式账页中，登记减少数。
- 在三栏式账户的余额栏前，如未印明余额的方向，在余额栏内登记负数余额。
- 会计制度中规定用红字登记的其他记录。

（5）顺序连续登记。各种账簿必须按页次顺序连续登记，不得跳行、隔页。如果发生跳行、隔页，应将空行、空页画对角线注销，或注明“此行空白”或“此页空白”字样，并由记账人员和会计机构负责人（会计主管）签名或盖章。

（6）结出余额。凡需要结出余额的账户，结出余额后，应在“借”或“贷”等栏内写明“借”或“贷”等字样，以示余额方向；没有余额的账户，应在“借或贷”等栏内写“平”字，并在余额栏内用“0”表示。现金日记账和银行存款日记账必须逐日结出余额。

（7）过次承前。每一账页登记完毕结转下页时，应结出本页合计数及余额，写在本页最后一行和下页第一行有关栏内，并在本页的摘要栏内注明“转次页”字样，在次页的摘要栏内注明“承前页”字样，目的是保持账簿记录的连续性，便于对账和结账。

（8）不得刮擦涂改。如发生账簿记录错误，不得刮擦、挖补或用退色药水更改字迹，应采用规定的方法更正。

（三）账簿的设置与登记

一）普通日记账

普通日记账是逐日序时登记全部经济业务的账簿，又称分录簿。普通日记账一般分为“借方金额”和“贷方金额”两栏，登记每一分录的借方账户和贷方账户及金额。这种账簿不结余额。注意用这种格式登记经济业务所涉及的账户名称要分两行或多行排列，先借后贷，借贷方账户要错开。编制普通日记账时，可根据经济业务直接登记，然后再将普通日记账过入分类账。因此，设普通日记账一般不再做记账凭证。

对于规模较小、经济业务不多的企业，使用普通日记账程序简便，也可以满足业务需要。其优点是：

（1）便于了解企业在一定时间内发生的所有经济业务全貌；

（2）把每一经济业务的应借应贷账户的名称、金额放到一起，并结合该项业务的摘要，可以比较容易地发现记账错误；

（3）通过全月发生额合计，可以进行试算平衡。

使用普通日记账的缺点是：

（1）记账时不便于分工合作；

（2）无法了解某一特定账户的发生额及余额的变化情况；

（3）过账的工作量大。

根据上述普通日记账的特点，如果企业规模较大、业务量较多且复杂，就不宜设置普通日记账。

二）特种日记账

常用的特种日记账是现金日记账和银行存款日记账。除此之外，有的单位设置转账日记账，有的商业企业还设置购货日记账和销货日记账。

1. 现金日记账

现金日记账是由出纳人员根据审核无误的现金收、支凭证序时逐笔登记的账簿。一般是指现金收支日记账，如进一步细分，可以分为现金收入日记账和现金支出日记账。

现金日记账的格式，如表 7-1 所示，它的基本结构为“借方”、“贷方”和“余额”三栏。出纳人员在每日业务终了，应将收、支款项逐笔登记，并结出余额，同实存现金相核对，借以检查每日现金的收、支、存情况及库存现金限额的执行情况。

现金收入日记账的格式，如表 7-9 所示；现金支出日记账的格式，如表 7-10 所示。它们一般采用多栏式。其结构要点是：现金收入要按对应科目，将金额记入有关的“贷方科目”栏内，同时加记收入合计栏；现金支出要按对应科目，将金额记入有关的“借方科目”栏内，同时加记支出合计栏；每日终了要将现金支出日记账的“支出合计”登入现金收入日记账的“支出合计”栏，并结出余额，填入余额栏。

表 7-9　现金（银行存款）收入日记账

第　页

年		收款凭证		摘要	贷方科目						收入合计	支出合计	余额
月	日	字	数										

表 7-10 现金（银行存款）支出日记账

第　页

年		付款凭证		摘要	结算凭证		借方科目					
月	日	字	数		种类	号数						支出合计

2. 银行存款日记账

银行存款日记账是由出纳人员根据审核无误的银行存款收、付凭证序时逐笔登记的账簿。一般是指银行存款收、付日记账，如进一步细分，可以分为银行存款收入日记账和银行存款付出日记账。

银行存款日记账的格式，与现金日记账相同，可以采用三栏式，也可以采用多栏式，格式与表 7-2、表 7-9、表 7-10 相似。银行存款日记账应按存款种类分别设置结算户存款、信用证存款等账簿。如有外币银行存款，应按不同的币种和开户银行分别设置日记账。

三）分类账的设置与登记

分类账有总分类账和明细分类账两类。

1. 总分类账

总分类账也称总账，它是按总分类账户（会计科目）进行分类登记的账簿。总分类账能全面地、总括地反映和记录经济业务引起的资金运动和财务收支情况，并为编制财务报表提供数据。因此，每一单位都必须设置总分类账。总分类账的格式如表 7-11 所示。它一般采用三栏式账页，业务简单、账户设置较少的企业也可采用按全部账户开设账页。

表 7-11 总分类账

账户名称：

年		凭证		摘要	借方	贷方	借或贷	余额
月	日	种类	编号					

总分类账可以按记账凭证逐笔进行登记，也可按记账凭证汇总表进行登记，还可按转账凭证汇总表和多栏式现金、银行存款日记账在月末时汇总登记，这根据企业采用的账务处理程序不同而定，有关内容将在第十章中详细讨论。

2. 明细分类账

明细分类账也称明细账，它是按明细分类账户（子目或细目）进行分类登记的账簿。明细分类账能分类详细地反映和记录资产、负债、所有者权益、费用、成本、收入和成果的各种资料，它也能为编制财务报表提供一定的资料。

明细账的格式应根据各单位经营业务的特点和管理需求来确定，常用的有：三栏式明细分类账、数量金额式明细分类账、多栏式明细分类账和平行式明细分类账等多种格式。

（1）三栏式明细分类账。三栏式明细账的格式同总分类账的格式基本相同，它只设借方、贷方和余额三个金额栏，不设数量栏。这种账适用于采用金额核算的应收账款、应付账款等账户的明细核算。

（2）数量金额式明细分类账。数量金额式明细分类账的格式如表 7-12 所示。它在借方（收入）、贷方（发出）、余额（结存）三栏内再分别设置“数量”、“单价”、“金额”等栏目，以分别登记实物的数量和金额。

表 7-12　原材料明细账

材料类别：　　　　　　　　　　　　　　　　　编号：
品名或规格：　　　　　　　　　　　　　　　　存放规定：
储备定额：　　　　　　　　　　　　　　　　　计量单位：

年		凭证		摘要	收入			发出			结存		
月	日	种类	编号		数量	单价	金额	数量	单价	金额	数量	单价	金额

数量金额式明细分类账适用于既要进行金额明细核算，又要进行数量明细核算的财产物资项目。如“原材料”、“库存商品”等账户的明细核算。它能提供各种财产物资收入、发出、结存等的数量和金额资料，满足开展业务和加强管理的需要。此外，为满足管理上的要求，在账页的上端，另外设计了一些必要的项目，以便管理者掌握一些需要的资料。

（3）多栏式明细分类账。多栏式明细分类账的格式视管理需要而呈多种多样。它在一张账页上，按明细科目分设若干专栏，集中反映有关明细项目的核算资料。

如管理费用明细账（如表 7-13 所示），它在借方栏下可分设若干专栏，如“职工薪酬”、“差旅费”、“折旧费”、“办公费”、“工会经费”等。企业发生的管理费用借记本科目；分配结算时，贷记本科目。本科目月末应无余额。这类账多用于关于费用、成本、收入、成果类科目的明细核算。

表 7-13　管理费用明细账

年		凭证号	摘要	借方							贷方	余额
月	日			职工薪酬	差旅费	折旧费	办公费	工会经费	……	合计		

（4）平行式明细分类账。平行式明细分类账也称横线登记式明细分类账。它的结构特点是：将前后密切相关的经济业务在同一横行内进行详细登记，以检查每笔经济业务完成及变动情况。该种账一般用于材料采购及委托银行收款等明细分类账，如表7-14所示。

表7-14 材料采购明细分类账

材料名称或类别： 第 页

年		凭证	摘要	借方金额			年		凭证	摘要	贷方金额
月	日	号码		买价	采购费用	合计	月	日	号码		

（四）错账更正

如果发现账簿记录有错误，应按规定的方法进行更正，不得涂改、挖补或用消字液消除字迹。更正错误的方法有三种。

1. 画线更正

画线更正，又称红线更正。如果发现账簿记录有错误，而其所依据的记账凭证没有错误，即纯属记账时文字或数字的笔误，应采用画线更正的方法进行更正。更正的方法是：将错误的文字或数字画一条红色横线注销，但必须使原有字迹仍可辨认，以备查考；然后，在画线的上方用蓝字或黑字将正确的文字或数字填写在同一行的上方位置，并由更正人员在更正处盖章，以明确责任。

采用画线更正法进行错账更正时应注意：对于文字差错，可只画去错误的部分，不必将与错字相关联的其他文字画去；但对于数字差错，应将错误的数额全部画线，不得只更正错误数额中的个别数字。

2. 红字更正

红字更正，又称红字冲销。在会计上，以红字记录表明对原记录的冲减。红字更正适用于以下两种情况：

（1）根据记账凭证所记录的内容记账后，发现记账凭证中的应借、应贷会计科目或记账方向有错误，且记账凭证同账簿记录的金额相吻合，应采用红字更正法。更正方法是：先用红字金额填制一张与原错误记账凭证内容完全相同的记账凭证，并据以用红字登记入账，冲销原有错误的账簿记录；然后，再用蓝字或黑字填制一张正确的记账凭证，据以用蓝字或黑字登记入账。

采用红字更正法更正错账时应注意：若错误的记账凭证是采用复式记账凭证，一个科目运用发生错误，也必须根据复式记账原理，将原有错误记账凭证全部冲销，以反映更正原错误凭证的内容，不得只用红字填制更正单个会计科目的单式记账凭证；在采用单式记账凭证的情况下，应只用红字填制更正单个会计科目的单式记账凭证。下面举例说明采用复式记账凭证情况下，更正错账的方法。

【例 7–1】

某企业生产车间生产产品直接耗用一批材料，价值 4 000 元。该企业的会计分录为：

借：制造费用 4 000

　贷：原材料 4 000

该项分录应借记“生产成本”科目。在更正时，应用红字金额编制如下记账凭证进行更正：

借：制造费用 [4 000]

　贷：原材料 [4 000]

根据更正错账的记账凭证以红字金额记账，表明已全部冲销原有错误记录，然后用蓝字或黑字填制如下正确分录，并据以登记入账：

借：生产成本 4 000

　贷：原材料 4 000

（2）根据记账凭证所记录的内容记账以后，发现记账凭证中应借、应贷的会计科目、记账方向都没有错误，记账凭证和账簿记录的金额相吻合，只是所记金额大于应记的正确金额，应采用红字更正法。更正的方法是，将多记的金额用红字填制一张与原错误记账凭证所记载的借贷方向、应借、应贷会计科目相同的记账凭证，并据以登记入账，以冲销多记金额，求得正确金额。

【例 7–2】

生产产品领用材料 800 元，在填制记账凭证时，误记金额为 8 000 元，但会计科目、借贷方向均无错误，其错误记账凭证所反映的会计分录为：

借：生产成本 8 000

　贷：原材料 8 000

在更正时，应用红字金额 7 200 元编制如下记账凭证进行更正：

借：生产成本 [7 200]

　贷：原材料 [7 200]

根据更正错误的记账凭证以红字金额记账后，即可反映其正确金额为 800 元。

如果记账凭证所记录的文字、金额与账簿记录的文字、金额不符，应首先采用画线法更正，然后用红字冲销法更正。

采用红字更正法进行错账更正时应注意：不得以蓝字或黑字金额填制与原错误记账凭证记账方向相反的记账凭证去冲销错误记录或冲销原错误金额，因为蓝字或黑字记账凭证反方向记载的会计分录反映某些特殊经济业务，而不反映错账更正的内容。如编制蓝字或黑字记账凭证借记“银行存款”，贷记“管理费用”，反映已支付的费用款项又收回，而借记“原材料”，贷记“生产成本”，反映已领用的材料退库。尽管这样记录也能使记账的结余数额与实际情况相符，但这不能表明更正错误记录的内容，这样的分录也无法附上与分录内容相吻合的原始凭证，所以，很容易使人们产生误解。如上述分录中，无法取得收款依据，也无法取得收款凭证，但发现以前年度的错误后，因错误的账簿记录已经在以前会计年度终了进行结账或决算，不可能再将已经决算的数字进行红字冲销，这时只能用蓝字或黑字凭证对除文字以外的一切错账进行更正，并在更正凭证上特别注明“更正××年度错账”的字样。

3. 补充登记

补充登记，又称蓝字补记。根据记账凭证所记录的内容记账以后，发现记账凭证中应借、应贷的会计科目和记账方向都没有错误，记账凭证和账簿记录的金额相吻合，只是所记金额小于应记的正确金额，应采用补充登记法。更正的方法是：将少记的金额用蓝字或黑字填制一张与原错误记账凭证所记载的借贷方向、应借应贷会计科目相同的记账凭证，并据以登记入账，以补记少记金额，求得正确金额。

【例7–3】

以银行存款支付前欠货款10 000元，但误记为1 000元，少记了9 000元。

借：应付账款　　1 000

　贷：银行存款　　1 000

在更正时，应用蓝字或黑字编制如下记账凭证进行更正：

借：应付账款　　9 000

　贷：银行存款　　9 000

根据更正错误的记账凭证以蓝字或黑字记账后，即可反映其正确的金额为10 000元。

如果记账凭证中所记录的文字、金额与账簿记录的文字、金额不符，应首先采用画线法更正，然后用补充登记法更正。

（五）总分类账同明细分类账的平行登记规则

总分类账是根据总分类科目开设，用以提供总括指标的账簿；明细分类账是根据明细分类科目开设，用以提供明细指标的账簿。在总分类账中进行的核算，称为总分类核算（简称总核算）；在明细分类账中进行的核算，称为明细分类核算（简称明细核算）。明细分类核算可以提供更加具体及详细的会计信息指标。各单位在进行总分类核算的同时，应根据管理的需要，进行必要的明细分类核算。总分类账和明细分类账都是用以提供会计核算指标的，但从其提供指标之间的关系考虑，总分类账对其所属的明细分类账起着统驭和控制的作用，可称之为统驭账户；明细分类账对其总分类账起着补充和说明的作用，可称之为从属账户。会计实务中，并不是任何总分类账户都要分设明细分类账户，因为有些账户没有必要进行明细核算，没有设明细分类账户的总分类账户不能称之为统驭账户。

总分类账户与其所属的明细分类账户所反映的会计事项是相同的，登账时所依据的是同一原始凭证，分别以总括指标和详细指标的形式反映同一项内容。为了使总分类账与其所属的明细分类账之间能起到统驭与补充的作用，便于账户核对，并确保核算资料的正确、完整，必须采用平行登记的方法，在总分类账及其所属的明细分类账中进行记录。平行登记是指经济业务发生后，根据会计凭证，一方面要登记有关的总分类账户，另一方面要同时登记该总分类账所属的各有关明细分类账户。关于平行登记规则，本书中第三章第三节已阐述，在此不再赘述。

会计账簿的分类如图 7-1 所示。

- 会计账簿
  - 按用途分类
    - 序时账簿
      - 普通日记账
      - 特种日记账
        - 现金日记账
        - 银行存款日记账
    - 分类账簿
      - 总分类账
      - 明细分类账
        - 三栏式明细分类账
        - 数量金额式明细分类账
        - 多栏式明细分类账
        - 平行式明细分类账
    - 备查账簿
  - 按格式分类
    - 三栏式账簿
    - 多栏式账簿
    - 数量金额式账簿
  - 按外形分类
    - 订本账
    - 活页账
    - 卡片账

图 7-1　会计账簿的分类

第三节　对账和结账

一、对账

对账就是在有关经济业务入账以后，进行账簿记录的核对。

在会计工作中，由于种种原因，难免发生记账、计算等差错，也难免出现账实不符的现象。为了确保账簿记录的正确性、完整性、真实性，在有关经济业务入账之后，必须进行账簿记录的核对。对账工作是为保证账证相符、账账相符和账实相符的一项检查性工作。

对账分为日常核对和定期核对两种。日常核对是指会计人员在编制会计凭证时，对原始凭证和记账凭证进行审核；在登记账簿时，对账簿记录与会计凭证进行核对。定期核对是指在期末结账前，对凭证、账簿记录等进行核对。

对账工作一般分三个方面进行：一是账证核对，二是账账核对，三是账实核对。

1. 账证核对

账证核对是将各种账簿（总分类账、明细分类账以及现金和银行存款日记账等）的记录与有关会计凭证（记账凭证及其所附的原始凭证）相核对。这种核对主要是在日常编制凭证和记账过程中进行。会计凭证是登记账簿的依据，账证核对主要检查登账中的错误。核对时，应核对账簿记录与原始凭证、记账凭证的时间、凭证字号、内容、数量、金额等是否一致，记账方向是否相符，做到账证相符。

2. 账账核对

账账核对是在账证核对的基础上，对各种账簿之间的有关指标进行核对。主要包括：

- 核对总分类账簿的记录。总分类账簿各账户期初余额、借方期末余额、本期发生额和期末余额之间存在对应平衡关系，各账户的期末借方金额合计和贷方金额合计也存在平衡关系。
- 总分类账簿与所属明细分类账簿核对。总分类各账户期末余额应与其所属的各明细分类账的期末余额之和相符。
- 总分类账簿与序时账簿核对。如现金日记账必须每天与库存现金核对相符，银行存款日记账也必须定期与银行对账。此外还应该检查库存现金总账和银行存款总账的期末余额与现金日记账和银行存款日记账的期末余额是否相符。
- 明细分类账簿之间相核对。会计部门各种财产物资明细分类账期末余额与财产物资保管和使用部门的有关财产物资明细分类账期末余额核对相符。核对的方法是由财产物资保管部门或使用部门定期编制收发结存汇总表报会计部门核对。

3. 账实核对

账实核对是在账账核对的基础上，将各种财产物资的账面余额与实存数额相核对。主要包括：现金日记账账面余额与库存现金实际数额相核对；银行存款日记账账面余额与开户银行对账单余额相核对；各种财产物资明细账账面余额与财产物资实有数额相核对；有关债权债务明细账账面余额与对方单位的账面记录相核对。账实核对，一般要结合财产清查进行。有关财产清查的内容、方法等将在本章第五节中专门介绍。

二、结账

（一）结账的意义

结账就是在会计期末计算并结转各账户的本期发生额和期末余额。

各会计期间内所发生的经济业务，于该会计期间全部登记入账并对账以后，即可通过账簿记录了解经济业务的发生和完成情况，但管理上需要掌握各会计期间的经济活动情况及其结果，并相应编制各会计期间的财务报表。而根据会计凭证将经济业务记入账簿后，还不能直观地获得所需的各项数字资料，必须通过结账方式，把各种账簿记录结算清楚，才能提供所需的各项信息资料。

会计分期一般实行日历制，月末进行计算，季末进行结算，年末进行决算。结账于各会计期末进行，所以，可以分为月结、季结和年结。

（二）结账的程序和内容

1. 结账的程序

（1）将本期发生的经济业务全部登记入账，并保证其正确性。

（2）根据权责发生制的要求，调整有关账项，合理确定本期应计的收入和应计的费用。

具体包括以下两类：

- 应计收入和应计费用的调整。应计收入是指那些已在本期实现，因款项未收到而未登记入账的收入。企业发生的应计收入，主要是本期已经发生且符合收入确认标准，但尚未收到相应款项的商品或劳务。对于这类调整事项，应确认为本期收入，借记“应收账款”科目，贷记“主营业务收入”科目。应计费用是指那些已在本期发生，因款项未付而未登记入账的费用。如企业发生的本期已经受益应付而未付利息费用。由于这些费用已经发生，应当在本期确认为费用，借记“管理费用”、“财务费用”等科目，贷记“应付利息”等科目。
- 收入分摊和成本分摊的调整。收入分摊是指企业已经收取有关款项，但未完成或未全部完成销售商品或提供劳务，需要在期末按本期已完成的比例，分摊确认本期已实现收入的金额，并调整以前预收款项时形成的负债。如企业销售商品预收订金、提供劳务预收佣金。在收到预收收入时，应借记“银行存款”等科目，贷记“预收账款”等科目；在以后提供商品或劳务、确认本期收入时，进行期末账项调整，应借记“预收账款”等科目，贷记“主营业务收入”等科目。成本分摊是指企业的支出已经发生，能使若干个会计期间收益，为正确计算各个会计期间的盈亏，将这些支出在其收益的会计期间进行分配，如企业已经支出，应由本期和以后各期负担的预付账款，应借记“预付账款”等科目，贷记“银行存款”等科目。在会计期末进行账项调整时，借记“制造费用”等科目，贷记“预付账款”等科目。

（3）将损益类科目转入“本年利润”科目，结平所有损益类科目。

（4）结算出资产、负债和所有者权益类科目的本期发生额和余额，并结转下期。

2. 结账的内容

结账的内容通常包括两个方面：一是结清各损益类账户，并据以计算确定本期利润；二是结清各资产、负债和所有者权益账户，分别结出本期发生额和余额。

（三）结账的方法

（1）对不需要按月结计本期发生额的账户，如各种应收应付款明细账和各项财产物资明细账等，每次记账以后，都要随时结出余额，每月最后一笔余额即为期末余额。换句话说，月末余额就是本月最后一笔经济业务记录的同一行内余额。对于这类账户月末结账时，只需要在最后一笔经济业务记录之下通栏画单红线，不需要再结计一次余额。

（2）库存现金、银行存款日记账和需要按月结计发生额的收入、费用等明细账，每月结账时，要在最后一笔经济业务记录下面通栏画单红线，结出本月发生额和余额，在摘要栏内注明“本月合计”字样，在下面通栏画单红线。

（3）需要结计本年累计发生额的某些账户，每月结账时，应在“本月合计”行下结出自年初起至本月末止的累计发生额，登记在月份发生额下面，在摘要栏内注明“本年累计”字样，并在下面通栏画单红线。12 月末的“本年累计”就是全年累计发生额，全年累计发生额下通栏画双红线。

（4）总分类账户平时只需要结出月末余额，年终结账时，为了总括地反映全年各项资金增减变化的全貌，核对账目，要将所有总账账户结出全年发生额和年末余额，在摘要栏内注明“本年合计”字样，并在合计栏数下通栏画双红线。

应当注意的是：年度终了结账时，有余额的账户，要将其余额结转下年，并在摘要栏内注明“结转下年”字样。在下一会计年度新建有关会计账户的第一行余额栏内填写上年结转的余额，并在摘要栏内注明“上年结转”字样。也就是说，将有余额的账户的余额直接记入新账余额栏内，不需要编制记账凭证，也不需要将余额再记入本年账户的借方或贷方，使本年有余额的账户的余额变为零。否则容易混淆有余额的账户和没有余额的账户之间的区别。

结账的具体方法如表 7-15 所示。

表 7-15　总分类账

会计科目：库存商品　　　　第　页

××年		凭证		摘要	借方	贷方	借或贷	余额
月	日	种类	号数					
1	1			年初余额			借	25 200
				（月中略）				
1	31			1 月发生额及余额	19 200	16 200	借	28 200
				（月中略）				
2	28			2 月发生额及余额	10 200	17 800	借	20 600
				（月中略）				
3	31			3 月发生额及余额	7 200	7 800	借	20 000
3	31			第 1 季度发生额及余额	36 600	41 800	借	20 000
～～～								
12	31			本年发生额和余额	124 200	131 404	借	17 996
	31			年初余额	25 200			
	31			结转下年		17 996		
				合　计	149 400	149 400	平	—

注：┈┈┈表示单红线　═══表示双红线　～～～表示省略

若由于会计制度改变而需要在新账中改变原有账户名称及其核算内容的，可将年末余额按新会计制度的要求编制余额调整分录，或编制余额调整工作底稿，将调整后的账户余额抄入新账的有关账户余额栏内。

第四节　账簿的更换与保管

一、会计账簿的更换

为了清晰地反映各个会计年度的财务状况和经营成果，每个会计年度开始时，一般都要启用新账，并把上年度的会计账簿归档保管。

现金日记账、银行存款日记账、总分类账及明细分类账都要每年更换新账，但固定资产明细账或固定资产卡片可以继续使用，不必每年更换新账。

各种需要更换的账簿，在进行年终结账时，各账户的年末余额都要直接抄入新账的有关账户中。因会计制度改变而需要变更账户名称及其核算内容的，应在上年度结账时，编制余额调整分录，按本会计年度的账户名称、核算内容，将上年度有关账户的余额进行合并或分解，结出新账中应列出的余额，然后再过渡到新账中的各有关账户。或者在上年度结账后，通过编制余额调整工作底稿的方式将上年度有关账户余额分解、归并为本年度有关账户的余额，然后开设本年度新账，将余额抄入有关账户第一行并标明余额方向，同时在摘要栏内注明“上年结转”或“年初余额”字样。上年末编制的余额调整分录，应与上年度会计凭证一并归档保管，编制的余额调整工作底稿应与上年度的账簿一并归档保管。过入新账的有关账户余额的转让事项，无须再编制转让分录。

二、会计账簿的保管

会计账簿是重要的会计资料，并且有些是需要保密的，因此，必须建立严格的账簿保管制度，妥善保管会计账簿。对会计账簿的管理包括以下几个方面的内容：

（1）各种会计账簿要分工明确，指定专人管理。账簿经管人员既要负责记账、对账、结账等工作，又要负责保管会计账簿，使其安全、完整。

（2）会计账簿未经领导和会计机构负责人或者有关人员批准，非经管人员不得随意翻阅查看、摘抄和复制等。

（3）会计账簿除需要与外单位核对外，一般不得携带外出，对需要携带外出的账簿，通常由经管人员负责或会计主管人员指定专人负责。

（4）会计账簿不得随意交给其他人员管理，以保证账簿安全，防止任意涂改、毁坏账簿等行为的发生。

各类凭证和账簿保管期限要求如表 7-16、表 7-17 所示。

表 7-16　企业会计档案保管期限

序　号	档案名称	保管期限	备　注
一	会计凭证类		
1	原始凭证	15 年	
2	记账凭证	15 年	

续表

序号	档案名称	保管期限	备注
3	汇总凭证	15年	
二	会计账簿类		
4	总账	15年	包括日记总账
5	明细账	15年	
6	日记账	15年	现金和银行存款日记账保管25年
7	固定资产卡片		固定资产报废清理后保管5年
8	辅助账簿	15年	
三	财务报告类		包括各级主管部门汇总财务报告
9	月、季度财务报告	3年	包括文字分析
10	年度财务报告（决算）	永久	包括文字分析
四	其他类		
11	会计移交清册	15年	
12	会计档案保管清册	永久	
13	会计档案销毁清册	永久	
14	银行余额调节表	5年	
15	银行对账单	5年	

表7-17 企业会计档案保管期限

序号	档案名称	保管期限			备注
		财政总预算	行政单位事业单位	税收会计	
一	会计凭证类				
1	国家金库编送的各种报表及进退库凭证	10年		10年	
2	各收入机关编送的报表	10年			
3	行政单位和事业单位的各种会计凭证		15年		包括：原始凭证、记账凭证和传票汇总表
4	各种完税凭证和交、退库凭证			15年	交款书存根联在销号后保管2年
5	财政总预算拨款凭证及其他会计凭证	15年			包括：拨款凭证和其他会计凭证
6	农牧业税结算凭证			15年	

续表

序号	档案名称	保管期限			备注
		财政总预算	行政单位事业单位	税收会计	
二	会计账簿类				
7	日记账			15年	
8	总账	15年	15年	15年	
9	税收日记账（总账）和税收票证分类出纳账		25年		
10	明细分类、分户账或登记簿		15年	15年	
11	现金出纳账、银行存款账		25年	25年	
12	行政单位和事业单位固定资产明细账（卡片）				固定资产报废清理后保管5年
三	财务报告类				
13	财政总预算	永久			
14	行政单位和事业单位决算	10年	永久		
15	税收年报（决算）	10年		永久	
16	国家金库年报（决算）	10年			
17	基本建设拨、贷款年报决算	10年			
18	财政总预算会计旬报	3年			所属单位报送的保管2年
19	财政总预算会计月、季度报表	5年			所属单位报送的保管2年
20	行政单位和事业单位会计月季度报表	5年			所属单位报送的保管2年
21	税收财务报表（包括票证根数）			10年	电报保管1年，所属税务机关报送的保管3年
四	其他类				
22	会计移交清册	15年	15年	15年	
23	会计档案保管清册	永久	永久	永久	
24	会计档案销毁清册	永久	永久	永久	

思考题

1．设置账簿和登记账簿有什么意义？

2．设置账簿应遵循哪些原则？

3．简述会计账簿的种类。

4．简述三栏式现金、银行存款日记账的登记。

5．简述明细账各种格式及其适用范围。

6．简述登记账簿的规则。

7．简述错账的更正方法及其适用范围。

8．何谓对账？对账包括哪些内容？

9．何谓结账？简述结账的程序、内容和方法。

实训题

1．**实训目的**：练习登记银行存款和现金日记账。

实训资料：某工厂7月31日银行存款日记账余额为150 000元，现金日记账余额为1 500元。8月上旬发生下列银行存款和现金收付业务：

（1）1日，投资者投入现金12 500元，存入银行（银收801号）；

（2）1日，以银行存款5 000元归还短期借款（银付801号）；

（3）2日，以银行存款10 000元偿付应付账款（银付802号）；

（4）2日，以现金500元存入银行（现付801号）；

（5）3日，用现金暂付职工差旅费400元（现付802号）；

（6）3日，从银行提取现金1 000元备用（银付803号）；

（7）4日，收到应收账款25 000元，存入银行（银收802号）；

（8）5日，以银行存款20 000元支付购买材料款（银付804号）；

（9）5日，以银行存款5 000元支付购入材料运费（银付805号）；

（10）6日，从银行提取现金9 000元，准备发放工资（银付806号）；

（11）6日，用现金9 000元发放职工工资（现付803号）；

（12）7日，以银行存款支付本月电费900元（银付807号）；

（13）8日，销售一批产品，货款25 875元存入银行（银收803号）；

（14）9日，用银行存款支付销售费用205元（银付808号）；

（15）10日，用银行存款上交销售税税金1 750元（银付809号）。

实训要求：登记银行存款日记账和现金日记账，并结出10日的累计余额。

2．**实训目的**：进行错账更正。

实训资料：某企业在对账时发现下列账务记录错误：

（1）结算本月应付工资，其中生产工人工资为2 000元，管理人员工资为560元，原编记账凭证为：借：生产成本2 000元，管理费用560元，贷：应付职工薪酬2 560元。登记账簿时，将“管理费用”误记为650元。

（2）生产产品领用材料800元，原编记账凭证为：借：制造费用800元，贷：原材料

800 元，账簿照记。

（3）收到购货单位偿还上月所欠货款 1 250 元，原编记账凭证为：借：银行存款 1 200 元，贷：应收账款 1 200 元，账簿照记。

（4）用银行存款支付所欠供货单位货款 850 元，原编记账凭证为：借：应付账款 580 元，贷：银行存款 580 元，账簿照记。

实训要求：分别用适当的方法予以更正，编制会计分录。

3．**实训目的**：进行错账更正。

实训资料：华夏公司在月末结账前，经对账发现以下错误：

（1）支付本月总部水电费 96 000 元，记账凭证如下，并已登账，登账时账簿登为 69 000 元。

借：管理费用　　96 000
　贷：银行存款　　96 000

（2）收到应收账款 50 000 元存入银行，记账凭证误编如下，并已登账。

借：银行存款　　50 000
　贷：应付账款　　50 000

（3）生产车间一般领用原材料，价值 10 000 元，记账凭证误编如下，并已登账。

借：制造费用　　1 000
　贷：原材料　　1 000

实训要求：按规定的更正方法进行更正。

（1）指出错误之处，注明更正方法、更正步骤。

（2）编制更正的会计分录。

CHAPTER 8

第八章　财产清查

本章要点

- 财产清查的意义和种类
- 财产清查的基本方法
- 财产物资的盘存制度
- 财产清查结果的账务处理

本章内容简述

通过第六章会计凭证和第七章会计账簿的学习，我们已经掌握了填制、审核会计凭证和登记账簿的基本原理与方法，但在实际工作中，由于各种自然或人为因素的影响，往往会使账面数额与实存数额发生差异，即造成账实不符。为了正确掌握各项财产的真实情况，保证账实相符，必须在账簿记录的基础上，正确地运用财产清查的方法，查明账实不符的情况和原因，以便明确责任，调整账簿记录，做到账实相符，从而使财务报表的编制依据真实可靠。

第一节　财产清查概述

一、财产清查的意义

财产清查，是指通过对货币资金、实物资产和往来款项的盘点或核对，确定其实存数，查明账存数与实存数是否相符的一种专门方法。

保证财务信息资料的真实性，是对会计核算最重要的质量要求。只有会计信息真实，才能起到会计核算应有的作用。因此，在整个会计核算过程中，一定要严格按规范的程序和方法进行。但是，由于种种主客观原因，往往会出现某些财产物资实存数与账存数不符的现象。究其原因主要有：财产物资的自然损耗；计量器具失灵；收发差错；会计凭证或会计账簿的漏记、重记、错记或计算错误；不法分子的营私舞弊、贪污盗窃；自然灾害等非常损失等。上述原因都可能使财产物资和债权债务等出现账实不符的情况。因此，必须进行财产清查，对各项财产物资和债权债务进行定期或不定期的盘点和核对，在账实相符的基础上编制财务报表。

通过财产清查，可以起到如下作用。

1. 确保核算资料真实可靠

通过财产清查，可以确定各项财产物资的实存数，与其账存数相核对，查明各项财产物资的账实是否相符，以及产生差异的原因，并及时调整账存记录，使其账实相符，从而保证会计账簿记录的真实性，保证会计信息的可靠性，为编制报表做好准备。

2. 健全财产物资的管理制度

造成账实不符的大部分原因，是企业管理上存在问题。出现财产物资的大量盘盈、盘亏，可能是企业财产管理不完善的一个信号。通过财产清查，可以发现财产管理上存在的问题，及时采取措施弥补经营管理中的漏洞，促使企业不断改进财产物资管理，落实经济责任制，健全和完善企业各项规章管理制度，确保财产物资安全、完整。

3. 促进财产物资安全完整及有效使用

在财产清查中，不仅要对财产物资进行账实核对，还要查明各种财产物资的储存和使用情况，储存不足的应及时补足，多余积压的应及时处理，吸取财产物资节约使用的经验和铺张浪费的教训。所以，通过财产清查，可以提高资金的使用效能，充分发挥财产物资的潜力，加速资金周转，避免损失浪费。

4. 保证结算制度的贯彻执行

在财产清查中，对于债权债务等往来结算账款，要与对方逐一核对清楚；对于各种应收、应付账款应及时结算；已确认的坏账要按规定处理，避免长期拖欠和长年挂账，共同维护结算纪律和商业信用。

二、财产清查的种类

财产清查种类很多，可以按不同的方法进行分类。主要分类有以下两种。

（一）按照清查对象的范围分类

财产清查按照清查范围的大小，可分为全面清查和局部清查。

1. 全面清查

全面清查就是对属于本单位或存放在本单位的所有财产物资、货币资金和各项债权债务进行全面盘点和核对。对资产负债表内所列的项目，要一一盘点、核对。全面清查的内容多，范围广，时间长，一般是在以下几种情况下，才需要进行全面清查。

（1）年终决算之前，要进行一次全面清查；

（2）单位撤销、合并或改变隶属关系时，要进行一次全面清查，以明确经济责任；

（3）中外合资、国内联营前，要进行全面清查；

（4）企业股份制改制前，要进行全面清查；

（5）开展全面的资产评估、清产核资等活动，需要进行全面清查，摸清家底，以便按需要组织资金的供应；

（6）单位主要领导调离工作时，要进行一次全面清查，以配合国家有关部门的关于出具单位主要领导离任审计报告的规定。

2. 局部清查

局部清查就是根据管理的需要或依据有关规定，对部分财产物资、债权债务进行盘点和核对。一般情况下，对于流动性较大的材料物资，除年度清查外，年内还要轮流盘点或重点抽查；对于各种贵重物资，每月都应清查盘点一次；对于现金，应由出纳人员当日清点核对；对于银行存款，每月要同银行核对一次；对各种应收账款，每年至少核对一至两次。局部清查范围小、内容少、时间短、参与人少，但专业性较强。

（二）按照清查的时间分类

财产清查按照清查时间是否事先有计划，可分为定期清查和不定期（临时）清查。

1. 定期清查

定期清查就是按事先计划安排的时间对财产物资、债权债务进行的清查。一般是在年度、季度、月份、每日结账时进行。例如，每日结账时，要对现金进行账实核对；每月结账时，要对银行存款日记账进行对账等。定期清查，可以是局部清查，也可以是全面清查。

2. 不定期清查

不定期清查是事先并无计划安排，而是根据实际需要所进行的临时性清查。一般是在以下几种情况下，才需要进行不定期清查。

（1）更换财产物资和现金的保管人员时，要对有关人员所保管的财产物资和现金进行清查，以分清经济责任；

（2）发生非常灾害和意外损失时，要对受灾损失的有关财产物资进行清查，以查明损失情况；

（3）单位撤销、合并或改变隶属关系时，应对本单位的各项财产物资、货币资金、债权债务进行清查，以摸清家底。

不定期清查，可以是局部清查，也可以是全面清查。

第二节　财产清查的方法

财产清查是一项涉及面比较广、工作量比较大，既复杂又细致的工作。因此，在进行财产清查前，必须有计划、有组织地进行各项准备工作，包括组织准备和业务准备，然后，才能按科学、合理的方法进行财产清查。

一、财产清查的一般程序

不同目的的财产清查，应按不同的程序进行，但就其一般程序来说，主要包括三个步骤。

（一）组织准备

财产清查，尤其是进行全面清查，涉及面较广，工作量较大，必须专门成立清查组织，具体负责财产清查的组织和管理。清查组织应由会计、业务、仓库等有关业务部门人员组成，并由具有一定权限的人员负责清查组织的各项工作。

（二）业务准备工作

为做好财产清查工作，会计部门和有关业务部门要在清查组织的指导下，做好各项业务准备工作。主要有：

（1）会计部门应在进行财产清查之前，将有关账簿登记齐全，结出余额，做好账簿准备，为账实核对提供正确的账簿资料。

（2）财产物资保管和使用等业务部门应登记好所经管的各种财产物资明细账，并结出余额。将所保管和使用的各种财产物资整理好，挂上标签，标明品种、规格和结存数量，以便盘点核对。

（3）准备好各种计量器具和有关清查登记用的表册。如“盘存表”、“实存账存对比表”、“未达账项登记表”等。

（三）实施财产清查

在做好各项准备工作以后，应由清查人员根据清查对象的特点，依据清查的目的，采用相应的清查方法实施财产清查。

在盘点财产物资时，财产物资的保管人员必须在场；在盘点现金时，出纳员必须在场。盘点时，要由盘点人员做好盘点记录；盘点结束，盘点人员应根据财产物资的盘点记录，编制“盘存表”，并由盘点人员、财产物资的保管人员及有关责任人签名盖章；同时，应根据有关账簿资料和盘存表资料填制“实存账存对比表”，据以检查账实是否相符，并根据对比结果调整账簿记录，分析差异原因，做出相应的处理。财产物资盘点表和实存账存对比表的一般格式如表 8-1、表 8-2 所示。

表 8-1　盘点表

单位名称：　　　　盘点时间：　　　　编号：
财产类别：　　　　存放地点：

编号	名称	计量单位	数量	单价	金额	备注

盘点人签章：　　　　保管人签章：

表 8-2　实存账存对比表

单位名称：　　　　年　　月　　日

<table>
<tr><td rowspan="3">编号</td><td rowspan="3">类别及名称</td><td rowspan="3">计量单位</td><td rowspan="3">单价</td><td colspan="2">实存</td><td colspan="2">账存</td><td colspan="4">对比结果</td><td rowspan="3">备注</td></tr>
<tr><td rowspan="2">数量</td><td rowspan="2">金额</td><td rowspan="2">数量</td><td rowspan="2">金额</td><td colspan="2">盘盈</td><td colspan="2">盘亏</td></tr>
<tr><td>数量</td><td>金额</td><td>数量</td><td>金额</td></tr>
<tr><td></td><td></td><td></td><td></td><td></td><td></td><td></td><td></td><td></td><td></td><td></td><td></td><td></td></tr>
</table>

单位负责人签章：　　　　填表人签章：

现金盘点结束，直接填制“现金盘点报告表”，由盘点人员、出纳人员及有关负责人签盖章，并据以调整账簿记录。现金盘点报告表的一般格式如表8-3所示。

表8-3 现金盘点报告表

单位名称：　　　　　　　　　　　　年　　月　　日

实存金额	账存金额	对比结果		备注
		盘盈	盘亏	

负责人签章：　　　　　　　盘点人签章：　　　　　　　出纳员签章：

在清查银行存款时，应将银行存款日记账同银行对账单逐日逐笔核对，将一方已经记账而另一方未入账的收付款事项填制“未达账项登记表”；对于开户银行实行计算机自动查询的各开户单位，应经常查对银行记录，及时登记“未达账项登记表”，并随时注销已经入账的“未达账项”。

固定资产在企业资产总额中占有较大比重，每年应至少清查一次。固定资产的清查首先应查明账实是否相符，防止固定资产的丢失，其次还要检查固定资产的使用和维护等方面的情况，保证企业合理有效地利用固定资产。固定资产的清查通常也采用实地盘点法的方法，将固定资产明细账的记录与固定资产实物逐一核对，并根据盘点结果编制“固定资产盘盈、盘亏报告表”，如表8-4所示。

表8-4 固定资产盘盈、盘亏报告表

单位名称：　　　　　　　　　　　　年　　月　　日

固定资产编号	固定资产名称	固定资产型号	盘盈		盘亏			备注
			数量	重置价值	数量	原价	已提折旧	

盘点人签章：　　　　　　　　　　　　　　　保管人签章：

对各种应收、应付款的清查，应采取询证核对法，即同对方核对账目的方法。在核对并确认了债权、债务后，清查人员应根据清查结果编制“往来款项清查报告单”。对于本单位与对方单位或个人有争议的款项、无法收回或无法支付的款项应当在报告中详细说明。往来款项清查报告单的一般格式如表8-5所示。

表 8-5　往来款项清查报告单

单位名称：　　　　　　　　　　　　　　　年　　月　　日

明细分类账户		清查结果		不符的原因分析				
单位名称	金额	相符	不符	未达账项	拖付款项	争执款项	无法收回	其他

记账人签章：　　　　　　　　　　　　　　　　清查人签章：

二、财产物质的盘存制度

在实际工作中，财产物资的核算方法因其采用的盘存制度不同而不同，财产物资的盘存制度有两种：永续盘存制和实地盘存制。单位可以根据经营管理的需要与财产物资品种的不同，分别采用不同的方法。

（一）永续盘存制

永续盘存制也称账面盘存制，是各项财产物资的收入和发出，都要根据会计凭证在有关账簿中逐笔、连续进行登记，并随时结出账面结存数额的一种管理制度。其计算公式为：

账面期末余额 ＝ 账面期初余额 ＋ 本期增加数 － 本期减少数

永续盘存制的优点在于财产的进出都有严密的手续，能从账簿资料中及时反映和掌握企业各项财产物资的增减与结存情况，有利于加强财产物资的管理。但由于要逐日逐笔登记账簿，当企业财产品种复杂、种类繁多时核算量相当大，可能因为某一环节的错误而造成账实不符，因此采用永续盘存制仍需要对财产实物进行定期或不定期的清查盘点，以查明账实是否相符，以及账实不符的原因，以便加强对各项财产物资的管理，保护财产物资的安全与完整。

企业除个别特殊情况外，一般应采用永续盘存制。现举例说明永续盘存制的应用方法。

【例 8-1】 某企业 2013 年 3 月甲材料的收、发、存资料如下：

（1）3 月 1 日，结存 300 千克，单价 10 元，金额 3 000 元；

（2）3 月 6 日，购进入库 150 千克，单价 10 元，金额 1 500 元；

（3）3 月 10 日，生产领用 200 千克，单价 10 元，金额 2 000 元；

（4）3 月 20 日，生产领用 100 千克，单价 10 元，金额 1 000 元；

（5）3 月 25 日，购进入库 200 千克，单价 10 元，金额 2 000 元。

根据上述资料，采用永续盘存制，甲材料的明细核算在账簿的记录如表 8-6 所示。

表 8-6 材料明细账

品名：甲材料　　　　数量单位：千克

年		凭证		摘要	收入			发出			结存		
月	日	字	号		数量	单价	金额	数量	单价	金额	数量	单价	金额
3	1			期初结存							300	10	3 000
3	6			购进	150	10	1 500				450	10	4 500
3	10			领用				200	10	2 000	250	10	2 500
3	20			领用				100	10	1 000	150	10	1 500
3	25			购进	200	10	2 000				350	10	3 500
3	31			本月发生额及余额	350	10	3 500	300	10	3 000	350	10	3 500

（二）实地盘存制

实地盘存制也称为以存计耗制，是平时只根据会计凭证登记各项财产物资的增加数（收入数），而不登记减少数（发出数），到月末结账时，对各项财产物资进行盘点，根据实地盘点的结存数，倒推出本月的减少数（发出数），并据以登记入账。其计算公式为：

账面期初余额 + 本期增加数 − 期末实际结存数 = 本期减少数

通过对比永续盘存制，可以得出实地盘存制的优点在于简化了平时的记录和核算工作，但手续不够严密，不能通过账簿记录随时掌握财产物资的收、发、结存情况。倒推出的数据不够精确，除正常耗用外，也可能包含物资的短缺与毁损等，不利于财产物资的管理和监督，也不容易发现管理中存在的问题，因此，它是一种不完善的财产物资管理制度，只适用于那些自然损耗大、数量比较稳定的鲜活商品，或少数价低、零星的物料用品，一般企业不宜采用。现举例说明实地盘存制的应用方法。

【例 8-2】以前例资料为依据，采用实地盘存制，期末经盘点，甲材料的结存数量为 350 千克，则甲材料的明细核算在账簿的记录如表 8-7 所示。

表 8-7 材料明细账

品名：甲材料　　　　数量单位：千克

年		凭证		摘要	收入			发出			结存		
月	日	字	号		数量	单价	金额	数量	单价	金额	数量	单价	金额
3	1			期初结存							300	10	3 000
3	6			购进	150	10	1 500						
3	25			购进	200	10	2 000						
3	31			盘点							350	10	3 500
3	31			本月发出				300	10	3 000			
3	31			本月发生额及余额	350	10	3 500	300	10	3 000	350	10	3 500

三、财产清查的一般方法

财产清查是确定其实存数，查明实存数与其账存数是否相符的一种专门方法。因此，进行财产清查，首先就要清查其实存数量和金额，确定其账存数量和金额，通过对实存数量和金额与其账存数量和金额进行比较，便可以查明实存数与其账存数是否相符。

（一）清查财产物资实存数的方法

对于各项财产物资实存数量的清查，一般采用实地盘点法或技术推算法。

1. 实地盘点法

实地盘点法是通过实地逐一点数或用计量器具确定实存数量的一种常用方法。如逐台清点有多少台机床，用秤计量库存了多少吨钢材等。

2. 技术推算法

技术推算法是通过技术推算确定实存数量的一种方法。对有些价值低、数量大的材料物资，如露天堆放的原煤、砂石等，不便于逐一过磅、点数的，可以在抽样盘点的基础上，进行技术推算，从而确定其实存数量。

（二）清查财产物资金额的方法

在清查对象的实存数量确定后，就要进一步确定其金额。有些财产物资没有实存数量，只有金额时，可直接确定其金额量。

对于各项财产物资实存金额的清查，一般采用账面价值法、评估确认法、协商议价法和函证核实法等。

1. 账面价值法

账面价值法是根据财产物资的账面单位价值来确定实存金额的方法，即根据各项财产物资的实存数量乘以账面单位价值，计算出各项财产物资的实存金额。至于账面价值又是如何确定的，将在后面介绍。

2. 评估确认法

评估确认法是根据资产评估的价值确定财产物资实存金额的方法。这种方法根据资产的特点，由专门的评估机构依据资产评估方法对有关的财产物资进行评估，以评估确认的价值作为财产物资实存金额。企业产权变动或国务院统一规定进行清产核资时，或发生抵押、担保等非产权变动，需要确定资产的实际价值时，必须对资产进行评估。

3. 协商议价法

协商议价法是根据涉及资产利益的有关各方，按照互惠互利原则，参考目前市场价格，协商确定财产物资的实存金额的方法。这种方法根据协商议价作为财产物资的价值，一般在企业联营投资或以资产对外投资时采用。

4. 函证核实法

函证核实法是依据账簿记录，以一定的查询方式，清查财产物资、货币资金、债权债务数量及其价值量的方法。这种方法根据查询结果进行分析，来确定有关财产物资、货币资金、债权债务的实物数量和价值量，适用于债权债务、出租出借的财产物资以及外埠存款的查询核实。

第三节 财产清查结果的账务处理

财产清查的种类不同，所采用的清查方法以及清查结果的账务处理也不同。在这里主要阐述编制报表前进行的财产清查及其账务处理。

（一）财产清查可能的结果

财产清查后，如果实存数与账存数一致，账实相符，不必进行账务处理。如果实存数与账存数不一致，会出现三种情况：当实存数大于账存数时，称为盘盈；当实存数小于账存数时，称为盘亏；当实存数虽与账存数一致，但实存的财产物资有质量问题，不能按正常的财产物资使用时，称为毁损。不论是盘盈、盘亏还是毁损，都需要进行账务处理，调整账存数，使账存数与实存数一致，保证账实相符。盘盈时，调整账存数增加，使其与实存数一致；盘亏或毁损时，调整账存数减少，使其与实存数一致。盘盈、盘亏或毁损等都说明企业在经营管理中、财产物资的保管中存在着一定的问题。因此，一旦发现账存数与实存数不一致时，应核准数字，并进一步分析形成差异的原因，明确经济责任，提出相应的处理意见。经规定的程序批准后，才能对差异进行处理。

（二）财产清查结果的财务处理程序

财产清查结果的财务处理分三步：

（1）根据已查明属实的财产盘盈、盘亏或毁损的数字编制“实存账存对比表”（如表8-2所示），填制记账凭证，据以登记有关账簿，调整账簿记录，使各项财产物资的实存数和账存数一致。

（2）待查清原因，明确责任以后，再根据审批后的处理决定文件，填制记账凭证，分别记入有关的账户。

（3）为了核算和监督财产清查结果的账务处理情况，需设置“待处理财产损溢”账户。该账户的借方先用来登记发生的待处理盘亏、毁损的金额。待盘亏、毁损的原因查明，并经审批后，再从该账户的贷方转入有关账户的借方。该账户的贷方先用来登记发生的待处理盘盈的金额，待盘盈的原因查明，并经审批后，再从该账户的借方转入有关账户的贷方。“待处理财产损溢”账户的结构如表8-8所示。

表8-8 待处理财产损溢

借 方	贷 方
发生额：发生的存货的盘亏和毁损数以及批准转销的盘盈数	发生额：发生的存货的盘盈数以及批准转销的盘亏和毁损数
处理前余额：反映企业尚未处理的各种存货的净损失	处理前余额：反映企业尚未处理的各种存货的净溢余

企业清查的各种财产的损益，应于期末前查明原因，并根据企业的管理权限，经股东大会或董事会，或经理（厂长）会议或类似机构批准后，在期末结账前处理完毕。因此，处理后本账户应无余额。

（三）财产清查结果的账务处理方法

财产清查的对象不同，清查结果的账务处理方法也不一样。

1. 现金清查结果的账务处理

为了保证现金的安全完整，企业应当按规定对库存现金进行定期和不定期的清查。进行现金的清查，一般采用实地盘点法。对于清查的结果，应当编制现金盘点报告单。如果有挪用现金、白条抵库的情况，应及时予以纠正；对于超限额留存的现金应及时送存银行。如果账款不符，发现有待查明原因的现金短缺或溢余，应先通过“待处理财产损溢”科目核算。按权限报经批准后，分以下情况进行处理：

（1）如为现金短缺，属于应由责任人赔偿或保险公司赔偿的部分，计入其他应收款；属于无法查明原因的，计入管理费用。

（2）如为现金溢余，属于应支付给有关人员或单位的，计入其他应付款；属于无法查明原因的，计入营业外收入。

2. 存货清查结果的账务处理

造成存货账实不符的原因是多种多样的，应根据不同情况作不同的处理。一般处理办法是：定额内的盘亏，应增加费用；责任事故造成的损失，应由过失人负责赔偿；非常事故，如自然灾害，在扣除保险公司赔款和残料价值后，经批准应列作营业外支出等。如果发生盘盈则一般冲减费用。

【例 8-3】

华强公司进行库存现金清查中发现短款 300 元，经查系出纳王平的责任。

批准前，根据“现金盘点报告表”编制如下会计分录：

借：待处理财产损溢——待处理流动资产损溢　　300

　贷：库存现金　　300

根据审批处理的意见，损失由王平负责赔偿。批准后编制如下会计分录：

借：其他应付款——王平　　300

　贷：待处理财产损溢——待处理流动资产损溢　　300

【例 8-4】

华强公司进行库存现金清查中发现长款 500 元，无法查明原因。

批准前，根据“现金盘点报告表”编制如下会计分录：

借：库存现金　　500

　贷：待处理财产损溢——待处理流动资产损溢　　500

根据审批处理的意见，作营业外收入处理。批准后编制如下会计分录：

借：待处理财产损溢——待处理流动资产损溢　　500

　贷：营业外收入　　500

【例 8–5】

华强公司根据“实存账存对比表”所列盘亏材料 3 000 元，编制记账凭证，调整材料账存数，其会计分录：

借：待处理财产损溢——待处理流动资产损溢　　3 000
　贷：原材料　　3 000

经查盘亏原因是：

① 定额内损耗为 1 500 元。

② 管理员过失为 100 元。

③ 非常事故损失为 1 400 元。保险公司同意赔款 1 000 元，残料作价 50 元入库。

经有关部门核准后，据此编制记账凭证，结转“待处理财产损溢”，其会计分录（单位：元）：

借：管理费用　　1 500
　　其他应收款——某管理员　　100
　　　　　　　——保险公司　　1 000
　　原材料　　50
　　营业外支出　　350
　贷：待处理财产损溢——待处理流动资产损溢　　3 000

【例 8–6】

假设华强公司根据“实存账存对比表”所列盘盈材料 200 元，编制记账凭证，调整材料账存数，其会计分录（单位：元）：

借：原材料　　200
　贷：待处理财产损溢——待处理流动资产损溢　　200

经查盘盈原因是由于材料收发计量方面的错误。

经有关部门核准后，据此编制记账凭证，结转“待处理财产损溢”，其会计分录（单位：元）：

借：待处理财产损溢——待处理流动资产损溢　　200
　贷：管理费用　　200

3. 银行存款清查结果的账务处理

（1）银行存款的清查。银行存款的清查与实物、现金的清查方法不同，它是采用与开户银行核对账目的方法进行的。在同银行核对账目之前，应检查本单位银行存款日记账的正确性和完整性。然后，与银行对账单逐笔核对。尽管银行对账单与本单位银行存款日记账所记录的内容相同，但是，银行对账单上的存款余额与本单位银行存款日记账上的存款余额仍会出现不一致。这除了本单位与银行之间的一方或同时双方记账有错误外，另一个原因就是双方往往会出现未达账项。所谓未达账项，是指在开户银行和本单位之间，对于同一款项的收付业务，由于凭证传递时间和记账时间不同，发生一方已经入账而另一方尚未入账的会计事项。开户银行和本单位之间的未达账项有以下四种情况：

- 企业已经入账而银行尚未入账的收入事项。如将销售收入的银行支票送存开户银行，而银行尚未入账。
- 企业已经入账而银行尚未入账的付出事项。如企业因购买材料签发银行支票，支票尚未送到开户银行。
- 开户银行已经入账而企业尚未入账的收入事项。如银行代企业收到一笔应收账款，而票据尚未转到企业。
- 银行已经入账而企业尚未入账的付出事项。如开户银行收取企业向银行借款的利息，而票据尚未转到企业。

上述任何一种未达账项的发生，都会造成开户银行与本单位账面余额的不一致。因此，在核对双方账目时，必须注意有无未达账项。对于双方账目上都有的记录，画上"√"的标记，无标记的则可能是未达账项。依据未达账项编制银行存款余额调节表，检查银行存款日记账记录的正确性。

（2）银行存款余额调节表的编制方法。银行存款余额调节表的编制方法主要采用余额调节法，就是在编制调节表时，在双方（开户行和企业）现有银行存款余额基础上，各自加减未达账项进行调节的方法。用等式表示即：

企业银行存款日记账余额+银行已收入账企业尚未入账账项−银行已付入账企业尚未入账账项=银行对账单余额+企业已收入账银行尚未入账账项−企业已付入账银行尚未入账账项

【例 8-7】

华强公司接到开户银行的对账单，银行对账单余额为 90 458.50 元，公司银行存款日记账余额为 82 024.50 元。经核对找出下列未达账项：

① 企业已收入账、银行尚未入账：企业将销售收入的银行支票送存开户银行 2 000 元。

② 企业已付入账、银行尚未入账：企业因购买材料和支付劳务费用签发银行支票如下：

转账支票支票号码Ⅷ2944720，金额 2 000 元。

转账支票支票号码Ⅷ2944723，金额 1 930 元。

转账支票支票号码Ⅷ2944727，金额 3 369.50 元。

转账支票支票号码Ⅷ2944730，金额 192.50 元。

现金支票支票号码ⅢⅡ0520940，金额 1 492 元。

现金支票支票号码ⅢⅡ0520943，金额 500 元。

③ 银行已收入账，企业尚未入账：银行代企业收到一笔应收账款 1 000 元。

④ 银行已付入账，企业尚未入账：银行收取企业办理结算的手续费和电报费分别为 12.50 元和 37.50 元。

根据上述资料采用余额调节法编制调节表，如表 8-9 所示。

表 8-9　银行存款余额调节表

账号：084729-68　　　　　　　　　　年　　月　　日

项　　目	金　　额	项　　目	金　　额
银行存款日记账余额	82 024.50	银行对账单余额	90 458.50
加：银行已收入账		加：企业已收入账	
企业尚未入账	1 000	银行尚未入账	2 000
减：银行已付入账		减：企业已付入账	
企业尚未入账	12.50	银行尚未入账	2 000
	37.50		1 930
			3 369.50
			192.50
			1 492
			500
调节后余额	82 974.50	调节后余额	82 974.50

4. 固定资产清查结果的账务处理

企业在财产清查过程中，发现盘亏固定资产的，应通过“待处理财产损溢”账户进行核算。在批准前，按照盘亏固定资产的账面价值，借记“待处理财产损溢”科目，按照已提的累计折旧，借记“累计折旧”科目，按照已计提的减值准备，借记“固定资产减值准备”科目，按照固定资产的原价，贷记“固定资产”科目。企业按照管理权限报经批准后处理时，按照可收回的保险赔偿或过失人赔偿，借记“其他应收款”科目，按照应计入营业外支出的金额，借记“营业外支出”，贷记“待处理财产损溢”科目。

【例 8-8】华强公司进行财产清查时发现短缺一台笔记本电脑，原价 8 000 元，已提折旧 3 000 元。华强公司应编制如下会计分录：

盘亏固定资产时：

借：待处理财产损溢　　　　5 000
　　累计折旧　　　　　　　3 000
　贷：固定资产　　　　　　　　8 000

报经批准转销时：

借：营业外支出　　　　　　5 000
　贷：待处理财产损溢　　　　　5 000

对于企业在财产清查中盘盈的固定资产，作为前期差错计入“以前年度损益调整”科目，该项业务的会计处理不属于本书应介绍的内容。

5. 应收、应付清查结果的账务处理

（1）应收款清查结果的账务处理。在财产清查中发现无法收回的款项，不通过“待处理财产损溢”科目核算。需要在原有账面记录的基础上，按规定的程序批准后直接处理。企业无法收回或收回可能性极小的应收款项称为坏账，由于发生坏账而给企业造成的损失称为坏账损失。对于坏账损失的核算，企业采用备抵法处理。

在备抵法下，企业按期估计坏账损失，借记“资产减值损失”科目，贷记“坏账准备”科目；待实际发生坏账时，冲减已提取的坏账准备金，即借记“坏账准备”科目，贷记“应收账款”科目。

【例 8-9】华强公司应收某单位货款 100 000 元，经查确属无法收回的款项，经批准转为坏账损失。（该企业采用备抵法核算坏账损失）。华强公司编制的会计分录：

借：坏账准备　　100 000

　贷：应收账款　　100 000

（2）应付款项清查结果的账务处理。由于债权单位撤销等原因造成的企业应付而无法支付的款项，不通过“待处理财产损溢”科目核算。需要在原有账面记录的基础上，按规定的程序批准后直接处理，将长期无法支付的应付账款转作“营业外收入”科目。

【例 8-10】华强公司在财产清查中发现一笔长期无法支付的应付账款 50 000 元，经查实对方单位已经解散，经批准销账处理。华强公司编制的会计分录：

借：应付款项　　50 000

　贷：营业外收入　　50 000

思考题

1. 简述财产清查的意义、种类。
2. 简述财产物资的盘存制度。
3. 简述财产清查的方法。
4. 说说财产清查的程序。
5. 简述财产清查结果的账务处理。

实训题

1. **实训目的：**训练编制实存账存对比表

实训资料：某企业材料清查结果其数量、金额如下：

（1）A 材料账存 500 千克，实存 600 千克，单价 11 元。

（2）B 材料账存 1 100 千克，实存 850 千克，单价 7 元。

（3）C 材料账存 2 500 千克，实存 2 550 千克，单价 8 元。

（4）D 材料账存 1 750 千克，实存 1 725 千克，单价 15 元。

实训要求：编制“实存账存对比表”。

2．**实训目的**：现金清查结果的处理。

实训资料：

（1）某企业财产清查中发现现金短款300元。经反复核对，属于出纳张丽责任的200元，无法查明原因的100元。

（2）某企业财产清查中发现现金长款100元。经反复核对，原因不明。

实训要求：编制现金清查批准前、批准后账务处理

3．**实训目的**：训练编制银行存款余额调节表。

实训资料：万通公司2013年1月银行存款日记账和银行转过来的对账单如表8-10、表8-11所示：

表8-10　银行存款日记账

存款种类：基本存款账户　　单位：元

2012年		摘　要	结算方式	票号	借	贷	核对号	余　额
月	日							
1	1	上年结转						500 000
	22	提现	现支			30 000	√	470 000
	33	收回货款	托收		58 000		√	528 000
	66	办公用品	转支			3 000	√	525 000
	26	收回货款	电汇		230 700		√	755 700
	31	购甲材料	转支			135 100		620 600
	31	收到货款	转支		120 000			740 600

表8-11　银行对账单

账号：0135478　　单位名称：万通公司　　单位：元

2012年		摘　要	借	贷	核对号	余　额
月	日					
1	1	上年结转				500 000
	2	托收货款		58 000	√	558 000
	3	提现	30 000		√	528 000
	7	转支	3 000		√	525 000
	25	电汇货款		230 700	√	755 700
	31	托收货款		115 000		870 700
	31	代付水电费	9 600			861 100

实训要求：根据上述实训资料，编制万通公司2013年1月31日银行存款余额调节表。

CHAPTER 9

第九章 财务报表

本章要点

- 财务报表的概念和组成
- 资产负债表的内容、结构和编制方法
- 利润表的内容、结构和编制方法

本章内容简述

财务报表是企业财务状况、经营成果和现金流量的结构性表述。企业编制财务报表的目的，是向财务报表使用者提供与企业财务状况、经营成果和现金流量等有关的会计信息，反映企业管理层受托责任履行情况，有助于财务报表使用者做出经济决策。本章要求掌握财务报表的概念和组成，资产负债表的内容、结构和基本编制方法，利润表的内容、结构和编制方法。

第一节 财务报表概述

财务报表是对企业财务状况、经营成果和现金流量的结构性表述。财务报表是以账簿记录和有关资料作为主要依据，将日常核算中数量繁多、分散的会计资料，按统一的会计准则等要求，加以归类、整理、汇总而形成的一套完整的指标体系。

财务报表所提供的指标，比其他会计资料更为综合、系统、全面地反映企业经济活动的情况和结果。

一、编制财务报表的目的

企业编制财务报表的目的，是向财务报表使用者提供与企业财务状况、经营成果和现金流量等有关的会计信息，反映企业管理层受托责任的履行情况，有助于财务报表使用者做出经济决策。财务报表使用者通常包括投资者、债权人、政府及相关机构、企业管理人员、职工和社会公众等，他们对财务报表所提供信息的要求各有侧重。

（1）投资者最关注的是投资的内在风险和投资报酬。为此，企业编制的财务报表，应当着重为其提供有关企业的盈利能力、资本结构和利润分配政策等方面的信息。

（2）债权人最关注的是其所提供给企业的资金是否安全，自己的债权是否能够按期如数收回。为此，企业编制的财务报表，应当着重为他们提供有关企业偿还债务能力的信息。

（3）政府及相关机构最关注的是国家资源的分配和运用情况，需要了解与经济政策（如税收政策）的制定、国民收入的统计等有关方面的信息。为此，企业编制的财务报表，应当着重为其提供有关企业的资源及其运用、分配方面的情况，为国家的宏观决策提供必要的信息。

（4）企业管理人员最关注的是企业财务状况的好坏、经营业绩的大小以及现金的流动情况。为此，企业编制的财务报表，应当着重为其提供有关企业某一特定日期的资产、负债与所有者权益情况，以及某一特定经营期间经营业绩与现金流量方面的信息，并为以后进行生产经营决策、改善生产经营管理提供参考资料。

（5）企业职工最关注的是企业为其所提供的就业机会及其稳定性、劳动报酬高低和职工福利好坏等方面的资料，而上述情况又与企业的债务结构及其盈利能力密切相关。因此，企业编制的财务报表除了需要提供以上信息外，还需提供有关职工福利等方面的资料。

（6）社会公众（包括企业潜在的投资者或债权人）最关注企业（特别是股份有限公司）的兴衰及其发展情况。为此，企业编制的财务报表，应当着重为其提供有关企业目前及其未来发展等有关方面的资料，帮助他们了解企业，并为其未来的投资决策提供信息。

必须指出，财务报表主要是总结企业过去所发生的经济业务及其结果，所提供的仅仅是企业财务会计方面的信息。虽然财务报表所提供的信息是大多数使用者的主要信息来源，基本上能满足使用者的需要，但财务报表本身所提供的财务会计信息并不能完全满足财务报表使用者进行经济决策所需要的信息，而有关企业人力资源、企业背景、企业文化等非财务会计信息也将对报表使用者的经济决策产生重大影响。

二、财务报表的组成和分类

（一）财务报表的组成

财务报表是对企业财务状况、经营成果和现金流量的结构性表述。一套完整的财务报表至少应当包括资产负债表、利润表、现金流量表、所有者权益（或股东权益，下同）变动表以及附注。

（1）资产负债表、利润表和现金流量表分别从不同角度反映企业的财务状况、经营成果和现金流量。资产负债表反映企业在某一特定日期所拥有的资产、需要偿还的债务、以及股东（投资者）拥有的净资产情况；利润表反映企业在一定会计期间的经营成果，即利润或亏损的情况，表明企业运用的资产的获利能力；现金流量表反映企业在一定会计期间现金和现金等价物流入和流出的情况。

（2）所有者权益变动表反映构成所有者权益的各组成部分当期的增减变动情况。企业的净利润及其分配情况是所有者权益变动的主要部分，相关信息已经在所有者权益变动表及其附注中反映，企业不需要再单独编制利润分配表。

（3）附注是财务报表不可或缺的组成部分，是对在资产负债表、利润表、现金流量表和所有者权益变动表等报表中列示项目的文字描述或者明细资料，以及对未能在这些报表中列示项目的说明等。

（二）财务报表的分类

财务报表可以按照不同的标准进行分类。

1. 按财务报表编报期间不同分类

按财务报表编报期间的不同，可以分为中期财务报表和年度财务报表。中期财务报表是以短于一个完整会计年度的报告期间为基础编制的财务报表，包括月报、季报和半年报等。中期财务报表至少应当包括资产负债表、利润表、现金流量表和附注，其中，中期资产负债表、利润表和现金流量表应当是完整报表，其格式和内容应当与年度财务报表一致。与年度财务报表相比，中期财务报表中的附注披露可适当简略。

2. 按财务报表编报主体不同分类

按财务报表编报主体的不同，可以分为个别财务报表和合并财务报表。个别财务报表是由企业在自身会计核算基础上对账簿记录进行加工而编制的财务报表，它主要用于反映企业自身的财务状况、经营成果和现金流量情况。合并财务报表是以母公司和子公司组成的企业集团为会计主体，根据母公司和所属子公司的财务报表，由母公司编制的综合反映企业集团财务状况、经营成果以及现金流量的财务报表。

三、财务报表的编制要求

为了使财务报表能够最大限度地满足各方面的需要，达到编制财务报表的基本目的，充分发挥财务报表的作用，企业在编制财务报表时应当做到真实可靠、相关可比、全面完整、编报及时、便于理解。

1. 真实可靠

企业财务报表必须如实地反映企业的财务状况、经营成果和现金流动情况，使财务报表各项目的数据建立在真实可靠的基础之上。因此，财务报表必须根据核实无误的账簿资料编制，不得以任何方式弄虚作假。如果财务报表所提供的资料不真实或者可靠性很差，则不仅不能发挥财务报表的应有作用，而且还会由于错误的信息，导致财务报表使用者对企业的财务状况、经营成果和现金流动情况做出错误的评价与判断，致使报表使用者做出错误的决策。

2. 相关可比

企业财务报表所提供的财务会计信息必须与报表使用者进行决策所需要的信息相关，并且便于报表使用者在不同企业之间及同一企业前后各期之间进行比较。只有提供相关且可比的信息，才能使报表使用者分析企业在整个社会特别是同行业中的地位，了解、判断企业过去、现在的情况，预测企业未来的发展趋势，进而为报表使用者的决策服务。

3. 全面完整

企业财务报表应当全面地披露企业的财务状况、经营成果和现金流动情况，完整地反映企业财务活动的过程和结果，以满足各有关方面对财务会计信息资料的需要。为了保证财务报表的全面完整，企业在编制财务报表时，应当按照有关准则、制度规定的格式和内容填写，特别是对于企业某些重要的事项，应当按照要求在财务报表附注中说明，不得漏编漏报。

4. 编报及时

企业财务报表所提供的资料，具有很强的时效性。只有及时编制和报送财务报表，才能为使用者提供决策所需的信息资料。否则，即使财务报表的编制非常真实可靠、全面完整且具有相关可比性，但由于编报不及时，也可能失去其应有的价值。随着市场经济和信息技术的迅速发展，财务报表的及时性要求将变得日益重要。

5. 便于理解

可理解性是指财务报表提供的信息可以为使用者所理解。企业对外提供的财务报表是为广大财务报表使用者提供企业过去、现在和未来的有关资料，为企业目前或潜在的投资者和债权人提供决策所需的会计信息，因此，编制的财务报表应清晰明了。如果提供的财务报表晦涩难懂，不可理解，使用者就不能据此做出准确的判断，所提供的财务报表也会毫无用处。当然，财务报表的这一要求是建立在财务报表使用者具有一定的财务报表阅读能力的基础上。

第二节　资产负债表

资产负债表是反映企业某一特定日期（如月末、季末、年末）财务状况的财务报表。它是根据“资产=负债+所有者权益”这一会计等式，依照一定的分类标准和顺序，将企业在一定日期的全部资产、负债和所有者权益项目进行适当分类、汇总、排列后编制而成的。

资产负债表可以反映企业资产、负债和所有者权益的全貌。通过编制资产负债表，可以反映企业在某一日期所拥有的经济资源及其分布情况，分析企业资产的构成及其状况；可以反映企业某一日期的负债总额及其结构，分析企业目前与未来需要支付的债务数额；可以反映企业所有者权益的情况，了解企业现有的投资者在企业资产总额中所占的份额。总之，通过资产负债表，可以帮助报表使用者全面了解企业的财务状况，分析企业的债务偿还能力，从而为未来的经济决策提供参考。

一、资产负债表的内容和结构

（一）资产负债表的内容

资产负债表的内容主要反映在以下三个方面。

1. 资产

资产负债表中的资产反映企业由过去的交易、事项形成并由企业在某一特定日期所拥有或控制的，预期会给企业带来经济利益的资源。一般按照流动资产、非流动资产分类并进一步按性质分项列示。

（1）流动资产是预计在一个正常营业周期中变现、出售或耗用，或者主要为交易目的而持有，或者预计在资产负债表日起一年内（含一年）变现的资产，或者自资产负债表日起一年内交换其他资产或清偿负债的能力不受限制的现金或现金等价物。流动资产通常包括：货币资金、交易性金融资产、应收票据、应收账款、预付账款、应收利息、应收股利、其他应收款、存货和一年内到期的非流动资产等。

（2）非流动资产是指流动资产以外的资产。非流动资产通常包括：长期股权投资、固定资产、在建工程、工程物资、固定资产清理、无形资产、开发支出、长期待摊费用以及其他非流动资产。

2. 负债

资产负债表中的负债反映企业在某一特定日期企业所承担的、预期会导致经济利益流出企业的现实义务。在资产负债表中负债按流动负债和非流动负债进行列示，在流动负债和非流动负债类别下再进一步按性质分别列示。

（1）流动负债项目包括：短期借款、应付票据、应付账款、预收账款、应付职工薪酬、应交税费、应付利息、应付股利、其他应付款、一年内到期的非流动负债等。

（2）非流动负债项目包括：长期借款、应付债券和其他长期非流动负债等。

3. 所有者权益

资产负债表中的所有者权益反映企业在某一特定日期股东（投资者）拥有的净资产的总额，它一般按照实收资本、资本公积、盈余公积和未分配利润分项列示。

（二）资产负债表的结构

目前，国际上流行的资产负债表格式主要有账户式和报告式两种。根据我国《企业会计准则》的规定，企业的资产负债表采用账户式结构如表 9-1 所示。

表 9-1 资产负债表（账户式）

编制单位： 年 月 日

资 产		负债及所有者权益	
项 目	金 额	项 目	金 额
流动资产 非流动资产		流动负债 长期负债	
		实收资本 资本公积 盈余公积 未分配利润	
资产总计		负债及所有者权益（或股东权益）总计	

账户式资产负债表分左右两方，左方为资产，全部项目按资产的流动性大小排列：流动性大的资产如“货币资金”、“交易性金融资产”等排在前面，流动性小的资产如“长期

投资”、“固定资产”等则排在后面；右方为负债及所有者权益，全部项目按求偿权先后顺序排列：“短期借款”、“应付票据”、“应付账款”等需要在一年以内或者长于一年的一个营业周期内偿还的流动负债排在前面，“长期借款”等在一年以上或者长于一年的一个营业周期以上才能偿还的长期负债排在中间，在企业清算之前不需偿还的所有者权益项目排在后面。账户式资产负债表的参考格式如表9-1所示，报告式资产负债表的简化格式如表9-2所示。

表 9-2 资产负债表（报告式）

编制单位： 年 月 日

项 目	金 额
资产：	
流动资产	
非流动资产	
资产合计	
负债：	
流动负债	
长期负债	
负债合计	
所有者权益：	
实收资本	
资本公积	
盈余公积	
未分配利润	
所有者权益（或股东权益）合计	

二、资产负债表的编制方法

资产负债表各项目均需填列“年初余额”和“期末余额”两栏。其中，“年初余额”栏内各项数字，应根据上年年末资产负债表“期末余额”栏内所列数字填列。“期末余额”栏主要有以下几种填列方法：

1. 根据总账科目余额填列

如“交易性金融资产”、“短期借款”、“应付票据”、“应付职工薪酬”各总账科目的余额直接填列；有些项目则需要根据几个总账科目的期末余额计算填列，如“货币资金”项目，需要根据“库存现金”、“银行存款”、“其他货币资金”三个总账目的期末余额的合计数填列。

2. 根据明细账科目余额计算填列

如“应付账款”项目，需要根据“应付账款”和“预付账款”两个科目所属的相关明细科目的期末贷方余额计算填列；“应收账款”项目，需要根据“应收账款”和“预收账款”两个科目所属的相关明细科目的期末借方余额计算填列。

3. 根据总账科目和明细账科目余额分析计算填列

如“长期借款”项目，需要根据“长期借款”总账科目余额扣除“长期借款”科目所属的明细科目中将在一年内到期、且企业不能自主地将清偿义务展期的长期借款后的金额计算填列。

4. 根据有关科目余额减去其备抵科目余额后的净额填列

如资产负债表中的“应收票据”、“应收账款”、“长期股权投资”、“在建工程”等项目，应当根据“应收票据”、“应收账款”、“长期股权投资”、“在建工程”等科目的期末余额减去“坏账准备”、“长期股权投资减值准备”、“在建工程减值准备”等科目余额后的净额填列。“固定资产”项目，应当根据“固定资产”科目的期末余额减去“累计折旧”、“固定资产减值准备”备抵科目余额后的净额填列；“无形资产”项目，应当根据“无形资产”科目的期末余额，减去“累计摊销”、“无形资产减值准备”备抵科目余额后的净额填列。

5. 综合运用上述填列方法分析填列

如资产负债表中的“存货”项目，需要根据“原材料”、“委托加工物资”、“周转材料”、“材料采购”、“在途物资”、“发出商品”、“材料成本差异”等总账目期末余额的分析汇总数，再减去“存货跌价准备”科目余额后的净额填列。

三、资产负债表的编制实例

【例 9-1】华强公司 2013 年 12 月 31 日有关科目的余额如表 9-3。

表 9-3 科目余额表

科目名称	借方余额	贷方余额
库存现金	3 440	
银行存款	226 400	
应收账款	177 700	
坏账准备		888.50
预付账款	12 000	
其他应收款	0	
在途物资	0	
原材料	183 760	
库存商品	223 680	
固定资产	860 000	

续表

科目名称	借方余额	贷方余额
累计折旧		107 160
短期借款		35 000
应付票据		105 300
应付账款		46 100
应付职工薪酬		13 160
应交税费		822.90
应付股利		38 000
预收账款		0
其他应付款		500
应付利息		3 000
实收资本		1 174 200
盈余公积		93 213.22
本年利润		0
未分配利润		150 155.38
生产成本	80 520	
合　　计	1 767 500	1 767 500

根据上述所给资料，可以编制该公司2013年12月31日的资产负债表，如表9-4所示。

表9-4　资产负债表

会企01表

编制单位：华强公司　　　　2013年12月31日　　　　单位：元

资　　产	期末余额	年初余额	负债的所有者权益（或股东权益）	期末余额	年初余额
流动资产：		略	流动负债：		略
货币资金	229 840		短期借款	35 000	
交易性金融资产			交易性金融负债		
应收票据			应付票据	105 300	
应收账款	176 811.50		应付账款	46 100	
预付款项	12 000		预收款项		
应收利息			应付职工薪酬	13 160	
应收股利			应交税费	822.90	

续表

资　　产	期末余额	年初余额	负债的所有者权益（或股东权益）	期末余额	年初余额
其他应收款			应付利息	3 000	
存货	487 960		应付股利	38 000	
一年内到期的非流动资产			其他应付款	500	
其他流动资产			一年内到期的非流动负债		
流动资产合计	906 611.50		其他流动负债		
非流动资产：			流动负债合计	241 882.90	
可供出售金融资产			非流动负债：		
持有至到期投资			长期借款		
长期应收款			应付债券		
长期股权投资			长期应付款		
投资性房地产			专项应付款		
固定资产	752 840		预计负债		
在建工程			递延所得税负债		
工程物资			其他非流动负债		
固定资产清理			非流动负债合计		
生产性生物资产			负债合计	241 882.92	
油气资产			所有者权益（或股东权益）：		
无形资产			实收资本（或股本）	1 174 200	
开发支出			资本公积		
商誉			减：库存股		
长期待摊费用			盈余公积	93 213.22	
递延所得税资产			未分配利润	150 155.38	
其他非流动资产			所有者权益（或股东权益）合计	1 417 568.60	
非流动资产合计	752 840				
资产总计	1 659 451.50		负债和所有者权益（或股东权益）总计	1 659 451.50	

第三节 利 润 表

利润表是指反映企业在一定会计期间的经营成果的报表。通过提供利润表，可以反映企业在一定会计期间收入、费用、利润（或亏损）的数额、构成情况，帮助财务报表使用者全面了解企业的经营成果，分析企业的获利能力及盈利增长趋势，从而为其做出经济决策提供依据。

一、利润表的格式和内容

利润表的格式主要有多步式利润表和单步式利润表两种，我国企业的利润表一般采用多步式，如表9-5所示。

表9-5 利润表（多步式）

会企02表

编制单位： ____年____月 单位：元

项 目	本期金额	上期金额
一、营业收入		
减：营业成本		
营业税金及附加		
销售费用		
管理费用		
财务费用		
资产减值损失		
加：公允价值变动收益（损失以“–”号填列）		
投资收益（损失以“–”号填列）		
其中：对联营企业和合营企业的投资收益		
二、营业利润（亏损以“–”号填列）		
加：营业外收入		
减：营业外支出		
其中：非流动资产处置损失		
三、利润总额（亏损总额以“–”号填列）		
减：所得税费用		
四、净利润（净亏损以“–”号填列）		
五、每股收益：		
（一）基本每股收益		
（二）稀释每股收益		

我国企业利润表的主要编制步骤和内容如下：

- 第一步，以营业收入为基础，减去营业成本、营业税金及附加、销售费用、管理费用、财务费用、资产减值损失，加上公允价值变动收益（减去公允价值损失）和投资收益（减去投资损失），计算出营业利润。
- 第二步，以营业利润为基础，加上营业外收入，减去营业外支出，计算出利润总额。
- 第三步，以利润总额为基础，减去所得税费用，计算出净利润（或亏损）。

普通股或潜在普通股已公开交易的企业，以及正处于公开发行普通股或潜在普通股过程中的企业，还应当在利润表中列示每股收益信息。

二、利润表的编制方法

（一）利润表各项目的填列方法

（1）“营业收入”项目反映企业经营业务所取得的收入总额。本项目应根据“主营业务收入”和“其他业务收入”科目的发生额分析计算填列。如果该科目借方记录有销售退回等，应抵减本期的销售收入，按其销售收入净额填列本项目。

（2）“营业成本”项目反映企业经营业务发生的实际成本。本项目应根据“主营业务成本”和“其他业务成本”科目的发生额分析填列。如果该科目贷方发生额登记有销售退回等事项，应抵减借方发生额，按已销产品的实际成本填列本项目。

（3）“营业税金及附加”项目反映企业经营活动应负担的营业税、消费税、城市维护建设税、资源税、教育费附加等。本项目应根据“营业税金及附加”科目的发生额分析填列。

（4）“销售费用”项目，反映企业在销售商品和商品流通企业在购入商品等过程中发生的费用。本项目应根据“销售费用”科目的发生额分析填列。

（5）“管理费用”、“财务费用”项目，反映企业本期发生的管理费用和财务费用。这些项目应分别根据“管理费用”、“财务费用”科目的发生额分析填列。

（6）“资产减值损失”项目，反映的是企业计提各项资产减值准备所形成的损失。本项目应当根据“资产减值损失”科目的发生额分析填列。

（7）“公允价值变动收益”项目，反映的是企业交易性金融资产、交易性金融负债，以及采用公允价值模式计量的投资性房地产、衍生工具、套期保值业务等公允价值变动形成的应计入当期损益的利得或损失。本项目应当根据“公允价值变动损益”科目的发生额分析填列。

（8）“投资收益”项目，反映企业确认的投资收益或投资损失。本项目应根据“投资收益”科目的发生额分析填列。如果为投资净损失，本项目用“－”号填列

（9）“营业外收入”项目和“营业外支出”项目，反映企业发生的与生产经营无直接关系的各项收入和支出。这两个项目分别根据“营业外收入”和“营业外支出”科目的发生额分析填列。

（10）“利润总额”项目，反映企业实现的利润。如为亏损总额，以“－”号填列。

（11）“所得税费用”项目，反映企业按规定从本期损益中减去的所得税。本项目应根据“所得税费用”科目的发生额分析填列。

（12）“净利润”项目，反映企业实现的净利润。如为净亏损，以“-”号填列。

（二）报表内“本期金额”、“上期金额”栏的填列方法

利润表各项目均需填列“本期金额”和“上期金额”两栏。其中，“上期金额”栏内各项数字，应根据上年该期利润表的“本期金额”栏内所列数字填列。“本期金额”栏内各期数字，除“基本每股收益”和“稀释每股收益”项目外，如上所述应当按照相关科目的发生额分析填列。

三、利润表的编制实例

【例9-2】

资料：华强公司2013年12月利润表账户发生额资料如表9-6所示。

表9-6　华强公司2013年12月损益类账户发生净额

科目名称	借方发生额	贷方发生额
主营业务收入		240 000
其他业务收入		32 000
营业外收入		87 000
主营业务成本	160 000	
营业税金及附加	8 000	
销售费用	2 000	
管理费用	24 320	
财务费用	1 500	
资产减值损失	888.50	
其他业务成本	26 000	
营业外支出	1 000	
所得税费用	33 822.90	

根据上述资料编制的该公司2013年12月利润表如表9-7所示。

表9-7　利润表

会企02表

编制单位：华强公司　　2013年12月　　单位：元

项　目	本期金额	上期金额（略）
一、营业收入	272 000	
减：营业成本	186 000	

续表

项　　目	本期金额	上期金额（略）
营业税金及附加	8 000	
销售费用	2 000	
管理费用	24 320	
财务费用	1 500	
资产减值损失	888.50	
加：公允价值变动收益（损失以“-”号填列）		
投资收益		
其中：对联营企业和合营企业的投资收益		
二、营业利润（亏损以“-”号填列）	49 291.50	
加：营业外收入	87 000	
减：营业外支出	1 000	
其中：非流动资产处置损失		
三、利润总额（亏损以“-”号填列）	135 291.50	
减：所得税费用	33 822.90	
四、净利润（净亏损以“-”号填列）	101 468.60	
五、每股收益：	（略）	
（一）基本每股收益		
（二）稀释每股收益		

第四节　现金流量表

一、现金流量概述

为了给报表使用者提供企业一定会计期间内现金和现金等价物流入和流出的信息，以便于报表使用者了解和评价企业获取现金和现金等价物（如无特别指明，以下统称现金）的能力，并据以预测企业未来现金流量，根据《企业会计准则第30号——现金流量表》的要求，企业应当编制现金流量表。

现金流量表是指反映企业在一定会计期间现金和现金等价物流入和流出的报表。在现金流量表中，现金和现金等价物被视为一个整体。

现金流量表从现金的流入和流出两个方面，反映企业在一定期间内的经营活动、投资活动和筹资活动所产生的现金流量。现金流量表能够说明企业一定期间内现金流入和流出的原因，反映企业的偿债能力；同时有助于分析企业未来获取现金的能力，分析企业投资和理财活动对经营成果和财务状况的影响。

（一）现金流量的分类

现金流量表通常将企业一定期间内产生的现金流量归为经营活动产生的现金流量、投资活动产生的现金流量和筹资活动产生的现金流量三类。

1. 经营活动产生的现金流量

经营活动是指企业投资活动和筹资活动以外的所有交易和事项。经营活动流入的现金主要包括：

- 销售商品、提供劳务收到的现金；
- 收到的税费返还；
- 收到的其他与经营活动有关的现金。

经营活动流出的现金主要包括：

- 购买商品、接受劳务支付的现金；
- 支付给职工以及为职工支付的现金；
- 支付的各项税费；
- 支付的其他与经营活动有关的现金。

通过现金流量表中所反映的经营活动产生的现金流量，可以说明企业经营活动对现金流入和流出净额的影响程度。

2. 投资活动产生的现金流量

投资活动是指企业长期资产的购置和不包括在现金等价物范围内的投资及其处置活动。投资活动流入的现金主要包括：

- 收回投资收到的现金；
- 取得投资收益所收到的现金；
- 处置固定资产、无形资产和其他长期资产所收回到现金净额；
- 处置子公司及其他营业单位收到的现金净额；
- 收到的其他与投资活动有关的现金。

投资活动流出的现金主要包括：

- 购建固定资产、无形资产和其他长期资产所支付的现金；
- 投资支付的现金；
- 取得子公司及其他营业单位支付的现金净额；
- 支付的其他与投资活动有关的现金。

因为等价物已视同现金，所以投资活动产生的现金流量中不包括将现金转换现金等价物这类投资产生的现金流量。通过现金流量表中所反映的投资活动所产生的现金流量，可以分析企业通过投资获取现金流量的能力，以及投资产生的现金流量对企业现金流量净额的影响程度。

3. 筹资活动产生的现金流量

筹资活动是指导致企业资本及债务规模和构成发生变化的活动。筹资活动流入的现金主要包括：

- 吸收投资所收到的现金；
- 取得借款收到的现金；
- 收到的其他与筹资活动有关的现金。

筹资活动流出的现金主要包括：

- 偿还债务所支付的现金；
- 分配股利、利润或偿付利息所支付的现金；
- 支付的其他与筹资活动有关的现金。

通过现金流量表中所反映的筹资活动产生的现金流量，可以分析企业筹资的能力，以及筹资产生的现金流量对企业现金流量净额的影响程度。

二、现金流量表的结构

我国企业现金流量表采用报告式结构，分类反映经营活动产生的现金流量、投资活动产生的现金流量和筹资活动产生的现金流量，最后汇总反映企业某一时期现金及现金等价物的净增加额。我国企业现金流量表的格式如表 9-8 所示

表 9-8 现金流量表

会企 03 表

编制单位： ____年____月 单位：元

项 目	本期金额	上期金额
一、经营活动产生的现金流量		
销售商品、提供劳务收到的现金		
收到的税费返还		
收到的其他与经营活动有关的现金		
经营活动现金流入小计		
购买商品、接受劳务支付的现金		
支付给职工以及为职工支付的现金		
支付的各项税费		
支付的其他与经营活动有关的现金		
经营活动现金流出小计		
经营活动产生的现金流量净额		
二、投资活动产生的现金流量		
收回投资所收到的现金		
取得投资收益所收到的现金		

续表

项　目	本期金额	上期金额
处置固定资产、无形资产和其他长期资产收回的现金净额		
处置子公司及其他营业单位收到的现金净额		
收到的其他与投资活动有关的现金		
投资活动现金流入小计		
购置固定资产、无形资产和其他长期资产支付的现金		
投资支付的现金		
取得子公司及其他营业单位支付的现金净额		
支付的其他与投资活动有关的现金		
投资活动现金流出小计		
投资活动产生的现金流量净额		
三、筹资活动产生的现金流量		
吸收投资收到的现金		
取得借款收到的现金		
收到的其他与筹资活动有关的现金		
筹资活动现金流入小计		
偿还债务支付的现金		
分配股利、利润或偿付利息支付的现金		
支付的其他与筹资活动有关的现金		
筹资活动现金流出小计		
筹资活动产生的现金流量净额		
四、汇率变动对现金及现金等价物的影响		
五　现金及现金等价物净增加额		
加：期初现金及现金等价物余额		
六　期末现金及现金等价物余额		

思考题

1．什么是财务报表？编制财务报表的目的是什么？

2．简述财务报表的种类和编制要求。

3．简述资产负债表的内容、结构和编制方法。

4．简述利润表的内容、结构和编制方法。

实训题

1．**实训目的：**编制资产负债表。

实训资料：某工厂2013年度12月底各账户期末余额表如表9-9所示。

实训要求：根据表9-9所示编制某工厂2013年12月31日资产负债表。

表9-9 各账户期末余额

账户名称	借方余额		账户名称	借方余额	
	年初数	期末数		年初数	期末数
库存现金	1 500	1 250	短期借款	17 500	22 500
银行存款	2 600	32 500	应付账款	42 500	61 000
应付账款	17 500	15 000	其他应付款	2 500	2 000
其他应收款	500	1 000	应交税费	3 500	7 500
原材料	202 400	186 500	应付股利	2 500	21 000
生产成本	10 000	17 500	累计折旧	27 500	40 000
库存商品	10 000	42 500	长期借款	10 000	15 000
预付账款	4 000	5 250	实收资本	250 000	250 000
长期股权投资	10 000	12 500	资本公积	15 000	15 000
固定资产	110 000	125 000	盈余公积	7 500	15 000
无形资产	10 000	10 000			
合　计	378 500	449 000	合　计	378 500	449 000

2．**实训目的：**编制利润表。

实训资料：某工厂2013年度损益类账户的发生净额如表9-10所示。

实训要求：根据表9-10所示编制某工厂2013年度利润表。

表9-10 损益类账户

账户名称	借方发生额累计	账户名称	贷方发生额累计
主营业务成本	1 030 000	主营业务收入	1 250 000
销售费用	75 000	其他业务收入	50 000
营业税金及附加	—	营业外收入	40 000
其他业务成本	40 000	投资收益	8 000
管理费用	50 000		
财务费用	18 000		
营业外支出	35 000		
所得税费用	33 000		

3．**实训目的**：根据资料填制与资产负债表有关的项目。

实训资料：顺昌公司 2013 年 12 月的试算平衡表如表 9-11 所示。

表 9-11　试算平衡表

编制单位：顺昌公司　　　　2013 年 12 月 31 日　　　　单位：元

会计科目	期末余额	
	借　方	贷　方
库存商品	240	
银行存款	64 200	
应收账款	19 600	
坏账准备		1 200
原材料	38 000	
库存商品	48 600	
固定资产	476 000	
累计折旧		6 780
短期借款		23 500
应付账款		23 500
预收账款		3 000
长期借款		80 000
实收资本		420 000
盈余公积		4 200
本年利润		84 460
合计	646 640	646 640

补充资料：

应收账款有关明细账期末余额如下：

应收账款——A 公司　　贷方余额　　4 400

应收账款——B 公司　　借方余额　　24 000

应付账款有关明细账期末余额如下：

应付账款——C 公司　　贷方余额　　32 400

应付账款——D 公司　　借方余额　　8 900

预收账款有关明细账期末余额如下：

预收账款——E 公司　　贷方余额　　3 000

实训要求：根据上述资料，计算顺昌公司 2013 年 12 月 31 日资产负债表中下列报表项目的期末数。

应收账款（　　　　　　）元

存货（　　　　　　　　　　）元

流动资产合计（　　　　　　　　）元

预收账款（　　　　　　　　　）元

流动负债合计（　　　　　　　　）元

4．**实训目的**：根据资料填制与利润表有关的项目。

实训资料：天茂公司所得税税率 25%，该公司 2013 年的收入和费用有关资料，如表 9-12 所示。

表 9-12　收支表

账户名称	借方发生额	贷方发生额
主营业务收入		650 000
其他业务收入		85 000
营业外收入		46 800
主营业务成本	370 000	
其他业务成本	41 000	
营业税金及附加	7 800	
销售费用	12 000	
管理费用	23 000	
财务费用	3 500	
营业外支出	12 500	

实训要求：

请代为计算天茂公司 2013 年度的利润表中下列项目的金额

营业收入（　　　　　　　　　）元

营业成本（　　　　　　　　　）元

营业利润（　　　　　　　　　）元

利润总额（　　　　　　　　　）元

净利润（　　　　　　　　　　）元

CHAPTER 10

第十章　账务处理程序

第一节　账务处理程序的意义及种类

一、账务处理程序的意义

账务处理程序，又称会计核算组织程序或会计核算形式，是指会计核算中，会计凭证组织、会计账簿组织、记账程序和方法相互结合的方式。

会计凭证组织和会计账簿组织是凭证和账簿的种类和格式，各种凭证之间、各种账簿之间，以及各种凭证与各种账簿之间相互关联。记账程序和方法，是指从填制、整理、传递会计凭证，登记会计账簿，到编制财务报表整个过程的工作顺序和方法。把不同的会计凭证组织、会计账簿组织按不同的记账程序和方法结合在一起，就形成了不同的账务处理程序。

（一）会计凭证、会计账簿和财务报表之间的关系

会计凭证、会计账簿和财务报表都是用以核算和监督公司、企业的经济活动，也是对公司、企业内部经济管理提供核算资料，对外提供会计信息的主要载体。在会计核算中，会计凭证、会计账簿和财务报表不是孤立的，而是相互联系、相互影响的。

（1）会计凭证是及时核算和监督公司、企业各项经济业务的根据，也是登记账簿的根据，因此，日常的经营管理和登记账簿的要求，决定了会计凭证的种类、格式和内容，同时，会计凭证的种类、格式和内容对账簿的种类、格式和记录的内容有一定的影响。

（2）会计账簿，既是公司、企业核算和监督日常经济活动的根据，也是编制财务报表的根据。因此不同的日常经营管理和编制财务报表的要求决定了公司、企业应设置的账簿的种类、格式和记账的内容各不相同。

（3）财务报表，是为本单位、上级主管部门、财税部门、投资者以及债权人等会计信息的使用者提供会计信息的载体，因此这些报表使用者各自的管理要求和决策需要决定了财务报表的种类、项目、格式和编报日期等。

可见，会计凭证、会计账簿和财务报表的种类、格式和内容，既取决于公司、企业的日常经营管理要求，同时它们之间也存在依存关系。此外，各种会计凭证之间、各种账簿之间和各种财务报表之间也是相互联系的，应相互配合起来共同作用于公司、企业的经济活动。

（二）合理安排账务处理程序的意义

为了充分发挥会计的职能，完成会计的任务，正确、及时、全面、系统地提供各单位

内部经济管理所必需的各种核算资料，满足公司、企业外部报表使用者对会计信息的不同要求，更有效地监督经济活动，各单位都应依据《会计法》，根据会计准则和行业会计制度的要求，结合本单位的具体情况，采用适当的账务处理程序。合理的账务处理程序，对于科学组织会计核算工作具有如下重要意义：

（1）合理的账务处理程序可以保证会计数据整个处理过程的各环节有条不紊地进行传递，保证会计记录的正确、及时、完整，并能迅速编制财务报表，从而提高会计核算工作的效率。

（2）合理的账务处理程序可以保证会计信息方便而迅速地形成，保证为经营管理者和报表的使用者及时提供全面、准确、有用的财务信息，从而提高会计核算工作的质量。

（3）合理的账务处理程序可以减少不必要的核算环节和手续，避免烦琐重复，节约人力、物力，从而提高会计核算工作的效益。

（4）合理的账务处理程序可以对会计核算工作进行合理分工协作，明确责任，加强岗位责任制，充分发挥会计的监督职能。

二、合理组织账务处理程序的要求

合理组织账务处理程序，一般应符合以下要求：

（1）要与本单位经济业务的性质、规模大小和经济业务的繁简等相适应，要有利于加强会计核算工作的分工协作，有利于落实会计核算工作的岗位责任制。

（2）要能正确、及时、全面、系统地提供各种必要的会计核算资料，满足本单位内部经营管理和外部有关方面的实际需要。

（3）在保证会计核算工作质量的前提下，力求简化核算手续，节约人力、物力，提高会计核算工作效率。

三、账务处理程序的种类

目前我国各公司、企业所采用的账务处理程序，主要有下列几种：

（1）记账凭证账务处理程序；

（2）科目汇总表账务处理程序；

（3）汇总记账凭证账务处理程序；

（4）日记总账账务处理程序；

（5）多栏式日记账账务处理程序。

以上各种账务处理程序有许多共同点，又各自有其特点，其特点主要表现在登记总账的依据和方法不同。下面分别就各账务处理程序说明其基本内容和各自的特点。

第二节　记账凭证账务处理程序

一、记账凭证账务处理程序的特点

记账凭证账务处理程序是最基本的一种账务处理程序。可以说，其他各种账务处理程序基本上是在这种账务处理程序的基础上发展起来的。记账凭证账务处理程序的主要特点是直接根据各种记账凭证逐笔登记总分类账。

二、记账凭证账务处理程序下的凭证组织及账簿组织

在记账凭证账务处理程序下的记账凭证可以采用收款凭证、付款凭证、转账凭证三种格式，也可以采用通用的记账凭证。在记账凭证账务处理程序下，应设置的账簿一般有现金日记账、银行存款日记账、总分类账和明细分类账。总分类账应按照总账科目设置，总分类账和日记账的格式均可采用三栏式账页，明细分类账可根据需要分别设置三栏式、数量金额式和多栏式账页。

三、记账凭证账务处理程序及程序说明

记账凭证账务处理程序如图10-1所示。

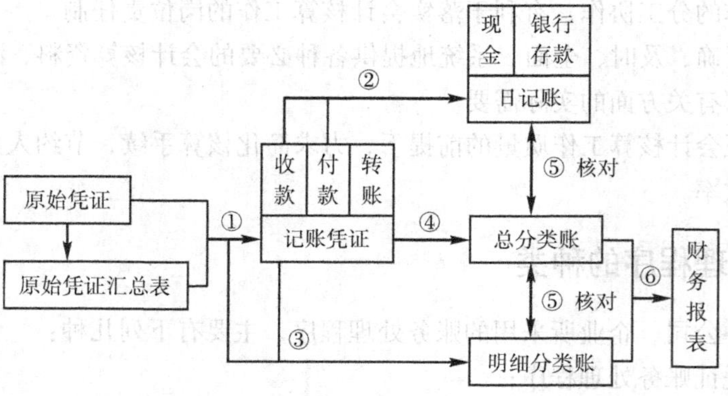

图10-1　记账凭证账务处理程序

程序说明如下：

① 根据原始凭证或原始凭证汇总表编制记账凭证；

② 根据收款、付款凭证登记现金日记账和银行存款日记账；

③ 根据原始凭证、原始凭证汇总表和记账凭证登记各种明细分类账；

④ 根据各种记账凭证逐笔登记总分类账；

⑤ 月末，将现金日记账、银行存款日记账和各种明细分类账的余额与总分类账的有关账户的余额进行核对；

⑥ 月末，根据总分类账和明细分类账的资料编制财务报表。

四、记账凭证账务处理程序的评价

记账凭证账务处理程序比较简单明了，易于理解，在总分类账中能够具体反映经济业务的发生情况，便于查账。但是，由于总分类账是直接根据记账凭证逐笔登记的，因而登记总分类账的工作量较大。这种账务处理程序一般只适用于规模小、业务少、品种不多的小单位。有些公司、企业为了减少登记总账的工作量，简化核算手续，将同类经济业务的原始凭证先汇总编制成原始凭证汇总表，再根据原始凭证汇总表编制记账凭证。

第三节 科目汇总表账务处理程序

一、科目汇总表账务处理程序的特点

科目汇总表账务处理程序，亦称记账凭证汇总表账务处理程序。其主要特点是：定期将所有记账凭证按相同的会计科目归类汇总编制成科目汇总表，然后再根据科目汇总表登记总分类账。

二、科目汇总表编制的方法

科目汇总表编制的方法是：定期将一定会计期间内的全部记账凭证，按相同的会计科目归类，汇总每一会计科目的本期借方发生额和本期贷方发生额，并填写在科目汇总表的相关栏内。对现金和银行存款科目的本期借方发生额和本期贷方发生额，也可以直接根据现金日记账和银行存款日记账的收入、支出数字填列，而不再根据收款凭证和付款凭证归类汇总填列。

科目汇总表可以每汇总一次编制一张，也可以按旬、周分别汇总，每月编制一张。科目汇总表的格式如表 10-1、表 10-2 所示。

表 10-1 科目汇总表格式 1

会计科目	账页	本期发生额		记账凭证起讫号数
		借方	贷方	
合计				

表 10-2 科目汇总表格式 2

会计科目	账页	1～15 日		16～31 日		本月合计	
		借方	贷方	借方	贷方	借方	贷方
合计							

三、科目汇总表账务处理程序下的凭证组织和账簿组织

科目汇总表账务处理程序下要求设置统一的记账凭证或者收款凭证、付款凭证和转账凭证。为了便于按科目归类汇总，编制科目汇总表，要求所有的记账凭证中的科目对应关系只能一个借方科目与一个贷方科目相对应，即每张记账凭证中只能编制一借一贷的简单会计分录。对于转账凭证最好复写一式两份，以便分别归类汇总借方科目和贷方科目的本期发生额，或者所有记账凭证采用单式记账凭证。科目汇总表账务处理程序应设置现金日记账、银行存款日记账和总分类账，根据需要设置明细分类账。但是在科目汇总表账务处理程序下，由于科目汇总表不反映各科目的对应关系，因而总分类账只能采用不设立“对方科目”栏的借、贷、余三栏式账页。总分类账可以根据每次汇总和编制的科目汇总表随时登记，在科目汇总表采用表10-2的情况下，也可以在月末时，根据科目汇总表各科目的借方发生额和贷方发生额的全月合计数一次登记。

四、科目汇总表账务处理程序图及程序说明

科目汇总表账务处理程序图如图10-2所示。

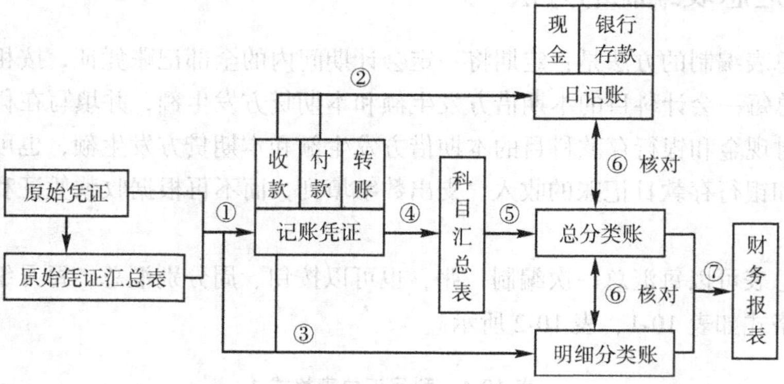

图10-2 科目汇总表账目处理程序

程序说明如下：

① 根据原始凭证和原始凭证汇总表填制记账凭证；

② 根据收款凭证、付款凭证逐笔登记现金日记账和银行存款日记账；

③ 根据原始凭证、原始凭证汇总表和记账凭证登记各种明细账；

④ 根据记账凭证编制科目汇总表；

⑤ 根据科目汇总表登记总分类账；

⑥ 月末，将现金日记账、银行存款日记账和明细分类账的余额与总分类账的有关账户的余额进行核对；

⑦ 月末，根据总分类账和明细分类账的资料编制财务报表。

五、科目汇总表账务处理程序举例

这里以第四章华强公司 12 月的业务为例说明。

（一）根据原始凭证和原始凭证汇总表填制记账凭证（见表 10-3~表 10-45）

表 10-3 转账凭证

2013 年 12 月 1 日　　转字 1 号

摘要	会计科目	账页	借方金额		贷方金额	
			一级科目	二级或明细科目	一级科目	二级或明细科目
支付购料款	原材料		30 000			
	应交税费		5 100			
	应交税费——应交增值税（进项税额）			5 100		
	应付账款				35 100	
	——新华公司					35 100
合计			35 100	5 100	35 100	35 100

制单　　记账

表 10-4 付款凭证

贷方科目：银行存款　　2013 年 12 月 1 日　　银行付字第 1 号

摘要	会计科目	账页	金额	
			一级科目	二级或明细科目
支付购料运费	原材料		1 000	
合计			1 000	

制单　　记账

表 10-5 转账凭证

2013 年 12 月 4 日　　转字 2 号

摘要	会计科目	账页	借方金额		贷方金额	
			一级科目	二级或明细科目	一级科目	二级或明细科目
采购材料并签发商业汇票	在途物资		90 000			
	应交税费					
	应交税费——应交增值税（进项税额）			15 300		
	应付票据		15 300		105 300	
合计			105 300	15 300	105 300	

制单　　记账

表 10-6　收款凭证

借方科目：银行存款　　2013 年 12 月 6 日　　银行收字第 1 号

摘　要	会计科目	账页	金额	
			一级科目	二级或明细科目
收到国家投入资本金	实收资本		150 000	
合　计			150 000	

制单　　记账

表 10-7　收款凭证

借方科目：银行存款　　2013 年 12 月 6 日　　银行收字第 2 号

摘　要	会计科目	账页	金额	
			一级科目	二级或明细科目
从银行取得临时借款	短期借款		30 000	
合　计			30 000	

制单　　记账

表 10-8　付款凭证

贷方科目：库存现金　　2013 年 12 月 6 日　　现付字第 1 号

摘　要	会计科目	账页	金额	
			一级科目	二级或明细科目
购买公司总部办公用品	管理费用		200	
合　计			200	

制单　　记账

表 10-9　付款凭证

贷方科目：银行存款　　2013 年 12 月 6 日　　银行付字第 2 号

摘　要	会计科目	账页	金额	
			一级科目	二级或明细科目
支付广告费	销售费用		2 000	
合　计			2 000	

制单　　记账

表 10-10 转账凭证

2013 年 12 月 8 日　　　　转字 3 号

摘要	会计科目	账页	借方金额		贷方金额	
			一级科目	二级或明细科目	一级科目	二级或明细科目
销售商品款未收到	应收账款——光华公司		245 700			
	主营业务收入				210 000	
	应交税费				35 700	
	应交税费——应交增值税（销项税额）					35 700
合计			245 700		245 700	35 700

制单　　　　记账

表 10-11 付款凭证

贷方科目：银行存款　　2013 年 12 月 8 日　　银行付字第 3 号

摘要	借方计科目	账页	金额	
			一级科目	二级或明细科目
代垫销售运费	应收账款——光华公司		2 000	
合计			2 000	

制单　　　　记账

表 10-12 转账凭证

2013 年 12 月 9 日　　　　转字 4 号

摘要	会计科目	账页	借方金额		贷方金额	
			一级科目	二级或明细科目	一级科目	二级或明细科目
领用材料	生产成本		71 000			
	生产成本——A 产品			49 000		
	生产成本——B 产品			22 000		
	制造费用		17 600			
	管理费用		13 400			
	原材料				102 000	
	原材料——甲材料					72 000
	原材料——乙材料					30 000
合计			102 000	71 000	102 000	102 000

制单　　　　记账

表 10-13 付款凭证

贷方科目：库存现金 2013 年 12 月 10 日 现付字第 2 号

摘要	借方计科目	账页	金额	
			一级科目	二级或明细科目
支付购料搬运费	在途物资		760	
合计			760	

制单 记账

表 10-14 付款凭证

贷方科目：银行存款 2013 年 12 月 12 日 银行付字第 4 号

摘要	借方计科目	账页	金额	
			一级科目	二级或明细科目
预付购料款	预付账款 ——新华公司		50 000	
合计			50 000	

制单 记账

表 10-15 付款凭证

贷方科目：银行存款 2013 年 12 月 15 日 银行付字第 5 号

摘要	借方计科目	账页	金额	
			一级科目	二级或明细科目
提现	库存现金		94 000	
合计			94 000	

制单 记账

表 10-16 付款凭证

贷方科目：库存现金 2013 年 12 月 15 日 现付字第 3 号

摘要	借方计科目	账页	金额	
			一级科目	二级或明细科目
发放工资	应付职工薪酬		94 000	
合计			94 000	

制单 记账

表 10-17 转账凭证

2013 年 12 月 16 日　　　　转字第 5 号

摘　要	会计科目	账页	借方金额		贷方金额	
			一级科目	二级或明细科目	一级科目	二级或明细科目
出差人员报销	制造费用		2 000			
差旅费	其他应收款				2 000	
合　计			2 000		2 000	

制单　　　　记账

表 10-18 收款凭证

借方科目：库存现金　　　　2013 年 12 月 16 日　　　　现收字第 1 号

摘　要	借方计科目	账页	金　额	
			一级科目	二级或明细科目
出差人员退回多余现金	其他应收款		400	
合　计			400	

制单　　　　记账

表 10-19 收款凭证

借方科目：银行存款　　　　2013 年 12 月 17 日　　　　银行收字第 3 号

摘　要	借方计科目	账页	金　额	
			一级科目	二级或明细科目
预收销贷款	预收账款 ——光明公司		2 0000	
合　计			2 0000	

制单　　　　记账

表 10-20 转账凭证

2013 年 12 月 18 日　　　　转字第 6 号

摘　要	会计科目	账页	借方金额		贷方金额	
			一级科目	二级或明细科目	一级科目	二级或明细科目
接受设备一台用于	固定资产		260 000			
扩大生产规模	实收资本				260 000	
合　计			260 000		260 000	

制单　　　　记账

表 10-21　收款凭证

借方科目：银行存款　　　　2013 年 12 月 19 日　　　　银行收字第 4 号

摘　要	贷方科目	账页	金　额	
			一级科目	二级或明细科目
销售材料款项	其他业务收入		32 000	
合　计			32 000	

制单　　　　记账

表 10-22　转账凭证

2013 年 12 月 19 日　　　　转字第 7 号

摘　要	会计科目	账页	借方金额		贷方金额	
			一级科目	二级或明细科目	一级科目	二级或明细科目
结转已售	其他业务成本		260 000			
材料成本	原材料				260 000	
合　计			260 000		260 000	

制单　　　　记账

表 10-23　转账凭证

2013 年 12 月 20 日　　　　转字第 8 号

摘　要	会计科目	账页	借方金额		贷方金额	
			一级科目	二级或明细科目	一级科目	二级或明细科目
已预付料款的材料到达企业	在途物资		60 000			
	应交税费		10 200			
	应交税费——应交增值税（进项税额）			10 200		
	预付账款——新华公司				70 200	
合　计			70 200	10 200	70 200	

制单　　　　记账

表 10-24　付款凭证

贷方科目：银行存款　　　　2013 年 12 月 25 日　　　　银行付字第 6 号

摘　要	借方计科目	账页	金　额	
			一级科目	二级或明细科目
补付预付购料款	预付账款——新华公司		20 200	
合　计			20 200	

制单　　　　记账

表 10-25 付款凭证

贷方科目：银行存款　　2013 年 12 月 25 日　　银行付字第 7 号

摘　要	借方科目	账页	金　额	
			一级科目	二级或明细科目
归还到期贷款	短期借款		45 000	
合　计			45 000	

制单　　记账

表 10-26 转账凭证

2013 年 12 月 28 日　　转字第 9 号

摘　要	会计科目	账页	借方金额		贷方金额	
			一级科目	二级或明细科目	一级科目	二级或明细科目
提供已预收账款的商品	预收账款——光明公司		35 100			
	主营业务收入				30 000	
	应交税费				5 100	
	应交税费——应交增值税（销项税额）					5 100
合　计			35 100		35 100	5 100

制单　　记账

表 10-27 收款凭证

借方科目：银行存款　　2013 年 12 月 30 日　　银行收字第 5 号

摘　要	借方计科目	账页	金　额	
			一级科目	二级或明细科目
收到前欠贷款并结清预收款	应收账款——光华公司		100 000	
	预收账款——光明公司		15 100	
合　计			115 100	

制单　　记账

表 10-28 转账凭证

2013 年 12 月 31 日　　转字第 10 号

摘要	会计科目	账页	借方金额		贷方金额	
			一级科目	二级或明细科目	一级科目	二级或明细科目
材料验收入库	原材料		150 760			
	原材料——甲材料			60 000		
	原材料——乙材料			90 760		
	在途物资				150 760	
	在途物资——甲材料					60 000
	在途物资——乙材料					90 760
合计			150 760	150 760	150 760	150 760

制单　　记账

表 10-29 转账凭证

2013 年 12 月 31 日　　转字第 11 号

摘要	会计科目	账页	借方金额		贷方金额	
			一级科目	二级或明细科目	一级科目	二级或明细科目
按用途分配工资	生产成本		80 000			
	生产成本——A 产品			42 000		
	生产成本——B 产品			38 000		
	制造费用		6 000			
	管理费用		8 000			
	应付职工薪酬				94 000	
合计			94 000	80 000	94 000	

制单　　记账

表 10-30 转账凭证

2013 年 12 月 31 日　　转字第 12 号

摘要	会计科目	账页	借方金额		贷方金额	
			一级科目	二级或明细科目	一级科目	二级或明细科目
提取职工福利费	生产成本		11 200			
	生产成本——A 产品			5 880		
	生产成本——B 产品			5 320		
	制造费用		840			
	管理费用		1 120			
	应付职工薪酬				13 160	
合计			13 160	11 200	13 160	

制单　　记账

表 10-31 转账凭证

2013 年 12 月 31 日 转字第 13 号

摘要	会计科目	账页	借方金额		贷方金额	
			一级科目	二级或明细科目	一级科目	二级或明细科目
计提折旧	制造费用		5 560			
	管理费用		1 600			
	累计折旧				7 100	
合计			7 100		7 100	

制单 记账

表 10-32 转账凭证

2013 年 12 月 31 日 转字第 15 号

摘要	会计科目	账页	借方金额		贷方金额	
			一级科目	二级或明细科目	一级科目	二级或明细科目
分配制造费用	生产成本		320 000			
	生产成本——A 产品			16 800		
	生产成本——B 产品			15 200		
	制造费用				320 000	
合计			320 000	320 000	320 000	

制单 记账

表 10-33 转账凭证

2013 年 12 月 31 日 转字第 16 号

摘要	会计科目	账页	借方金额		贷方金额	
			一级科目	二级或明细科目	一级科目	二级或明细科目
完工产品入库	库存商品		113 680			
	库存商品——A 产品			113 680		
	生产成本				113 680	
	生产成本——A 产品					113 680
合计			113 680	113 680	113 680	113 680

制单 记账

表 10-34 转账凭证

2013 年 12 月 31 日 转字第 17 号

摘 要	会计科目	账页	借方金额		贷方金额	
			一级科目	二级或明细科目	一级科目	二级或明细科目
计提坏账准备	资产减值损失		888.50			
	坏账准备				888.50	
合 计			888.50		888.50	

制单 记账

表 10-35 付款凭证

贷方科目：银行存款 2013 年 12 月 31 日 银行付字第 8 号

摘 要	借方计科目	账页	金 额	
			一级科目	二级或明细科目
支付本季度	应付利息		3 000	
贷款利息	财务费用		1 500	
合 计			4 500	

制单 记账

表 10-36 付款凭证

贷方科目：库存现金 2013 年 12 月 31 日 现付字第 4 号

摘 要	借方计科目	账页	金 额	
			一级科目	二级或明细科目
支付罚金	营业外支出		1 000	
合 计			1 000	

制单 记账

表 10-37 转账凭证

2013 年 12 月 31 日 转字第 18 号

摘 要	会计科目	账页	借方金额		贷方金额	
			一级科目	二级或明细科目	一级科目	二级或明细科目
计算应交消费税	营业税金及附加		8 000			
	应交税费				8 000	
	应交税费——应交消费税					8 000
合 计			8 000		8 000	8 000

制单 记账

表 10-38 转账凭证

2013 年 12 月 31 日 转字第 19 号

摘　要	会计科目	账页	借方金额		贷方金额	
			一级科目	二级或明细科目	一级科目	二级或明细科目
结转已销商品的成本	主营业务成本		160 000			
	库存商品				160 000	
	库存商品——A 产品					120 000
	库存商品——B 产品					40 000
合　计			160 000		160 000	160 000

制单　　　　　　　　　　记账

表 10-39 转账凭证

2013 年 12 月 31 日 转字第 20 号

摘　要	会计科目	账页	借方金额		贷方金额	
			一级科目	二级或明细科目	一级科目	二级或明细科目
结转无法支付的应付款	应付账款		87 000			
	营业外收入				87 000	
合　计			87 000		87 000	

制单　　　　　　　　　　记账

表 10-40 转账凭证

2013 年 12 月 31 日 转字第 21 号

摘　要	会计科目	账页	借方金额		贷方金额	
			一级科目	二级或明细科目	一级科目	二级或明细科目
计算本月应交所得税	所得税费用		33 822.90			
	应交税费				33 822.90	
	应交税费——应交所得税					33 822.90
合　计			33 822.90		33 822.90	33 822.90

制单　　　　　　　　　　记账

表 10-41　转账凭证

2013 年 12 月 31 日　　　　转字第 22 号

摘　要	会计科目	账页	借方金额 一级科目	借方金额 二级或明细科目	贷方金额 一级科目	贷方金额 二级或明细科目
结转收益类账户	主营业务收入		240 000			
	其他业务收入		32 000			
	营业外收入		87 000			
	本年利润				359 000	
合　计			359 000		359 000	

制单　　　　记账

表 10-42　转账凭证

2013 年 12 月 31 日　　　　转字第 23 号

摘　要	会计科目	账页	借方金额 一级科目	借方金额 二级或明细科目	贷方金额 一级科目	贷方金额 二级或明细科目
结转各项费用类账户	本年利润		257 531.40			
	主营业务成本				160 000	
	营业税金及附加				8 000	
	其他业务成本				26 000	
	销售费用				2 000	
	管理费用				24 320	
	财务费用				1 500	
	资产减值损失				888.50	
	营业外支出				1 000	
	所得税费用				33 822.90	
合　计			257 531.40		257 531.40	

制单　　　　记账

表 10-43　转账凭证

2013 年 12 月 31 日　　　　转字第 24 号

摘　要	会计科目	账页	借方金额 一级科目	借方金额 二级或明细科目	贷方金额 一级科目	贷方金额 二级或明细科目
提取盈余公积	利润分配		48 146.86			
	盈余公积				10 146.86	
	应付股利				38 000.00	
合　计			48 146.86		48 146.86	

制单　　　　记账

表 10-44 转账凭证

2013 年 12 月 31 日　　转字第 25 号

摘　要	会计科目	账页	借方金额		贷方金额	
			一级科目	二级或明细科目	一级科目	二级或明细科目
结转本年利润	本年利润		101 468.60			
	利润分配				101 468.60	
合　计			101 468.60		101 468.60	

制单　　记账

表 10-45 付款凭证

贷方科目：银行存款　　2013 年 12 月 31 日　　银行付字第 9 号

摘　要	借方计科目	账页	金　额	
			一级科目	二级或明细科目
上交税金	应交税费		32 000	
合　计			32 000	

制单　　记账

（二）根据收款凭证、付款凭证登记日记账（见表 10-46、表 10-47）

表 10-46 现金日记账

2013 年		凭证		摘　要	对应科目	借方	贷方	余额
月	日	字	号					
12	1			期初余额				5 000
12	6	现付	1	购买办公用品	管理费用		200	
				本日合计			200	4 800
12	10	现付	2	支付购料搬运费	在途物资		760	
				本日合计			760	4 040
12	15	银付	5	提现	银行存款	94 000		
	15	现付	3	发放工资	应付职工薪酬		94 000	
				本日合计		94 000	94 000	4 040
12	16	现收	1	出差人员还多余现金	其他应收款	400		
				本日合计		400		4 440
12	31	现付	4	支付罚金	营业外支出		1 000	
				本日合计			1 000	3 440
				本月合计		94 400	95 960	3 440

表 10-47 银行存款日记账

2013年		凭证		结算		摘　要	对应科目	借方	贷方	余额
月	日	字	号	凭	证					
12	1					期初余额				130 000
12	1	银付	1			支付购料运费	在途物资		1 000	
						本日合计			1 000	129 000
12	6	银收	1			收到国家投入资本金	实收资本	150 000		
	6	银收	2			取得临时借款	短期借款	30 000		
	6	银付	2			支付广告费	销售费用		2 000	
						本日合计		180 000	2 000	307 000
12	8	银付	3			代垫销货运费	应收账款		2 000	
						本日合计			2 000	305 000
12	12	银付	4			预付购料款	预付账款		50 000	
						本日合计			50 000	255 000
12	15	银付	5			提现	库存现金		94 000	161 000
						本日合计			94 000	161 000
12	17	银收	3			预收销货款	预收账款	20 000		
						本日合计		20 000		181 000
12	19	银收	4			销售材料款项	其他业务收入	32 000		
						本日合计		32 000		213 000
12	25	银付	6			补付预付购料款	预付账款		20 200	
	25	银付	7			归还到期借款	短期借款		45 000	
						本日合计			65 200	147 800
12	30	银收	5			收到前欠货款	应收账款	100 000		
						结清预收货款	预收货款	15 100		
						本日合计		115 100		262 900
12	31	银付	8			支付本季度利息	应付利息		3 000	
							财务费用		1 500	
	31	银付	9			上交税金	应交税费		32 000	
						本日合计			36 500	226 400
						本月合计		347 100	250 700	226 400

注：表中虚线表示单红线。

（三）根据有关原始凭证和记账凭证登记明细分类账（略）

（四）根据记账凭证编制科目汇总表（见表 10-48）

表 10-48 科目汇总表

会计科目	账页	10～15 日		16～31 日		本月合计	
		借方	贷方	借方	贷方	借方	贷方
库存现金		94 000	94 960	400	1 000	94 400	95 960
银行存款		180 000	149 000	167 100	101 700	347 100	250 700
应收账款		247 700			100 000	247 700	100 000
坏账准备					888.50		888.50
预付账款		50 000		20 200	70 200	70 200	70 200
其他应收款					2 400		2 400
在途物资		90 760		60 000	150 760	150 760	150 760
原材料		31 000	102 000	150 760	26 000	181 760	128 000
库存商品				113 680	160 000	113 680	160 000
固定资产				260 000		260 000	
累计折旧					7 160		7 160
短期借款			30 000	45 000		45 000	30 000
应付票据			105 300				105 300
应付账款			35 100	87 000		87 000	35 100
应付职工薪酬		94 000			107 160	94 000	107 160
应交税费		20 400	35 700	86 400	46 922.900	106 800	82 622.90
应付股利					38 000		38 000
预收账款				35 100	35 100	35 100	35 100
应付利息				3 000		3 000	
实收资本			150 000		304 200		454 200
盈余公积					10 146.86		10 146.86
本年利润				359 000	359 000	359 000	359 000
利润分配				48 146.86	101 468.60	48 146.86	10 146.86
生产成本		71 000		123 200	113 680	194 200	113 680
制造费用		17 600		14 400	32 000	32 000	32 000
主营业务收入			210 000	240 000	30 000	240 000	240 000
其他业务收入				32 000	32 000	32 000	32 000

续表

会计科目	账页	10~15日		16~31日		本月合计	
		借方	贷方	借方	贷方	借方	贷方
营业外收入				87 000	87 000	87 000	87 000
主营业务成本				160 000	160 000	160 000	160 000
营业税金及附加				8 000	8 000	8 000	8 000
销售费用		2 000			2 000	2 000	2 000
管理费用		13 600		10 720	24 320	24 320	24 320
财务费用				1 500	1 500	1 500	1 500
资产减值损失				888.50	888.50	888.50	888.50
其他业务成本				26 000	26 000	26 000	26 000
营业外支出				1 000	1 000	1 000	1 000
所得税费用				33 822.90	33 822.90	33 822.90	33 822.90

（五）根据科目汇总表登记总分类账（见表10-49~表10-86）

表10-49

会计科目：库存现金

2013年		凭证		摘要	借方	贷方	借或贷	余额
月	日	字	号					
12	1			期初余额			借	5 000
	15	科汇		1~15日发生额	94 000	94 960	借	4 040
	31	科汇		16~31日发生额	94 400	1 000	借	3 440
				本月发生额及余额	94 400	95 960	借	3 440

表10-50

会计科目：银行存款

2013年		凭证		摘要	借方	贷方	借或贷	余额
月	日	字	号					
12	1			期初余额			借	130 000
12	15	科汇		1~15日发生额	180 000	149 000	借	161 000
12	31	科汇		16~31日发生额	167 100	101 700	借	226 400
				本月发生额及余额	347 100	250 700	借	226 400

表 10-51

会计科目：应收账款

2013年		凭证		摘要	借方	贷方	借或贷	余额
月	日	字	号					
12	1			期初余额			借	30 000
	15	科汇		1～15 日发生额	247 700		借	277 700
12	31	科汇		16～31 日发生额		100 000		
				本月发生额及余额	247 700	100 000	借	177 700

表 10-52

会计科目：坏账准备

2013年		凭证		摘要	借方	贷方	借或贷	余额
月	日	字	号					
12	1			期初余额				0
12	31	科汇		16～31 日发生额		888.50	贷	888.50
				本月发生额及余额	0	888.50	贷	888.50

表 10-53

会计科目：预付账款

2013年		凭证		摘要	借方	贷方	借或贷	余额
月	日	字	号					
12	1			期初余额			借	12 000
	15	科汇		1～15 日发生额	50 000		借	62 000
	31	科汇		16～31 日发生额	20 200	70 200	平	12 000
				本月发生额及余额	70 200	70 200	平	12 000

表 10-54

会计科目：其他应收款

2013年		凭证		摘要	借方	贷方	借或贷	余额
月	日	字	号					
12	1			期初余额			借	2 400
12	31	科汇		16～31 日发生额		2 400	平	0
				本月发生额及余额		2 400	平	0

表 10-55

会计科目：在途物资

2013年		凭证		摘要	借方	贷方	借或贷	余额
月	日	字	号					
12	1			期初余额				0
12	15	科汇		1～15日发生额	90 760		借	90 760
12	31	科汇		16～31日发生额	60 000	150 760	平	0
				本月发生额及余额	150 760	150 760	平	0

表 10-56

会计科目：原材料

2013年		凭证		摘要	借方	贷方	借或贷	余额
月	日	字	号					
12	1			期初余额			借	130 000
12	15	科汇		1～15日发生额	31 000	102 000	借	59 000
12	31	科汇		16～31日发生额	150 760	26 000	借	183 760
				本月发生额及余额	181 760	128 000	借	183 760

表 10-57

会计科目：库存商品

2013年		凭证		摘要	借方	贷方	借或贷	余额
月	日	字	号					
12	1			期初余额			借	270 000
12	31	科汇		16～31日发生额	113 680	160 000	借	223 680
				本月发生额及余额	113 680	160 000	借	223 680

表 10-58

会计科目：固定资产

2013年		凭证		摘要	借方	贷方	借或贷	余额
月	日	字	号					
12	1			期初余额			借	600 000
12	31	科汇		16～31日发生额	260 000		借	860 000
				本月发生额及余额	260 000		借	860 000

表 10-59

会计科目：累计折旧

2013年		凭证		摘要	借方	贷方	借或贷	余额
月	日	字	号					
12	1			期初余额			贷	100 000
12	31	科汇		16～31日发生额		7 160	贷	107 160
				本月发生额及余额		7 160	贷	107 160

表 10-60

会计科目：短期借款

2013年		凭证		摘要	借方	贷方	借或贷	余额
月	日	字	号					
12	1			期初余额			贷	50 000
12	15	科汇		1～15日发生额		30 000	贷	80 000
12	31	科汇		16～31日发生额	45 000		贷	35 000
				本月发生额及余额	45 000	30 000	贷	35 000

表 10-61

会计科目：应付票据

2013年		凭证		摘要	借方	贷方	借或贷	余额
月	日	字	号					
12	1			期初余额				0
12	15	科汇		1～15日发生额		105 300	贷	105 300
				本月发生额及余额	0	105 300	贷	105 300

表 10-62

会计科目：应付账款

2013年		凭证		摘要	借方	贷方	借或贷	余额
月	日	字	号					
12	1			期初余额			贷	98 000
12	15	科汇		1～15日发生额		35 100	贷	133 100
	31	科汇		16～31日发生额	87 000		贷	46 100
				本月发生额及余额	87 000	35 100	贷	46 100

表 10-63

会计科目：应付职工薪酬

2013 年		凭证		摘要	借方	贷方	借或贷	余额
月	日	字	号					
12	1			期初余额				0
12	15	科汇		1～15 日发生额	94 000		借	94 000
12	31	科汇		16～31 日发生额		107 160	贷	13 160
				本月发生额及余额	94 000	107 160	贷	13 160

表 10-64

会计科目：应交税费

2013 年		凭证		摘要	借方	贷方	借或贷	余额
月	日	字	号					
12	1			期初余额			贷	25 000
12	15	科汇		1～15 日发生额	20 400	35 700	贷	40 300
12	31	科汇		16～31 日发生额	86 400	46 922.90	贷	822.90
				本月发生额及余额	106 800	82 622.90	贷	822.90

表 10-65

会计科目：应付股利

2013 年		凭证		摘要	借方	贷方	借或贷	余额
月	日	字	号					
12	1			期初余额				0
12	31	科汇		16～31 日发生额		38 000	贷	38 000
				本月发生额及余额		38 000	贷	38 000

表 10-66

会计科目：预收账款

2013 年		凭证		摘要	借方	贷方	借或贷	余额
月	日	字	号					
12	1			期初余额				0
12	31	科汇		16～31 日发生额	35 100	35 100	平	0
				本月发生额及余额	35 100	35 100	平	0

表 10-67

会计科目：其他应付款

2013 年		凭证		摘　要	借　方	贷　方	借或贷	余额
月	日	字	号					
12	1			期初余额			贷	500
12	31			本月发生额及余额			贷	500

表 10-68

会计科目：应付利息

2013 年		凭证		摘　要	借　方	贷　方	借或贷	余额
月	日	字	号					
12	1			期初余额			贷	6 000
12	31	科汇		16 ~ 31 日发生额	3 000		贷	3 000
				本月发生额及余额	3 000		贷	3 000

表 10-69

会计科目：实收资本

2013 年		凭证		摘　要	借　方	贷　方	借或贷	余额
月	日	字	号					
12	1			期初余额			贷	720 000
12	15	科汇		1 ~ 15 日发生额		150 000	贷	870 000
12	31	科汇		16 ~ 31 日发生额		304 200	贷	1 174 200
				本月发生额及余额		454 200	贷	1 174 200

表 10-70

会计科目：盈余公积

2013 年		凭证		摘　要	借　方	贷　方	借或贷	余额
月	日	字	号					
12	1			期初余额			贷	83 066.36
12	31	科汇		16 ~ 31 日发生额		10 146.86	贷	93 213.22
				本月发生额及余额		10 146.86	贷	93 213.22

表 10-71

会计科目：本年利润

2013 年		凭证		摘　要	借　方	贷　方	借或贷	余额
月	日	字	号					
12	1			期初余额				0
12	31	科汇		16～31 日发生额	359 000	359 000	平	0
				本月发生额及余额	359 000	359 000	平	0

表 10-72

会计科目：利润分配

2013 年		凭证		摘　要	借　方	贷　方	借或贷	余额
月	日	字	号					
12	1			期初余额			贷	96 833.64
12	31	科汇		16～31 日发生额	48 146.86	101 468.60	贷	150 155.38
				本月发生额及余额	48 146.86	101 468.60	贷	150 155.38

表 10-73

会计科目：生产成本

2013 年		凭证		摘　要	借　方	贷　方	借或贷	余额
月	日	字	号					
12	1			期初余额				0
12	15	科汇		1～15 日发生额	71 000		借	71 000
12	31	科汇		16～31 日发生额	123 200	113 680	借	80 520
				本月发生额及余额	194 200	113 680	借	80 520

表 10-74

会计科目：制造费用

2013 年		凭证		摘　要	借　方	贷　方	借或贷	余额
月	日	字	号					
12	15	科汇		1～15 日发生额	17 600		借	17 600
12	31	科汇		16～31 日发生额	14 400	32 000	平	0
				本月发生额及余额	32 000	32 000	平	0

表 10-75

会计科目：主营业务收入

2013 年		凭证		摘 要	借 方	贷 方	借或贷	余额
月	日	字	号					
12	15	科汇		1～15 日发生额		210 000	贷	210 000
12	31	科汇		16～31 日发生额	240 000	30 000	平	0
				本月发生额及余额	240 000	240 000	平	0

表 10-76

会计科目：其他业务收入

2013 年		凭证		摘 要	借 方	贷 方	借或贷	余额
月	日	字	号					
12	31	科汇		16～31 日发生额	32 000	32 000	平	0
				本月发生额及余额	32 000	32 000	平	0

表 10-77

会计科目：营业外收入

2013 年		凭证		摘 要	借 方	贷 方	借或贷	余额
月	日	字	号					
12	31	科汇		16～31 日发生额	87 000	87 000	平	0
				本月发生额及余额	87 000	87 000	平	0

表 10-78

会计科目：主营业务成本

2013 年		凭证		摘 要	借 方	贷 方	借或贷	余额
月	日	字	号					
12	31	科汇		16～31 日发生额	160 000	160 000	平	0
				本月发生额及余额	160 000	160 000	平	0

表 10-79

会计科目：营业税金及附加

2013年		凭证		摘要	借方	贷方	借或贷	余额
月	日	字	号					
12	31	科汇		16～31日发生额	8 000	8 000	平	0
				本月发生额及余额	8 000	8 000	平	0

表 10-80

会计科目：销售费用

2013年		凭证		摘要	借方	贷方	借或贷	余额
月	日	字	号					
12	15	科汇		1～15日发生额	2 000		借	2 000
	31	科汇		16～31日发生额		2 000	平	0
				本月发生额及余额	2 000	2 000	平	0

表 10-81

会计科目：管理费用

2013年		凭证		摘要	借方	贷方	借或贷	余额
月	日	字	号					
12	15	科汇		1～15日发生额	13 600		借	13 600
12	31	科汇		16～31日发生额	10 720	24 320	平	0
				本月发生额及余额	24 320	24 320	平	0

表 10-82

会计科目：财务费用

2013年		凭证		摘要	借方	贷方	借或贷	余额
月	日	字	号					
12	31	科汇		16～31日发生额	1 500	1 500	平	0
				本月发生额及余额	1 500	1 500	平	0

表 10-83

会计科目：其他业务成本

2013 年		凭证		摘　要	借　方	贷　方	借或贷	余额
月	日	字	号					
12	31	科汇		16～31 日发生额	26 000	26 000	平	0
				本月发生额及余额	26 000	26 000	平	0

表 10-84

会计科目：营业外支出

2013 年		凭证		摘　要	借　方	贷　方	借或贷	余额
月	日	字	号					
12	31	科汇		16～31 日发生额	1 000	1 000	平	0
				本月发生额及余额	1 000	1 000	平	0

表 10-85

会计科目：资产减值损失

2013 年		凭证		摘　要	借　方	贷　方	借或贷	余额
月	日	字	号					
12	31	科汇		16～31 日发生额	888.50	888.50	平	0
				本月发生额及余额	888.50	888.50	平	0

表 10-86

会计科目：所得税费用

2013 年		凭证		摘　要	借　方	贷　方	借或贷	余额
月	日	字	号					
12	31	科汇		16～31 日发生额	33 822.90	33 822.90	平	0
				本月发生额及余额	33 822.90	33 822.90	平	0

（六）月末将现金日记账、银行存款日记账、各明细账（略）的余额与总分类账的余额进行核对

（七）编制财务报表（见第九章）

六、科目汇总表账务处理程序的评价

在科目汇总表账务处理程序下，根据科目汇总表登记总分类账，可以大大减轻登记总分类账的工作量，而且科目汇总表的编制和使用较为简便；同时科目汇总表还可以起到试算平衡的作用，从而保证总分类账登记的正确性。但是由于在科目汇总表登记的总账中，反映不出科目的对应关系，因而不利于分析经济业务的来龙去脉，不便于查对账目。因此科目汇总表核算程序适用于业务量较多的大单位。

第四节　汇总记账凭证账务处理程序

一、汇总记账凭证账务处理程序的特点

汇总记账凭证账务处理程序的主要特点是：根据记账凭证定期编制汇总记账凭证，然后再根据汇总记账凭证登记总分类账。

二、汇总记账凭证编制的方法

汇总记账凭证分为汇总收款凭证、汇总付款凭证和汇总转账凭证三种，各种汇总记账凭证的编制方法如下：

（1）汇总收款凭证，是按库存现金、银行存款科目的借方分别设置，定期将这一期间内的全部现金收款凭证、银行存款收款凭证，分别按与设证科目相对应的贷方科目加以归类，汇总填列一次，每月编制一张。月末时，结算出汇总收款凭证的合计数，据以登记总分类账。汇总收款凭证的格式如表10-87所示。

表10-87　汇总收款凭证

借方科目：　　　　　　　　　　2013年12月　日

贷方科目	金额			总账账页	
	1～15日 收款凭证 第　号～第　号	16～31日 收款凭证 第　号～第　号	合计	借方	贷方
合计					

（2）汇总付款凭证，是按库存现金科目，银行存款科目的贷方分别设置，定期将这一期间内的全部现金付款凭证、银行存款付款凭证，分别按与设证科目相对应的借方科目加以归类，汇总填列一次，每月编制一张。月末时，结算出汇总付款凭证的合计数，据以登记总分类账。汇总付款凭证的格式如表10-88所示。

表 10-88 汇总付款凭证

贷方科目： 2013 年 12 月 日

<table>
<tr><td rowspan="2">借方科目</td><td colspan="3">金额</td><td colspan="2">总账账页</td></tr>
<tr><td>1～15 日
付款凭证
第 号～第 号</td><td>16～31 日
付款凭证
第 号～第 号</td><td>合计</td><td>借方</td><td>贷方</td></tr>
<tr><td></td><td></td><td></td><td></td><td></td><td></td></tr>
<tr><td>合计</td><td></td><td></td><td></td><td></td><td></td></tr>
</table>

（3）汇总转账凭证，通常是按每一会计科目的贷方分别设置，定期将这一期间内的全部转账凭证按与设证科目相对应的借方科目加以归类，汇总填列一次，每月编制一张。月末时，结算出汇总转账凭证的合计数，据以登记总分类账。汇总转账凭证的格式如表 10-89 所示。

表 10-89 汇总转账凭证

贷方科目： 2013 年 12 月 日

<table>
<tr><td rowspan="2">借方科目</td><td colspan="3">金额</td><td colspan="2">总账账页</td></tr>
<tr><td>1～15 日
转账凭证
第 号～第 号</td><td>16～31 日
转账凭证
第 号～第 号</td><td>合计</td><td>借方</td><td>贷方</td></tr>
<tr><td></td><td></td><td></td><td></td><td></td><td></td></tr>
<tr><td>合计</td><td></td><td></td><td></td><td></td><td></td></tr>
</table>

三、汇总记账凭证账务处理程序下的凭证组织和账簿组织

在汇总记账凭证账务处理程序下，应设置收款凭证、付款凭证和转账凭证，还应设置汇总收款凭证、汇总付款凭证和汇总转账凭证。由于汇总转账凭证上的科目对应关系是一个贷方科目与一个或几个借方科目相对应的，为了便于编制汇总转账凭证，要求所有的转账凭证也应按一个贷方科目与一个或几个借方科目的对应关系来填制，不应填制一个借方科目与几个贷方科目相对应的转账凭证。应当指出的是，如果在月份内某一贷方科目的转账凭证的数量不多，或者有些汇总原始凭证已按贷方科目设置，反映一贷多借的科目对应关系，那么，对此也可以不编制汇总转账凭证，可直接登记总分类账。

在汇总记账凭证账务处理程序下，应设置现金日记账、银行存款日记账和总分类账，根据需要设置明细分类账。总分类账应采用借、贷两栏内设置“对方科目”专栏的三栏式账页，以便清楚地反映科目之间的对应关系。

月末时根据各类汇总记账凭证登记总分类账。总分类账的登记方法是：

（1）根据汇总收款凭证的合计数，登记“库存现金”或“银行存款”账户的借方发生额以及各类账户的贷方发生额；

（2）根据汇总付款凭证的合计数，登记“库存现金”和“银行存款”账户的贷方发生额以及各有关账户的借方发生额；

（3）根据汇总转账凭证的合计数，登记设证账户的贷方发生额和各有关账户的借方发生额。

四、汇总记账凭证账务处理程序及程序说明

汇总记账凭证账务处理程序如图10-3所示。

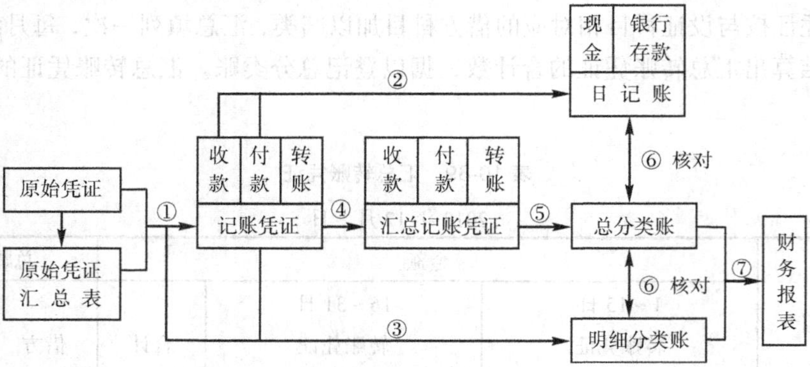

图10-3 汇总记账凭证账务处理程序

程序说明如下：

① 根据原始凭证和原始凭证汇总表编制记账凭证；

② 根据收款凭证、付款凭证登记现金日记账和银行存款日记账；

③ 根据原始凭证、原始凭证汇总表和记账凭证登记明细分类账；

④ 根据各种记账凭证汇总编制各种汇总记账凭证；

⑤ 根据各种汇总记账凭证登记总分类账；

⑥ 月末，将现金日记账、银行存款日记账和明细分类账的余额与总分类账的有关账户的余额进行核对；

⑦ 月末，根据总分类账和明细分类账的资料编制财务报表。

五、汇总记账凭证账务处理程序的评价

在汇总记账凭证账务处理程序下，由于作为登记总分类账依据的汇总记账凭证是根据记账凭证按照科目对应关系进行归类、汇总编制的，因而在汇总记账凭证和总分类账中，可以清晰地反映科目之间的对应关系，便于查对和分析账目，从而克服了科目汇总表账务

处理程序所存在的缺点。同时，由于总分类账是根据汇总记账凭证于月末一次登记，与记账凭证账务处理程序相比较，大大减轻了登记总账的工作量。但是，汇总转账凭证是按每一贷方科目分别编制的，而日常核算往往要求按经济业务的内容进行分类，因此它不利于日常核算的合理分工，而且编制汇总记账凭证的工作量也较大。这种账务处理程序适用于规模较大、业务较多的单位。

第五节 日记总账账务处理程序

一、日记总账账务处理程序的特点

日记总账账务处理程序的主要特点是：设置日记总账，所有经济业务都要根据记账凭证直接登记日记总账。

二、日记总账账务处理程序下的凭证组织和账簿组织

在日记总账账务处理程序下，应设置收款凭证、付款凭证和转账凭证。日记总账账务处理程序应设置现金日记账、银行存款日记账和日记总账，根据需要设置明细分类账。日记总账既有日记账的作用，又有总分类账的作用，即它是日记账与总分类账相结合的联合账簿。它把所有的总分类科目集中在一张账页上，对所有的经济业务都按业务发生的时间顺序进行序时记录，并根据经济业务的性质，按科目的对应关系进行总分类记录。日记总账的格式如表 10-90 所示。

表 10-90 日记总账

日期	凭证		摘要	发生额	库存现金		银行存款		应收账款		原材料		所得税费用	
	字	号												

日记总账的登记方法是：对于收款、付款业务，应根据收款凭证和付款凭证逐日汇总登记日记总账，月末时，结出合计数，与日记账核对。对于转账业务，应当根据转账凭证逐日、逐笔登记日记总账。登记日记总账时，应当根据记账凭证将借方发生额和贷方发生额分别记入同一行有关会计科目的借方和贷方栏内，并将发生额记入“发生额”栏内。月

末时，应结出日记总账各栏的合计数，计算出各科目的月末借方或贷方余额，并进行账簿记录的核对工作。主要核对“发生额”栏的本月合计数与全部科目的借方发生额或贷方发生额合计数是否相符，各科目借方余额合计数与贷方余额合计数是否相符。

在日记总账账务处理程序下，现金和银行存款日记账也可以用多栏式账页。在这种情况下，对于收、付款业务，可以在月末时，根据多栏式现金和银行存款日记账汇总登记日记总账。这时的日记总账只是转账日记账与总分类账相结合的联合账簿。

三、日记总账账务处理程序及程序说明

日记总账账务处理程序如图 10-4 所示。

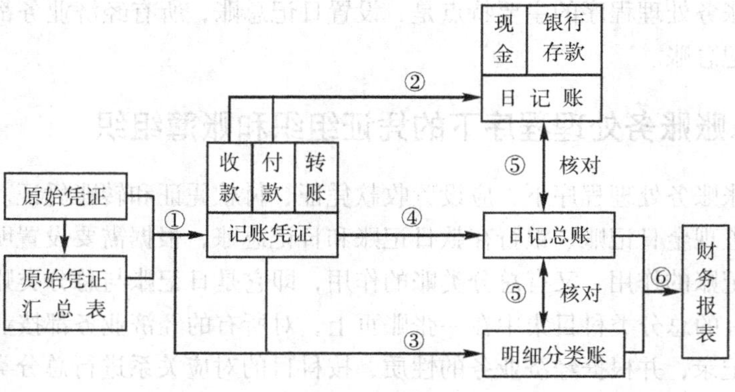

图 10-4　日记总账账务处理程序

程序说明如下：

① 根据原始凭证和原始凭证汇总表填制记账凭证；

② 根据收款凭证、付款凭证登记日记账和银行存款日记账；

③ 根据原始凭证、原始凭证汇总表和记账凭证登记明细分类账；

④ 根据各种记账凭证登记日记总账；

⑤ 月末，将现金日记账、银行存款日记账和明细分类账的余额与日记总账有关账户的余额进行核对；

⑥ 月末，根据日记总账和明细分类账的资料编制财务报表。

四、对日记总账账务处理程序的评价

在日记总账账务处理程序下，根据记账凭证直接登记日记总账，可以使记账手续简化，便于检查记账的正确性。在日记总账中，所有总分类科目都集中在一张账页上，可以全面、集中地反映各科目之间的对应关系，为检查和分析经济业务的来龙去脉提供了方便。但是，若公司、企业业务量较大，运用的科目较多，日记总账的账页势必过长，这不仅不利于记账和查阅，而且记账的工作量也较大。因此，这种账务处理程序只适用于规模小、业务简单、使用科目较少的单位。

第六节 多栏式日记账账务处理程序

一、多栏式日记账账务处理程序的特点

多栏式日记账账务处理程序的主要特点是：设置多栏式现金日记账和多栏式银行存款日记账。对收款、付款业务月末根据多栏式现金日记账和多栏式银行存款日记账登记总分类账；对于转账业务，可以根据转账凭证直接登记总分类账，也可以根据转账凭证编制转账凭证科目汇总表，据以登记总分类账。

二、多栏式日记账账务处理程序下的凭证组织和账簿组织

在多栏式日记账账务处理程序下，应设置收款凭证、付款凭证和转账凭证。多栏式日记账账务处理程序应设置多栏式的现金日记账、多栏式银行存款日记账和三栏式的总分类账，并根据需要设置明细分类账。在这种核算形式下，由于现金日记账和银行存款日记账都按其对应账户设置专栏，起了汇总收款、付款凭证的作用。因此，对收款、付款业务，月终时就可以根据这些日记账的本月收、付发生额和各对应账户的发生额登记总分类账。登记方法是：

（1）根据多栏式日记账收入合计数的本月发生额，记入总分类账的库存现金、银行存款账户的借方，并根据收入栏下各专栏的对应账户的本月发生额，记入总分类账户各有关账户的贷方；

（2）根据多栏式日记账付出合计栏的本月发生额，记入总分类账库存现金、银行存款账户的贷方，并根据付出栏下各专栏的对应账户的本月发生额，记入总分类账户有关账户的借方。

在这里应当指出的是：对现金和银行存款之间相互划转的数额，因已分别包括在两本日记账的收入和付出合计栏的本月发生额之内，所以无须再根据有关对应账户专栏的合计数登记总分类账，以免重复。

对于转账业务，可以根据转账凭证逐笔登记汇总总分类账，如果转账业务较多，也可以根据转账凭证编制转账凭证科目汇总表，然后根据转账凭证科目汇总表登记总分类账。

三、多栏式日记账账务处理程序及程序说明

多栏式日记账账务处理程序如图 10-5 所示。

程序说明如下：

① 根据原始凭证或原始汇总表编制记账凭证；

② 根据收款凭证、付款凭证登记多栏式现金日记账和多栏式银行存款日记账；

③ 根据原始凭证、原始凭证汇总表和记账凭证登记明细分类账；

④ 月末，根据多栏式现金日记账和多栏式银行存款日记账登记总分类账，同时，根据转账凭证或转账凭证科目汇总表登记总分类账；

⑤ 月末，将各种明细分类账的余额，分别由总分类账中有关账户的余额进行核对；

⑥ 月末，根据总分类账和明细分类账的资料编制财务报表。

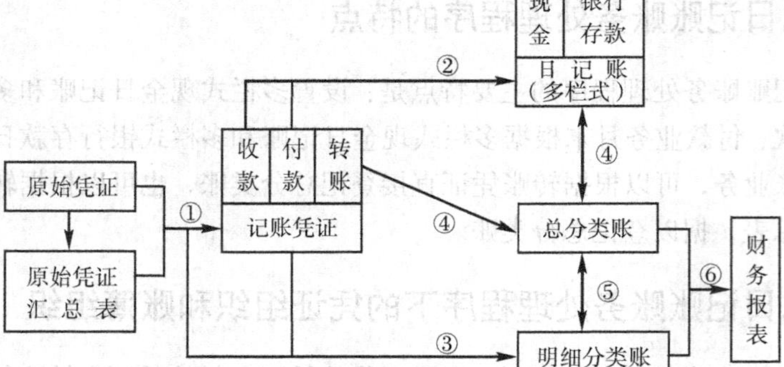

图 10-5 多栏式日记账账务处理程序

四、对多栏式日记账账务处理程序的评价

多栏式日记账账务处理程序的特点是：对于收款、付款业务通过多栏式日记账汇总后登记总分类账，可以简化登记总分类账的工作，而且可以清晰地反映库存现金和银行存款收款、付款业务的来龙去脉。但是，多栏式日记账比三栏式日记账的登记工作量大，而且若业务复杂，日记账的专栏过多，账页势必过长，从而不便于记账。这种账务处理程序适用于规模不太大而收付业务又比较多的单位。

思考题

1. 什么是账务处理程序？
2. 账务处理程序有几种？各自的特点是什么？
3. 什么是科目汇总表？如何编制科目汇总表？

CHAPTER 11

第十一章 计算机会计的特点

本章要点

- 会计数据处理方式
- 手工会计系统与计算机会计系统的相同点和不同点
- 《会计法》对会计电算化的要求
- 计算机账务处理程序的特点
- 会计电算化信息系统环境下内部控制的措施

本章内容简述

在当今迅速发展的信息技术时代下，电子计算机在会计管理中广泛得到运用。本章主要介绍了会计核算与数据处理的基本原理；阐述了计算机账务处理程序的特点；计算机会计系统的特点及《会计法》对会计电算化的要求；会计电算化对内部控制的影响。要求学生掌握计算机会计的基本原理和知识，为今后走上工作岗位掌握会计信息系统打下良好基础。

第一节 计算机会计概述

进入20世纪90年代以来，以信息技术和知识经济为核心的新经济的迅速发展，对我国传统的会计提出了严峻的挑战。面对这种挑战，除加强会计基本理论创新研究外，还应适时建立“计算机网络会计”（Cyberaccounting），也就是说，会计电算化是今后会计工作发展的必然趋势。

一、会计核算与数据处理

会计是连续、系统、综合地核算企业经济活动的全过程，它为会计信息使用者提供了有用的经济信息。会计信息系统是经济信息系统之一，为了使该系统富有成效，就必须运用特有的方法，对经济业务产生的大量数据进行加工处理。从某种意义上说，会计核算工作的过程就是对数据进行处理的过程。

数据处理是把记录下来的事实加工整理成有用信息的过程。数据处理过程包括以下几个步骤。

（一）数据收集

数据处理的第一步是收集大量数据，并采用适当的方式将其记录下来，这一步关系着输出数据的真实性、完整性。数据收集一般包括数据判定和数据记载两项工作。数据判定是指在取得大量数据的基础上，选择那些有意义、能够正确描述事件的数据，把这些数据输入处理系统，同时排除那些不能真实描述事件的数据。会计核算过程中的确认实际上就是这里所说的数据判定，即在企业发生的大量经济业务中，以能否用货币计量为标准，对发生的经济业务进行筛选。将能够用货币计量的经济业务输入会计核算系统，不能用货币计量的经济业务筛选淘汰掉。数据记载是把所需要的数据记载下来，可以记载数据的介质称为数据载体，会计上的数据载体就是会计凭证，通过会计凭证记录经济业务的发生或完成。将数据从原始凭证过入记账凭证，从会计核算的角度看，是分类的过程；从数据处理的角度看，则是通过加工进行了信息转换，由一般经济信息转换成会计信息，并且改变了数据记载的形式。

（二）数据校验

数据校验是指对记载过程的数据进行校验，以保证完整和正确的数据进入处理系统。在会计工作中，数据校验是通过对取得的原始凭证进行审核，并根据审核后的原始凭证编制记账凭证，表明通过审核的经济业务能够进入会计核算系统。

（三）数据加工

数据加工是指通过算术运算或逻辑运算，把收集好的数据转换成信息的处理过程。数据加工过程一般包括分类、排序、核对、合并、计算、比较、选择等工作。对会计数据的处理一般也包括这些工作。根据审核后的原始凭证编制记账凭证，通过会计科目完成对经济业务的分类；通过复式记账方法完成信息转换过程；依据记账凭证登记有关账簿，连续、系统地反映某项经济业务，实现对会计数据的排序；定期将总分类账与明细分类账、日记账等核对，保证会计数据记录的正确性；采用一定方法对材料采购成本、产品生产成本、商品销售成本等进行计算，以保证资产、负债、利润计算的正确；通过再次确认，选择能够满足会计信息使用者所需要的数据。

（四）数据传输

数据传输是指将数据从一个地方传送到另一个地方，或把最终结果传送给用户。财务报表是会计工作的最终结果，企业应定期编制财务报表，并报送给有关的会计信息使用者。

（五）数据存储

数据存储是指将原始数据、中间结果和程序存储起来，以备调用。由于数据的收集和传输存在着时间上的差异，相同数据在不同处理过程中需要重复使用，因此有必要将数据存储起来。会计数据的收集和使用的时间不一致，而且对数据的处理过程是一个连续不断的过程，或者说是一个周期循环的过程，大量的会计数据均要存储起来，以备将来使用。会计数据是存储在序时账簿、分类账簿和有关的备查账簿中的。

通过上述说明，可以看出会计核算与数据处理的关系极为密切，可以这样说，会计核算是一种特殊的数据处理程序，是运用会计特有的方法对经济业务的数据进行加工、处理、存储，传输出财务报表。

二、会计数据处理方式

随着数据处理技术的日益进步和经济管理要求的逐步提高，会计数据处理方式也在不断改进和发展。目前，会计数据处理方式大致存在以下三种方式。

（一）手工数据处理会计

手工数据处理会计是完全由人借助于算盘及凭证、账簿、报表等对会计数据进行确认、计量、记录、分类、计算、汇总、编表等。前述各章均为手工数据处理会计的方法和程序。

（二）机械数据处理会计

机械数据处理会计是指在机电设备上使用穿孔卡片等对会计数据进行处理。其主要特征是：在会计数据处理中，从原始数据的准备，以及经由记录、验证、分类、登记、计算、汇总、报告等一系列具体步骤都以机器为主，结合手工操作进行。机械数据处理会计与手工数据处理会计相比较，仅是数据处理的载体、传输的形式发生了变化，而在会计数据处理的方法、程序等方面并没有根本的变化。

（三）计算机数据处理会计

计算机数据处理会计，简称为计算机会计，是以计算机以及数据传输和通信设备作为数据处理系统的核心，完成原始数据的收集，以及经由记录、验证、分类、登记、计算、汇总、报告等一系列会计工作。在此过程中，会计人员只进行一些辅助性的操作，即会计人员只需把会计数据以规定的格式要求输入处理系统，计算机即可按照事先编制好的程序，自动完成会计数据处理，并将最终结果——财务报表打印出来。计算机会计与其他数据处理会计相比较，不仅仅是会计数据记录的载体、计算速度等发生质的变化，而更重要的是产生了会计数据处理方法的革命。

计算机会计的形成和发展并不意味着它现在就会全部取代手工数据处理会计和机械数据处理会计，不同的数据处理方式具有不同的应用条件。现阶段，我国企业中应用人工数据处理会计的领域相当广泛。但是，随着科学技术的突飞猛进、信息产业的快速发展和网络技术的广泛运用，计算机会计正在以前所未有的速度替代传统的手工处理和机械处理程序。

可以说，会计数据处理技术经历了一个不断从低级向高级发展的过程，而计算机处理技术是现阶段会计数据处理技术的最高形式。

第二节　计算机账务处理程序的特点

一、日常账务处理程序

计算机会计与手工数据处理会计，对经济业务处理的程序是基本相同的，不同的只是数据处理方式不同，因此前述会计的基本原理、基本方法仍然适用于计算机会计。计算机会计的基本处理程序如图 11-1 所示。

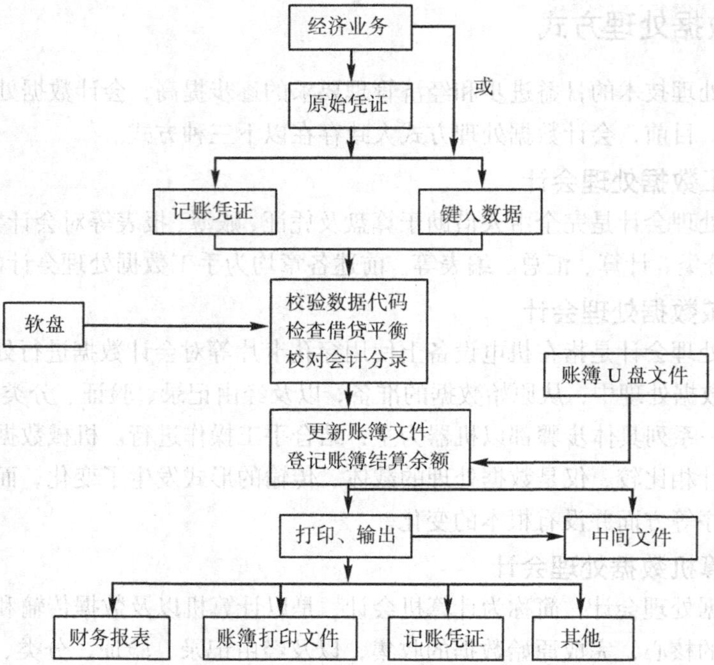

图 11-1　计算机会计的基本处理程序

（一）会计凭证

在计算机会计中，大部分会计凭证仍然是记录经济业务，明确经济责任的书面证明。会计凭证仍分为原始凭证和记账凭证。

1. 原始凭证

原始凭证是在经济业务发生或完成时取得或填制的，用以记录、证明经济业务已经发生或完成的原始证据。原始凭证按其形成分为外来原始凭证和自制原始凭证。

（1）外来原始凭证　外来原始凭证是由业务经办人员在业务发生以后或者完成时从外单位取得的凭证，这类原始凭证的名称、格式难以统一。因此，当企业收到外来原始凭证后，必须进行人工审核，审核无误后，可直接输入计算机，再做下一步的处理。其流程如图 11-2 所示。

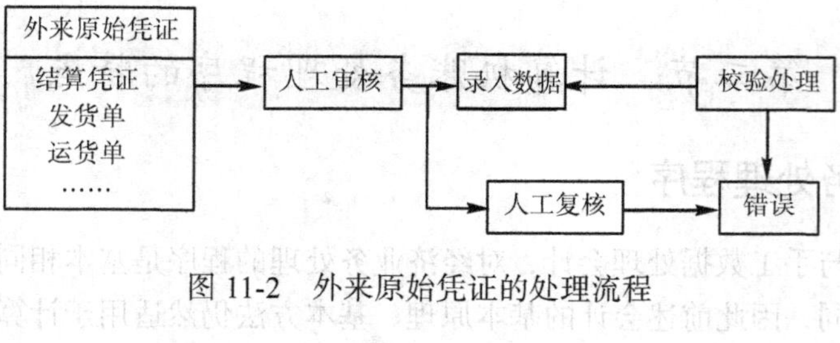

图 11-2　外来原始凭证的处理流程

（2）自制原始凭证　自制原始凭证是由本单位有关部门或人员自行填制的凭证。同人工数据处理会计一样，如果自制原始凭证的格式标准，并符合记账凭证要求，可代替记账凭证直接输入计算机进行会计处理。其流程如图 11-3 所示。

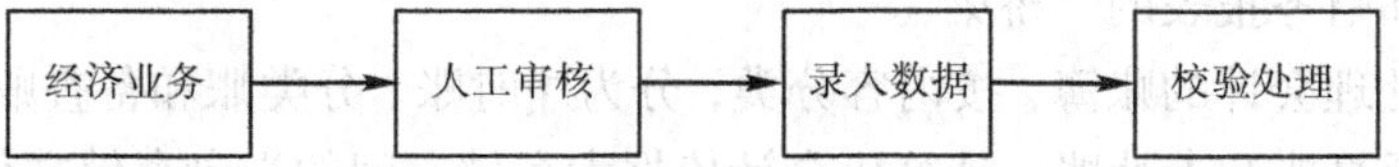

图 11-3　自制原始凭证的处理流程

2. 记账凭证

记账凭证是根据审核后的原始凭证进行归类、整理，并确定会计分录而编制的凭证。在手工数据处理会计中，记账凭证的编制是经过确认的经济业务进入会计核算系统的标志。在计算机会计中，记账凭证的编制也是经济业务进入会计处理系统的标志。但会计数据处理程序不同，对记账凭证的处理程序也不同。一般来说有以下三种情况。

（1）编制记账凭证　与人工数据处理会计一样，根据原始凭证编制记账凭证，记账凭证分为收款凭证、付款凭证、转账凭证。通常将原始凭证输入计算机，计算机根据事先编好的程序，编制与人工会计格式基本相同的记账凭证，一方面打印出来与原始凭证订本成为记账依据，另一方面存储在特定的载体上，以备调用登记账簿，其流程如图 11-4 所示。

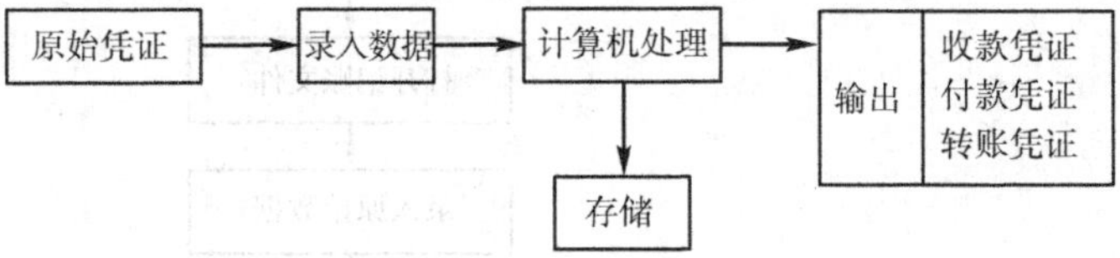

图 11-4　记账凭证的编制流程

（2）编制分录日记账　由于计算机具有准确的逻辑判断能力和按程序指令自动地进行分类、汇总的功能，因此只要在原始凭证上做些必要的标明，计算机即可按照事先编好的程序，编制分录日记账代替记账凭证，其流程如图 11-5 所示。

图 11-5　分录日记账编制流程

（3）不编制记账凭证　如果计算机能够按照事先编好的程序，根据输入凭证的借方、贷方会计科目代码，调用已建立好的会计账簿文件，直接采集有关数据并将有关金额记入相应的账簿文件中，或者利用 POS 机及条形码自动扫描系统直接将会计数据输入计算机系统，记账凭证就不需要设置了。

企业可以根据管理的不同要求以及计算机处理的程序，选择上述记账凭证处理程序中的一种。

（二）会计账簿

在人工数据处理会计中，为了完整、连续、分类、系统地反映企业一定时期内的经济业务，提供有关的会计信息，需要借助于账簿，记录分散而零星的经济业务。会计账簿是连接会计凭证和财务报表的“桥梁”。

手工数据处理会计的账簿，按内容分类，分为序时账、分类账和备查账；按形式分类，分为订本账、活页账和卡片账。计算机会计依据大存储空间的光盘存储文件，因此计算机会计账簿不需分为订本式、活页式和卡片式的账页。而序时账、分类账和备查账则需要根据程序的要求重新设计。

1. 序时账簿

序时账簿是按每笔经济业务发生的先后顺序进行登记的一种账簿。序时账簿按登记的内容分类，分为普通日记账和特种日记账。普通日记账又称为分录日记账，特种日记账是按某一类经济业务发生的先后顺序详细登记的账簿。人工数据处理会计中，特种日记账一般是指现金日记账和银行存款日记账。计算机可以解决存储、查找等问题，企业能够根据需要设置销售、存货、税金等多种日记账。通常将原始数据输入计算机，计算机可以根据事先规定的程序，自动完成分类、记录的工作，并根据需要打印、存储日记账。日记账登记的流程如图11-6所示。

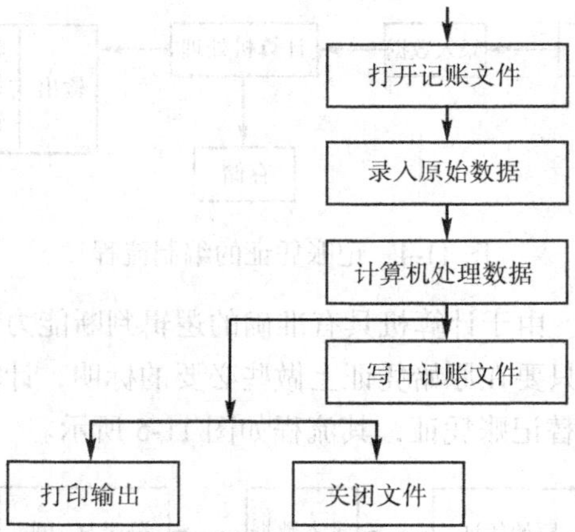

图11-6 日记账登记的流程

2. 总分类账簿

总分类账簿是按一级会计科目设置，目的是总括、分类、系统地反映企业的经济活动状况。总分类账反映某一类经济业务的增减变动及结存情况，因此计算机的总分类账簿中期初余额、本期增加额、本期减少额、期末余额是必不可少的项目，总分类账的登记方式根据程序来确定，其流程如图11-7所示。

3. 明细分类账簿

明细分类账簿是根据经营管理上的需要，按照明细科目设置，详细反映某类经济业务情况的账簿。明细分类账的格式一般有三栏式、数量金额式和多栏式三种，在计算机会计中通常也是根据需要设置上述三种格式。明细分类账的登记流程与总分类账基本相同，如图 11-8 所示。

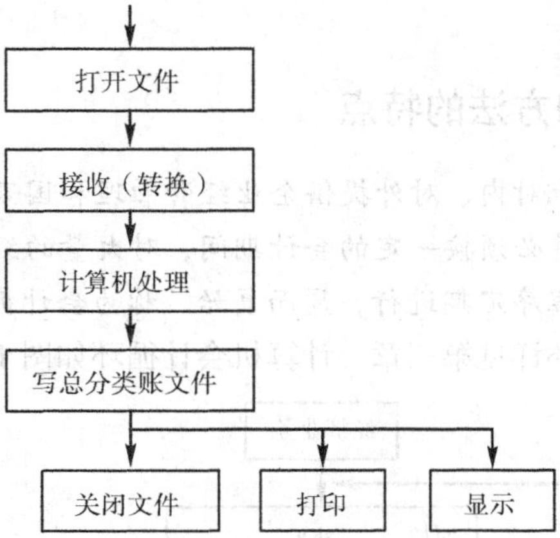

图 11-7 总分类账的登记流程

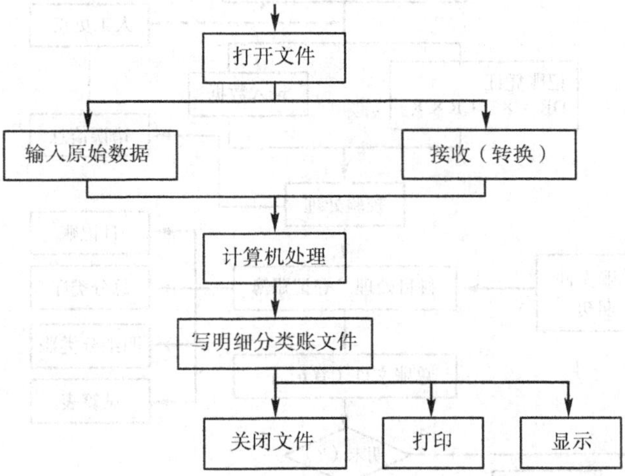

图 11-8 明细分类账的登记流程

（三）财务报表

计算机财务报表是企业采用统一的格式，按规定日期对外报送的各种报告文件。计算机财务报表的编制一般由机器根据事先编好的程序和格式自动完成，会计人员所要解决的是以下两方面的问题。

1. 数据传递方式

财务报表通常是根据账簿或其他表格的数据编制，而且事先也设计了数据的传递公式，只要运行数据传递公式即可完成数据的自动传递。所以会计人员所要做的工作就是确定数据的来源和指出数据的去向。

2. 数据计算公式

财务报表中的某些数据不是直接来源于账簿，而是利用相关数据，通过某种计算生成的，因此必须设置相应的计算公式，根据计算公式得到所需的数据。计算公式可事先录入计算机存储，需要时调出，并录入数据或转换数据计算；也可以每次根据需要输入公式，录入数据计算。

二、会计循环步骤和方法的特点

为了能够及时、可靠地对内、对外提供企业经营管理和国家有关部门以及社会公众所需要的各种信息，会计人员必须按一定的会计期间，对大量的经济业务进行会计处理并编制出财务报表。这些核算程序定期进行，周而复始，称为会计循环。

手工数据处理会计循环详见第三章。计算机会计循环如图 11-9 所示。

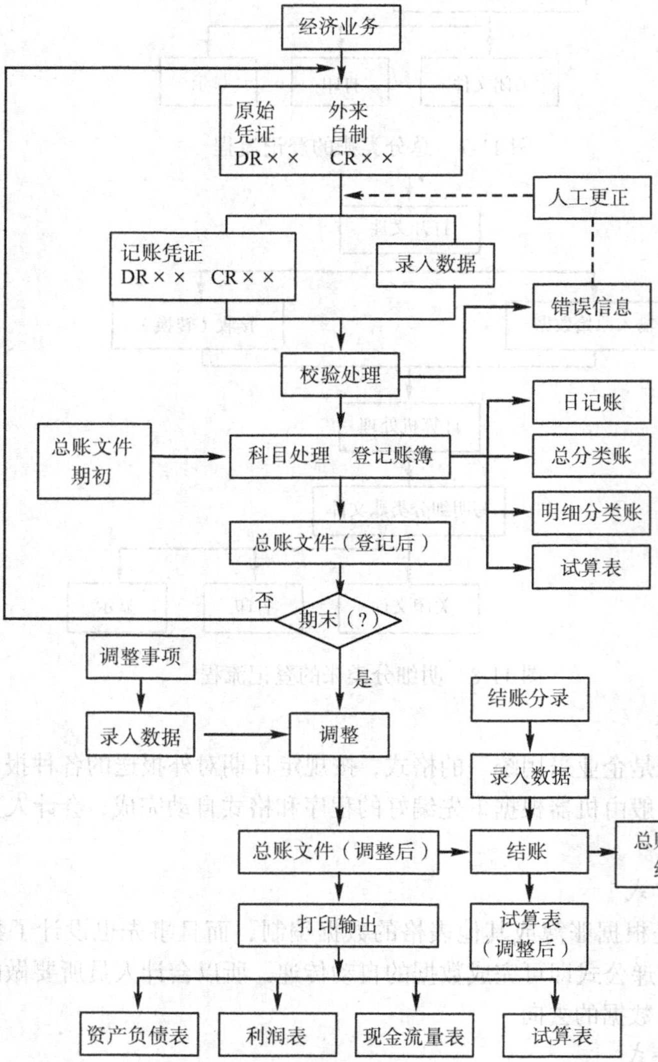

图 11-9　计算机会计循环

将图 11-9 与手工数据处理会计相比较，可以看出，二者的循环程序基本相同，但二者还是存在以下差别。

1. 存储能力及其介质不同

会计数据处理均需借助于日记账、总分类账、明细分类账等来完成，但在手工数据处理会计中采用的是订本、活页、卡片等账簿，其存储能力有限，且查找较困难。而计算机会计采用 U 盘或光盘形式的账簿，存储能力大，查找容易。

2. 受人工干预程度不同

计算机会计的一个重要标志是会计数据处理的自动化。数据一旦进入处理系统后，整个处理过程自动完成，不需人工干预。而人工数据处理会计从原始凭证审核开始，直到编制财务报表均须会计人员完成。

3. 灵活性和适应性不同

人工数据处理会计对一些特殊事项，可以依据合理性和合法性确定其会计处理方法，而计算机会计则无法识别这些非经常、非惯例项目的处理。同时人工数据处理能不断适应新情况，如会计制度改革，但计算机会计则必须投入较大的人力修改程序才能适应新情况。

第三节　计算机会计系统的特点及《会计法》对会计电算化的要求

一、计算机会计系统的特点

这里通过手工会计系统与计算机会计系统的比较来认识后者的特点。

（一）手工会计系统与计算机会计系统的相同点

电子计算机应用在会计工作中后，尽管会计操作技术在进步，数据处理的手段在演进，但是手工和电子计算机的数据处理，其基本职能是相同的，它们有下列的共同点。

1. 数据的层次结构相同

系统的一个重要特点是层次结构，计算机会计的数据结构层次是由字符、初等项、组合项、记录、文件及数据库所构成的。其中字符是数据的最小单位，它可以是数字，也可以是字母或各种符号；初等项由一个或一组字符组成；若干字符或初等项则构成组合项；记录由字符、初等项或组合项构成；几个或一类记录的集合体就是文件；全部相关文件的集合便形成了数据库。

手写簿记系统的数据结构层也可以进行同样的分解。如一个单位的全部职工工资记录就是一个文件，单位中每一个职工的工资记录则形成一个记录，而这个记录由许多初等项和组合项构成。如收入是由基本工资、各种津贴、奖金等初等项组成。在手工会计系统中企业、单位的全部凭证和账簿就是一个数据库。

2. 基本原理相同

在会计工作中，广泛运用计算机来处理经济业务是会计技术上的革命，但这并没有改变会计的基本原理。计算机会计仍然要遵循复式记账的基本原理，对发生的经济业务都要运用复式记账原理，编制会计分录，登记账户，然后编制财务报表。

3. 目标一致，基本功能相同

无论是手工会计还是计算机会计，最终目标都是为了加强经济管理，提供会计信息，进行经济预测，参与经营决策，提高经济效益，手工会计或电算化会计要达到系统目标，都必须经过数据的收集、加工、处理和传输，从价值方面入手来控制经济活动，努力实现以尽量少的投入，达到尽量大的产出。

（二）手工会计系统与计算机会计系统的不同点

会计的电子计算机操作较之手工操作，有如下的不同。

1. 所使用的计算工具不同

手工操作的主要工具是算盘、计算器，而计算机操作使用电子计算机及一些辅助设备，计算省时省力且准确无误。

2. 数据载体不同

手工操作系统中数据载体主要是纸张，占用空间大，查找困难，保管不易。计算机会计系统的数据载体除必要的原始凭证外，记账凭证、账簿均可用U盘、光盘等作为载体，它占空间小，便于检索，易于保管。

3. 数据处理形式不同

手工会计系统中，数据的处理要经过分类、计算、过账和登记，而计算机会计处理数据是自动进行的。

4. 查找方式不同

手工会计系统的查找要翻阅各种凭证、账簿、报表，查找速度慢，而计算机会计系统查找方便、迅速。

5. 内部控制方式不同

手工会计系统会计资料的正确性控制主要是通过账证核对、账账核对和账表核对来实现的。而计算机会计系统中，由于计算机系统工作的集中性和连贯性，在手工会计信息系统中发挥重要作用的一些职责分离已经消失。这并不意味着职责分离这一内部控制的基本形式已经不能发挥作用，而是在计算机会计信息系统中控制的界限发生了变化。因此，计算机会计系统的控制要求更严密，范围更大。

（三）计算机会计系统的特点

从上述比较可以看出计算机会计系统相对于手工会计系统来说，会计这一信息系统变得更加灵敏、及时与准确。具体说来，其优越性表现在以下几个方面。

1. 提高了会计数据处理的及时性和准确性

由于电子计算机能够长时间大量存储数据，并能以极高的速度和准确性自动地进行运算和数据处理，从而打破了手工操作的局限性，可以为经济管理工作提供更为详细、更加及时可靠的信息。

2. 扩展了会计数据的领域

会计电算化以后，由于计算机有大量存储空间并易于调用，不仅可以提高会计数据处理的及时性和准确性，而且从广度上大大扩展了会计数据的领域。在已建立起的过去经营活动详细记录的基础上，通过适时处理，不仅可以及时掌握当前经济活动的最新动态，而且还可以对未来经营方案进行预测，这就为日常管理、分析、预测和决策，随时提供可靠的依据。

3. 为充分发挥会计的职能作用创造了有利条件

采用电子计算机进行会计处理，整个数据处理过程全部由计算机自动完成，人们只需做一些辅助性的操作，如输入数据等，从而使人们从一些重复的、繁杂的具体事务中解脱出来，把工作的重点和主要精力放在对经济活动的分析、预测和日常管理方面，更好地完成会计反映和监督生产经营活动的各项任务，充分发挥会计的职能。

但需要注意的是，由于计算机是通过U盘或光盘来保存数据的，一旦数据丢失或被更改，在U盘或光盘上不会留下任何痕迹，因而，在系统设计时要对数据和处理程序进行必要的控制（如加上防篡改功能），同时，对有关的原始数据要做必要的备份，以免发生不必要的损失。

二、《会计法》对会计电算化的要求

会计电算化是今后会计工作发展的必然趋势，《会计法》的修订对会计电算化工作也有着巨大的指导意义。新《会计法》对会计电算化工作的要求如下。

1.《会计法》明确了会计责任主体，促使单位负责人更加重视会计电算化工作，并亲身融入其中

《会计法》第 4 条规定“单位负责人对本单位的会计工作和会计资料的真实性、完整性负责”和第 21 条规定“单位负责人应当保证财务会计报告真实、完整”，这些规定明确了单位会计行为的责任主体是单位负责人，从而明确了会计人员的地位。责任和权利是相对应、相统一的，单位负责人必须更多地了解会计信息，掌握会计资料，指导会计工作。为此，不仅要大力支持会计电算化工作，还要学习使用财务软件，亲自投入到会计电算化工作中去。同时要求财务软件公司大力开发管理型的财会软件，加大“单位负责人模块”的开发力度，丰富其功能，使其能通过该模块的操作，了解到本单位所有的会计信息，并且在这个模块中配备财务分析工具，以便在掌握会计信息、资料的同时，进行财务分析，进而做出经营管理的决策。

2.《会计法》对会计核算规则做了较大的调整和补充，有利于更加细致地规范会计电算化工作的具体操作

《会计法》第 13 条“使用电子计算机进行会计核算的，其软件及其生成的会计凭证、会计账簿、财务会计报告和其他会计资料，也必须符合国家统一的会计制度的规定”和第 15 条“使用电子计算机进行会计核算的，其会计账簿的登记、更正，应当符合国家统一的

会计制度的规定”，这些规定对会计电算化工作提出了明确的核算要求。

（1）要求实施会计电算化时要按照本法的规定购买通过国家财政部门审核的财务软件，并将其生成的会计凭证、会计账簿、财务会计报告和其他会计资料报送当地财政部门评审，在得到当地财政部门的认可后方可全面实行会计电算化工作。

（2）会计电算化工作中会计账簿的登记、更正有其特殊性。在计算机上更正错漏不可能像传统的手工方式一样用红笔画线，蓝字更正，然后签名盖章，只能是将已经登记的凭证或账簿作废，重新登记，并且作废的凭证和账簿同样要在计算机中保存备查，而不能擅自删除错误的凭证或账簿。

（3）会计电算化的财务会计报告对或有事项要予以说明。因为或有事项（如单位提供的担保、未决诉讼等）不用会计分录反映，往往容易被会计人员忽略，在使用计算机编制财务会计报告时更容易遗漏，而或有事项对于财务报表使用者来说又是十分重要的信息资料，所以应对或有事项的反映加以重视，在财务软件的相应模块中记载其发生的详细情况，在计算机生成的财务会计报告中自动反映出来。

3.《会计法》扩大了会计监督主体，扩展了会计监督的含义，在法律上构成了由内部监督、社会监督和国家监督“三位一体”的完整的会计监督体系

《会计法》第27条规定“各单位应当建立、健全本单位会计监督制度”，对于会计电算化工作来说，就是要限制各财务人员使用财会软件的权限，为此，必须进行合理的分工，达到“相互分离，相互制约”的目的，同时制定计算机操作的一系列管理办法，严格管理财务软件的运行，防范由于财会人员的不正当操作引起的差错。社会监督和国家监督检查部门的监督也应尽快适应各企业的会计电算化工作，实施监督的注册会计师和国家监督检查部门的工作人员应努力提高自己的微机操作水平和对各种通用财务软件的熟悉程度，尽可能地实行监督、审计工作电算化。同时，国家也应该支持财务软件公司开发出用于监督的审计软件，用审计电算化促进会计电算化的发展。

4.《会计法》明确了法律责任，加大了惩治力度，要求在会计电算化工作中明晰责任，严肃处理违法行为

会计电算化工作的违法有其特殊性，例如，不通过财务软件的正常步骤修改财务数据；非法删除会计记录等违法行为等都难以查出。但一经查出，应比照《会计法》第43条“伪造、变造会计凭证、会计账簿，编制虚假财务会计报告，构成犯罪的，依法追究刑事责任”严肃处理。与此同时，协同财务软件开发部门做好财务软件的加密工作。但在严惩计算机犯罪的同时，要分清责任。如果会计信息的丢失和损坏是由财务软件的安全性和稳定性差等客观原因造成，则不能追究会计人员的法律责任。

总之，会计电算化工作由于其核算方式、方法的特殊性，更需要专门的法规来规范其会计行为。随着会计电算化工作的开展和日益普及，亟须出台更详细的与《会计法》相配套的相关法规来解决实际操作中出现的新问题。

第四节 会计电算化对内部控制的影响

内部控制是单位为提高会计信息质量，保护资产的安全和完整，确保有关法律法规和规章制度的贯彻执行而制定和实施的一系列控制方法、措施和程序。

内部控制制度作为企业受托者实现其经营管理目标，完成受托责任的一种手段，在企业内部管理监控系统中起着举足轻重的作用。建立和完善我国内部控制制度对提高企业管理水平，防止错误和舞弊，保护投资者的合法权益并保证资本市场有效运行具有重要的意义。近年来，我国十分重视对内部控制的研究，并发布了一系列规范和指导意见，促进了单位内部控制的建立和完善。但是，会计电算化的发展又给内部控制带来了新的问题和挑战。

一、会计电算化对内部控制的影响

（一）内部控制形式的变化

原手工操作下一些内部控制措施在电算化后没有存在的必要了。如编制科目汇总表、凭证汇总表、试算平衡的检查、总账和明细账的核对；原手工操作下一些内容控制措施在电算化后转移到计算机内了，如凭证借贷平衡校验，余额发生额平衡检查。由此可见，电算化会计除了人这个执行控制的主体外，许多内容控制方法主要通过会计软件来实现，因此，计算机系统的内部控制也由手工条件下的单一人工控制转为人工控制和程序控制。由于电算化系统中内部控制具有人工控制与程序控制相结合的特点，电算化系统许多应用程序中包含了内部控制功能，这些程序化的内容控制的有效性取决于应用程序，如程序发生差错或不起作用，由于人们依赖性以及程序运行的重复性，使得失效控制长期不被发现，从而使系统在特定方面发生错误或违规行为的可能性较大。

（二）存储介质的变化

在手工会计环境下，企业发生的经济业务均记录于纸张之上，并按会计数据处理的不同过程分为原始凭证、记账凭证、会计账簿和财务报表。纸张上的书面数据形成会计人员所熟悉的会计证据原件，这些纸质原件的数据若被修改，则容易辨别出修改的线索和痕迹，这也是传统纸质原件的一个基本特征。但是，电算化系统下原来纸质的会计数据被直接记录在U盘或光盘上，很容易被删除或篡改，由于在技术上对电子数据非法修改可做到不留痕迹，这样就很难辨别哪一个是业务记录的“原件”。另外，电介质易受损坏，所以会计信息也存在丢失或毁坏的危险。因此，在计算机中如何使U盘或光盘上的数据安全可靠，防止数据被非法修改是一个非常重要的问题。

（三）内容控制的范围变化

传统的内容控制主要针对交易处理。计算机技术的引入，给会计工作增加了新的工作内容，同时也增加了新的控制措施。由于系统建立和运行的复杂性，内部控制的范围相应扩大，包含了传统手工系统所没有的控制，如网络系统安全的控制、系统权限的控制、修改程序的控制等以及U盘或光盘内会计信息安全保护、计算机病毒防治、计算机操作管理、系统管理员和系统维护人员的岗位责任制度等。

（四）交易授权的变化

授权、批准控制是一种常见的、基础的内部控制。在手工会计系统中，对于一项经济业务的每个环节都要经过某些具有相应权限人员的签章，自然形成了层层复核、道道把关，具有严格的审核复查机制。但在电算化会计信息系统中，大部分处理由计算机完成，审查、复核等控制力被削弱，甚至消失了。

（五）财务网络化带来的新问题

近年来，随着计算机技术和网络通信技术的发展，网络化会计信息系统的日趋普及，网络的广泛应用在很大程度上弥补了单机电算化系统的不足，使电算化会计系统的内部控制更加完善，同时也带来了新问题。目前财务软件的网络功能主要包括：远程报账、远程报表、远程审计、网上支付、网上催账、网上报税、网上采购、网上销售、网上银行等，实现这些功能就必须有相应的控制，从而加大了会计系统安全控制的难度。

二、建设会计电算化内部控制的必要性

手工会计系统中，会计数据所用可见的文字、符号直接记录在纸上。这种方式有较好的直观性，各不相同的笔迹也可作为控制的手段。采用计算机处理后，会计数据以肉眼无法识别的形式存储在U盘或光盘上，从而失去了直观性。另外，在手工会计方式下，会计核算的质量取决于会计人员的业务水平、工作态度及对会计有关法规的理解和执行效果。财务会计部门经过长期的实践，已积累了大量的经验，建立起一整套管理制度。实现会计电算化后，许多传统的管理控制方式消失了，而代之以新的方式。这就迫使电算化会计信息系统必须建立严格的内部控制制度。

三、建立和完善电算化会计信息系统环境下的内部控制

手工会计电算化以后，严格的内控制度和系统正常、安全、有效地运行是会计电算化信息真实可靠的保证。内部控制制度要求处理同一笔经济业务的人员既要相互联系，又要相互制约。此外，严格的内控制度有助于防止违法行为的发生。国内外会计电算化的实践表明，计算机本身处理出错几乎为零，如果单位管理制度不健全或实施不力，就会给各种非法舞弊行为以可乘之机。如果企业一旦出现舞弊，损失将巨大，因此，制定严格的内控制度是非常有必要的。就目前我国开展会计电算化的应用现状来看，大部分还停留在一般应用水平上。人们对于人员职责分工、数据备份和保管、软硬件使用和维护等方面的重要性往往认识不足。因此，强化内控管理，提高电算化的科学管理水平是建立现代企业制度的内在要求，也是提高企业竞争能力的重要途径。建立和完善电算化会计信息系统环境下内部控制可从以下几个方面进行。

（一）组织与管理控制

组织与管理控制是指通过部门的设置、人员的分工、岗位职责的制定、权限的划分等形式进行的控制，其基本目标是建立恰当的组织机构和职责分工制度，以达到相互牵制、相互制约、防止或减少舞弊发生的目的。会计电算化后的工作岗位可分为基本会计岗位和电算化会计岗位。基本会计岗位可包括会计主管、出纳、会计核算、稽核、会计档案管理等工作岗位；电算化会计岗位包括系统管理、操作、与系统维护等工作岗位。其中较重要的岗位有系统管理和审核岗位。系统管理主要负责系统的硬软件管理工作，从技术上保证系统的正常运行，包括掌握网络服务器及数据库的超级口令，负责网络资源分配，监控数据保存方式的安全性、合法性，防止发生非法修改历史数据的现象，对系统运行各环节进行审查，防止存在漏洞等，从而有效地限制和及时发现错误或违法行为。

（二）系统日常操作管理控制

系统操作控制主要表现为操作权限控制和操作规程控制两个方面。操作权限控制是指每个岗位的人员只能按照所授予的权限对系统进行作业，不得超越权限接触系统。系统应制定适当的权限标准体系，使系统不被越权操作，从而保证系统的安全。操作权限控制常采用设置口令来实行。操作规程控制是指系统操作必须遵循一定的标准操作规程进行。操作规程应明确职责、操作程序和注意事项，并形成一套电算化系统文件，如对进入机房内的人员进行严格审查；规定交接班手续和登记运行日志；规定数据备份及机器的使用规范；规定U盘或光盘专用以防病毒感染；规定不准在计算机上玩电脑游戏等。标准操作规程包括软硬件操作规程、作业运行规程、上机时间记录规程等。

（三）系统维护控制

系统的维护是指日常为保障系统正常运行而对系统软硬件进行的安装、修正、更新、扩展、备份等方面的工作。系统维护控制就是针对这些工作而实施的控制。系统维护包括硬件维护和软件维护。硬件维护主要包括定期进行检查并做好记录；在系统运行过程中出现硬件故障要及时进行故障分析并做好记录。而软件维护包括正确性维护、适应性维护和完善性维护。在软件修改、升级和硬件更换过程中，要保证实际会计数据的连续和安全，并由有关人员进行监督。

（四）数据和程序控制

数据和程序控制主要是指对数据、程序的安全控制。程序的安全与否直接影响着系统的运行，而数据的安全与否关系到财务信息的完整性和保密性。

数据控制的目标是要做到任何情况下数据都不丢失、不损毁、不泄露、不被非法侵入。通常采用的控制包括接触控制、丢失数据的恢复与重建等，而数据的备份则是数据恢复与重建的基础，是一种常见的数据控制手段，采用U盘或光盘保存会计档案要定期进行检查和定期复制，防止由于U盘或光盘损坏而使会计档案丢失。网络中可利用两个服务器进行双机镜像映射备份。

程序的安全控制是要保证程序不被修改、不损毁、不被病毒感染。常用的控制包括接触控制、程序备份等。接触控制是指非系统维护人员不得接触到程序的技术资料、源程序和加密文件，从而减少程序被修改的可能性；程序备份则是指有关人员要注明程序功能后备份存档，以备系统损坏后重建安装之需。程序的安全控制还要求系统使用单位制定具体的防病毒措施，包括对所有来历不明的介质在使用前进行病毒检测，定期对系统进行病毒检测，使用网络病毒防火墙以防止日益猖獗的网络病毒侵入等。

（五）网络的安全控制

随着网络技术的快速发展，公司应加强网络安全的控制，在技术上对整个财务网络系统的各个层次（通信平台、网络平台、操作系统平台、应用平台）都要采取安全防范措施和规则，建立综合的多层次的安全体系。网络安全性指标包括数据保密、访问控制、身份识别等。针对这些方面，可采用一些安全技术，主要包括数据加密技术、访问控制技术、数字签名技术、隧道技术（VPN）等。

1. 数据加密技术

该技术是保护信息通过公共网络传输和防止电子窃听的首选方法。现代加密技术分为对称加密（专用密钥，private key）和非对称加密（公开密钥，public key）两大类。对称加密法是最传统的方式，其特点是关联双方共享一把专用密钥进行加密和解密运算，专用密钥法面临的最大难题是密钥网上分发的安全性问题。非对称加密法 1976 年问世，它将密钥一分为二，即一把公钥和一把私钥，具有加密钥不同于解密钥、并且在计算上不能由加密钥推出解密钥的特点，有效解决了密钥分发的管理问题，特别适合计算机网络的应用环境。譬如总公司对下属企业公开其“密钥对”中的公钥，下属企业可以用公钥对上报的报表信息加密，安全地传送给总公司，然后由总公司用其保留的私钥进行解密。

2. 访问控制技术

该技术的代表是防火墙技术，特别是已融和了 VPN（虚拟专用网及隧道技术）的防火墙技术。防火墙是建立在企业内部网（Intranet）和外部网络接口处的访问控制系统，它对跨越网络边界的信息进行过滤，目的在于既防范来自外部的非法访问、又不影响正常工作，从而为企业设立了一道电子屏障。防火墙可能是纯软件、纯硬件或软硬结合的产品，大体上可分为两大类：一类基于包过滤（Packet Filter），通常直接转发报文，它对用户完全透明，速度较快；另一类基于代理服务（Proxy Service），需要代理服务器建立链接，它可以有更强的身份验证和日志功能。

3. 数字签名

该技术是指在 Internet 环境下，电子符号代替了会计数据，磁介质代替了纸介质，财务数据流动过程中的签字盖章等传统手段将完全改变。为验证对方身份，保证数据真实性和完整性，在计算机通信中可以采用数字签名这一安全控制手段。基于数字签名还可建立不可否认机制，也就是说，只要用户或应用程序已执行某一动作，就不能否认其行动。数字签名是上述公开密钥密码技术的另一类应用。它的主要方式如：会计信息的披露方从信息文本中通过一种信息摘要算法产生一固定长度（如 128 位）的摘要值，用自己的私钥对摘要值加密，来形成披露方的数字签名，连同原文一起发出；关联方首先用同样的摘要算法对报文计算摘要值，接着再用披露方一同发来的公钥对数字签名解密，如果两个摘要值相同，证明信息在发送途中未被篡改，而且报文确定来自所称的披露方。财务系统中远程处理时可用数字签名技术代替签字盖章的传统确认手段，当然这得是在国家有相应的财务制度许可的条件下使用。

4. 隧道技术（VPN）

VPN 解决了财务信息在 Internet 传输的安全问题。网络传输介质、接入口的安全性是应该引起注意的重要问题，因此我们应尽量使用光纤传输，接入口应保密。通过上述技术可提高财务信息在内部网络及外部网络传输中的安全性。

四、重视人才开发与培养

时代在前进，科技在发展。我们应高度重视会计电算化人才的开发与培养，并为此提供必要的物力、财力，造就一支高素质的财会科技队伍，为建立完善的、符合实际的、具有可操作性的电算化会计信息系统环境下的内部控制制度提供必要的保证。

思考题

1. 简述数据处理过程的步骤。
2. 简述会计数据处理方式。
3. 简述计算机账务处理程序的特点。
4. 简述手工会计系统与计算机会计系统的相同点和不同点。
5. 简述《会计法》对会计电算化的要求。
6. 简述会计电算化信息系统环境下内部控制的措施。

参考文献

[1] 朱小平，肖镜元，徐泓. 初级会计学（修订版）. 北京：中国人民大学出版社，1998.
[2] 李海波. 会计学原理——基础会计（修订本）. 上海：立信会计出版社，2000.
[3] 吴水澎. 会计学原理. 沈阳：辽宁人民出版社，1996.
[4]《中华人民共和国会计法讲话》编写组编. 中华人民共和国会计法讲话. 北京：经济科学出版社，1999.
[5] 王希武. 会计原理（修订本）. 北京：中国财政经济出版社，1997.
[6] 罗倩文，秦路. 新《会计法》对会计电算化工作的影响. 财会通讯，2000（12）：16～7
[7] 中华人民共和国财政部制定. 企业会计制度 2001. 北京：经济科学出版社，2001.
[8] 陈国辉. 基础会计. 大连：东北财经大学出版社，2003.
[9] 项怀诚. 会计职业道德. 北京：人民出版社，2003.
[10] 陈国辉，陈文铭，孙光国.基础会计. 北京：清华大学出版社，2004.
[11] 中华人民共和国财政部. 企业会计准则. 北京：经济科学出版社，2006.
[12] 中华人民共和国财政部制定. 企业会计准则——应用指南 2006. 北京：中国财政经济出版社，2006.
[13] 财政部会计资格评价中心. 初级会计实务. 北京：中国财政经济出版社，2013.
[14] 中华财会网：www.e521.com.

高职高专经济管理系列规划教材

书　号	书　名	定价	著作者
978-7-121-17516-9	审计实务与案例	30	李慧
978-7-121-17064-5	成本会计	32	姜春毓
978-7-121-18016-3	会计综合模拟实训	25	郑毅
978-7-121-17401-8	出纳实务(双色)	29	唐锋
978-7-121-18184-9	会计电算化——用友 ERP-U8（V8.61）	35	李宏伟
978-7-121-20733-4	税务会计理论与实务	39	于洋
978-7-121-21199-7	基础会计	33	李宏伟
978-7-121-17104-8	经济学原理（第 2 版）	35	崔东红
978-7-121-17348-6	行业会计比较（第 2 版）	33	马昊光
978-7-121-16833-8	投资与理财（第 2 版）	29	魏涛
978-7-121-14767-8	基础会计（第 2 版）	33	陈岩
978-7-121-13766-2	基础会计模拟实训教程（第 2 版）	25	王满亭
978-7-121-11396-3	财务管理模拟实训教程	19	赵伟
978-7-121-05894-3	成本会计模拟实训教程	19	金玲
978-7-121-11025-2	财务会计	29	薛启芳
978-7-121-07249-9	税法	28	关玉红
978-7-121-06571-2	财经应用写作	29	刘家枢
978-7-121-05825-7	财经英语	18	刁力人
978-7-121-04594-3	统计学	24	李卉妍
978-7-121-04107-5	经济应用数学	28	耿玉霞
978-7-121-08938-1	管理会计	28	范抒
978-7-121-18532-8	经济数学	26	王凤章
978-7-121-19007-0	经济学原理	35	陈文汉
978-7-121-21049-5	商务谈判	32	卢海涛
978-7-121-20847-8	财经应用文写作	33	王丽雪
978-7-121-20881-2	税法	33	张振和

书　　号	书　　名	定价	著作者
978-7-121-20957-4	新编经济法	34	张振和
978-7-121-20954-3	电子商务概论	35	孙福东
978-7-121-21092-1	新税法教程（第 2 版）	36	钟亚华
978-7-121-20848-5	统计学原理（第 4 版）	32	梁俊平
978-7-121-13937-6	网络营销理论与实践（第 4 版）	35	张卫东
978-7-121-12749-6	现代企业管理（第 3 版）	38	戴庚先
978-7-121-12342-9	市场营销理论与实训（第 2 版）	32	张卫东
978-7-121-12662-8	经济法基础（第 3 版）	32	王金荣
978-7-121-09078-3	统计学原理（第 3 版）	25	施燕萍
978-7-121-08865-0	人力资源管理（第 3 版）	25	周占文
978-7-121-07857-6	电子商务概论（第 2 版）	26	戴庚先
978-7-121-21110-2	经济法（第 2 版）	39	张建斌
978-7-121-18983-8	经济学基础	35	马春莲
978-7-121-15556-7	经济法实务	32	高慧云
978-7-121-12696-3	现代企业管理	28	田淑波
978-7-121-12707-6	电子商务概论	28	李娜
978-7-121-12604-8	国际贸易实务	28	仇荣国
978-7-121-11489-2	现代物流学	28	申纲领
978-7-121-11098-6	统计学基础	26	岂爱妮
978-7-121-10892-1	经济法基础	28	孔令秋
978-7-121-10753-5	财经应用文写作	28	王晓红
978-7-121-10567-8	经济学原理	26	陈鸿雁
978-7-121-09300-5	统计学原理与实务	29	曹印革
978-7-121-09199-5	管理学原理	28	杜明汉
978-7-121-08749-3	市场营销学	26	申纲领

以上图书各大新华书店均有售，或按如下地址咨询：

电子工业出版社经济管理分社（北京市万寿路南口金家村 288 号华信大厦）
邮编：100036　　电话：010-88254199　　E-mail: sjb@phei.com.cn